10ᵐᵉ CONGRÈS

DU

Parti Républicain
Radical et Radical-Socialiste

TENU A ROUEN

Les 6, 7, 8 et 9 Octobre 1910

Prix : 25 Centimes

A Paris, au Siège du Comité Exécutif

9, Rue de Valois, 9

J. Boulanger

PARTI RÉPUBLICAIN RADICAL
ET RADICAL-SOCIALISTE

DIXIÈME CONGRÈS

DU

PARTI RÉPUBLICAIN

Radical et Radical-socialiste

Tenu à ROUEN

Les 6, 7, 8 et 9 Octobre 1910

Prix : 25 Centimes

A PARIS AU SIÈGE DU COMITÉ EXÉCUTIF
9, rue de Valois, 9

10ᵉ CONGRÈS

DU

PARTI RÉPUBLICAIN
Radical et Radical-socialiste

TENU A ROUEN

Les 6, 7, 8 et 9 Octobre 1910

SEANCE PREPARATOIRE
Jeudi matin, 6 octobre 1910

La séance est ouverte à neuf heures, sous la présidence de M. Vallé, sénateur, président du Comité Exécutif ; à ses côtés prennent place les membres du Bureau du Comité Exécutif, ainsi que M. Louis Müller, président de la Fédération de la Seine-Inférieure, et les membres du Bureau de la Fédération.

Il est procédé au tirage au sort des commissions de vérification des pouvoirs et des finances.

Ces commissions se réunissent immédiatement

La séance est levée à onze heures.

SÉANCE D'OUVERTURE

Jeudi 6 octobre, après-midi

A deux heures, le Bureau du Comité Exécutif prend place au Bureau. M. Vallé, président, est assisté de : MM. Couyba, Ranson, Richard, sénateurs ; Bouffandeau, Dessoye, J.-B. Morin, Steeg, Dron, députés ; Chautard, Ad. Chérioux, Henri Rousselle, Ch. Debierre, général Godart, F. Cahen, F. Lefranc, Amouroux, vice-présidents ; MM. G. Poulle, sénateur ; F. Chautemps, Delpierre, Malvy, Dreyt, Bougues, Henri Cosnier, députés ; Dauthy, Boussenot, Albert Garnier, F. Michaut, F. Chazot, Veil, G. Delpech, Michel Milhaud, Postel, secrétaires.

Prennent place également au Bureau : M. Louis Müller, président de la Fédération de la Seine-Inférieure et les membres du bureau de cette Fédération.

M. VALLÉ, président, ouvre la séance et donne la parole à M. Louis Muller.

DISCOURS DU PRÉSIDENT DE LA FÉDÉRATION DE LA SEINE-INFÉRIEURE

M. LOUIS MULLER, *président de la Fédération de la Seine-Inférieure.*

Citoyens,

Au nom des soixante et un Comités qui composent actuellement la Fédération Républicaine Radicale et radicale-socialiste des Comités de la Seine-Inférieure, j'ai l'honneur d'apporter un salut cordial à tous les membres de ce congrès, qui réunit à Rouen l'élite de la démocratie française. (*Applaudissements.*)

Soyez les bienvenus au pays de Corneille, de Fontenelle, de Flaubert, au pays d'Armand Carrel, le noble et fier républicain qui formait pour la France ce rêve de liberté dont notre Parti a fait une réalité. Nous vous attendions avec autant d'impatience que de confiance, parce que nous avons la conviction que, défenseurs vigilants de la République, vous ne permettrez pas qu'il soit porté la moindre atteinte à ses œuvres, à celles qu'elle a déjà accomplies comme à celles qu'elle apprête. *(Vifs applaudissements.)*

Vous êtes au centre d'une région privilégiée par l'art et la nature. Son industrie, son agriculture, son trafic maritime la font riche et prospère entre toutes. Et là sans doute est l'une des causes et non la moindre de l'indéniable arrêt que, depuis quelques années, ce pays de Normandie a subi dans la marche des idées laïques et sociales.

Que voulez-vous ! il y a dans la bourgeoisie normande grande ou petite trop de bien-être, et trop de bien-être amollit les courages. Aussi avons-nous vu les anciens partis, un instant disloqués et refoulés, se reformer, s'unir, se plier à une discipline toujours obéie et recouvrer une force dont on les croyait privés à jamais, en réussissant à alarmer des intérêts plus nombreux peut-être ici qu'ailleurs. En exploitant perfidement la peur des petits commerçants, des petits rentiers, des petits détenteurs de la fortune foncière ou mobilière, ils leur ont trop souvent fait croire que le péril n'était plus à droite et que les républicains, fussent-ils les plus modérés des hommes, n'étaient que les fourriers de la révolution sociale. *(Applaudissements.)*

Contre cet état de choses, nous réagissons de tous nos moyens en stimulant les énergies, en nous efforçant de grouper nos effectifs encore trop disséminés, de travailler à l'éducation de la démocratie, en l'améliorant dans nos comités eux-mêmes, en les pénétrant de cette idée qu'ils doivent être les serviteurs d'une cause, jamais les serviteurs d'une individualité. *(Vifs applaudissements)* Nous rencontrons des difficultés qui, d'ailleurs, ne nous sont pas spéciales. Il nous faut dissiper des préjugés, il nous faut rassurer les pusillanimités, prouver à des masses dont on a surexcité les préventions et les crédulités que nous sommes les partisans les plus sûrs d'une politique de progrès, de paix et de liberté. Il faut enfin que nous inspirions confiance dans l'excellence de notre programme et dans la possibilité de sa réalisation intégrale.

Mais cette confiance, comment pourrions-nous la communiquer aux autres si elle n'est pas ou si elle n'est plus en nous-mêmes ? Et c'est une crise qui nous menace et menace le pays entier, déconcerté, effaré devant ce spectacle paradoxal d'un gouvernement socialiste proposant à une majorité radicale de faire une politique progressiste. (*Double salve d'applaudissements.*)

Eh ! je le sais bien, on nous dira qu'il n'y a là qu'une apparence, que le ministère ne nourrit pas de si criminels desseins, que le mal est venu de l'excès d'un désir en lui-même louable et naturel.

On nous dira que les audaces d'un passé non très lointain irritant encore une notable fraction de la bourgeoisie française, le président du Conseil a voulu l'apaiser par les gages d'un modérantisme séducteur. (*Vifs applaudissements.*) Dans sa foi pastorale, d'autant plus ardente qu'elle était plus neuve, prêchant sur la montagne, il a un peu dépassé la mesure. (*Hilarité générale et applaudissements.*) Il a voulu prouver qu'un habile homme, collectiviste exalté tant qu'il reste dans le rang, peut au pouvoir donner l'exemple du parfait conservateur. (*Bruyants applaudissements.*)

On nous dira tout cela. Voulez-vous me permettre de répondre, sans envelopper ma pensée dans les euphémismes du langage parlementaire, que nous n'avons pas été des dupes et que nous ne voulons pas être des complices. (*Vifs applaudissements.*)

De l'attitude gouvernementale, il est résulté une équivoque dont nos adversaires ont profité, un malaise dont il tarde à la nation d'être délivrée. Nous avons la conviction, citoyens, que le Congrès qui s'ouvre aujourd'hui ne contribuera pas médiocrement à remettre les choses au point désirable. Vous allez affirmer votre volonté d'assurer la réalisation du programme radical qui, par deux fois, soumis au jugement de la démocratie réunie dans ses comices, est deux fois sorti de l'épreuve triomphant et acclamé. A notre parti, qui est celui de la justice et de la loyauté, vous allez rendre la confiance. Vous allez dissiper les obscurités malsaines où s'étiolerait vite un pays comme le nôtre, qui ne peut vivre que dans la pleine lumière. A tous, vous allez montrer le but et la voie qui y mène sûrement et vite.

C'est de Rouen que vous ferez jaillir cette grande clarté. Voilà pourquoi tous les républicains de la Seine-Inférieure, tous ceux qui, ne voulant voir d'ennemis qu'à droite, répudient cependant toutes les trahisons et toutes les compromissions, viennent à vous les mains tendues pour l'étreinte fraternelle. (*Vifs applaudissements.*)

Nous nous sommes préoccupés d'apporter notre contribution à l'effort qui doit être tenté pour la solution des questions posées au Congrès. Toutes sont graves. L'avenir de notre Parti et quelque chose de plus haut encore en dépendent. Rappelant à mon tour un mot admirable de Léon Bourgeois, je dirai que le pouvoir n'est pas pour le Parti radical une fin, mais un moyen. Il ne veut l'exercer que pour le bien public ; et, très au-dessus des satisfactions relatives que par ailleurs le pouvoir comporte, notre Parti met l'honneur de donner bientôt à la démocratie la République intégrale, qui est le régime de la justice et de la liberté fondées sur la solidarité de tous les citoyens. (*Vive approbation*).

Nous vous présenterons en temps et lieu le résultat des délibérations de nos comités sur la défense de l'école laïque, la réforme électorale, les rapports entre le capital et le travail. Je dois en ce moment me borner à vous dire qu'ils les ont étudiés avec cette intelligence pénétrante et ce sens pratique qui sont deux des traits du caractère normand, et qui n'excluent pas cependant l'élévation des sentiments. Le Normand, quoi que l'on en pense ou que l'on en dise, est homme de décision. Quand il voit bien les conséquences de la résolution à prendre, il n'hésite pas ; il répond oui ou il répond non, et il ne répond jamais oui et non. (*Hilarité et applaudissements.*)

Il n'est hésitant, méfiant même à l'excès, que si le but ou la portée du geste qu'on lui demande ne lui apparaissent pas très nettement. Vous retrouverez, d'une manière frappante, et cette hardiesse et cette prudence dans les délibérations que nous avons recueillies sur deux des questions dont je viens de parler. En matière de défense de l'école, ou mieux de défense de l'esprit laïque, la situation est tellement claire et les remèdes qu'elle appelle tellement simples, qu'il n'y a eu d'indécision nulle part. Ceci est très remarquable et mérite, je crois, de fixer votre attention ; toutes les délibérations qui nous ont été communiquées, qu'elles vinssent des comités urbains ou des comités ruraux, ont été unanimes à demander l'abrogation de la loi Falloux et le monopole de l'enseignement primaire ; il n'y a pas eu une seule exception. (*Longs applaudissements.*)

Bien différentes celles qui ont trait à la réforme électorale. Voici les impressions qu'elles révèlent : La supériorité d'un des systèmes déjà pratiqués en France n'est pas hors de contestation. Chacun d'eux a ses mérites et ses inconvénients. Alors, à quoi bon en changer ? Quant à se prononcer pour un procédé que l'on ne connaît pas, quelle imprudence, quel saut dans l'inconnu ! C'est un saut que l'on ne fera jamais faire à un Normand. Aussi voyez ce qu'il délibère.

Au fond il garde une secrète prédilection au scrutin uninominal ; il lui a de la reconnaisance ; il en a l'habitude ; selon une expression familière : « Il le connaît dans les coins », il voudrait le garder. Mais le scrutin d'arrondissement est terriblement compromis ; toute la France lui crie : haro ! C'est un de ces amis avec qui l'on n'ose guère sortir dans la rue bras dessus, bras dessous. (*Rires.*)

Trois Comités seulement ont assez de bravoure pour lui demeurer fidèles et le déclarer. Reste le scrutin de liste ; mais un pays voisin y a, paraît-il, introduit un perfectionnement exprimé par cette formule de l'algèbre politique : R. P. Entre le scrutin majoritaire et le scrutin algébrique, le Normand est d'abord indécis ; il les tourne, les retourne, les compare et écoute ce qu'on en dit. Une observation résoud ses incertitudes : tous les partis de réaction réclament la R. P. ; c'est donc qu'elle serait bonne pour eux, mauvaise pour nous. (*Nombreux applaudissements, bravo! bravo!*) Le raisonnement est simpliste. Résultat : deux

Comités — pas un de plus — déclarent qu'ils accepteraient le scrutin algébrique. La grosse majorité de nos Comités s'est prononcée en faveur du scrutin de liste pur et simple, qui a ses défauts, mais qui au moins est connu et ne nous mènerait pas à de cruelles surprises. (*Applaudissements.*)

Citoyens, toute la Normandie est là-dedans ; il y a bien des choses que vous ferez faire à un Normand, mais je le répète, vous ne lui ferez jamais faire un saut dans l'inconnu.

Nous examinerons avec vous toutes ces questions ; je n'ai voulu que les effleurer pour vous donner en quelques traits généraux, sans y insister, un aperçu des dispositions du parti républicain dans l'ensemble de notre contrée. Vous les étudierez avec le souci de notre Parti qui, plus que jamais, entend rester à l'avant-garde, sans s'émouvoir des résistances ouvertes ou secrètes, et réaliser son programme, tout son programme (*Vifs applaudissements.*) avec les républicains, mais pas avec les républicains qui admettraient les trahisons ou les compromissions. (*Applaudissements.*) Nous estimons que le Parti radical et radical-socialiste doit continuer d'apparaître au pays comme la personnification vivante de cette République laïque, démocratique et sociale à laquelle, tous, nous sommes dévoués passionnément et sans réserves. (*Salve répétée d'applaudissements. Vives acclamations. Un ban retentit.*)

Le Président consulte l'assemblée sur la constitution du Bureau de séance. (*A l'unanimité, le Congrès décide de maintenir le Bureau du Comité Exécutif*).

DISCOURS DE M. VALLE, SENATEUR, PRESIDENT DU COMITE EXECUTIF

M. Vallé, *Président du Comité Exécutif,*

Monsieur le Président,

Je vous remercie, au nom de tous les citoyens ici présents des paroles aimables et encourageantes que vous venez de nous adresser.

Joindre mon modeste applaudissement aux applaudissements unanimes que vient de recueillir votre discours n'ajouterait rien à l'approbation flatteuse qui a été donnée à votre langage si net, si précis, si clair et si franchement français.

Vous nous avez fait du Normand un portrait tout à fait ressemblant, et qui nous réjouit, car nous sommes heureux de pouvoir passer quelques jours au milieu de compatriotes accueillants autant qu'avisés. Vous n'avez rien oublié, pas même la réputation qu'on fait au Normand de ne pouvoir dire ni oui ni non. Nous nous doutions bien que c'est une légende et, en ma qualité de Champenois, je sais le cas qu'il faut faire des légendes. Soyons donc, comme vous le disiez, de bons amis et contentons-nous d'être ce que nous sommes, des Républicains Normands et des Républicains Champenois, les uns comme les autres d'excellents Français.

Je vous adresse également, Monsieur le Président, de très vifs remerciements pour toutes les dispositions que vous avez prises, en vue de nous assurer une confortable installation et une chaude hospitalité dans votre excellente ville de Rouen, si célèbre par ses illustrations et par ses hommes d'esprit parmi lesquels vous voudrez bien me permettre de vous comprendre. (*Vifs applaudissements.*)

Messieurs, en ouvrant ce Congrès, au cours duquel j'aurai à me démettre des hautes fonctions que vous m'avez fait le très grand honneur de me confier l'an dernier, je me trouve en présence d'un double devoir qu'il m'est agréable de remplir.

J'ai d'abord à souhaiter la bienvenue à tous les militants de notre Parti qui sont venus d'une extrémité à l'autre de la France affirmer ici leur foi politique, leur espérance inlassable dans la vitalité de notre Parti et d'assurer la prospérité agissante et féconde de nos organisations.

J'ai à remercier aussi mes chers collègues du bureau du Comité Exécutif qui, sachant que je me trouvais en cette année d'élection avec une tâche difficile à remplir, me l'ont faite douce et facile. L'accord parfait n'a cessé de régner entre nous et je crois pouvoir vous déclarer que la plupart des décisions graves que nous avons eu à prendre l'ont toujours été à l'unanimité ; j'oserais presque dire qu'il en a été de même avec le Comité Exécutif. Sans doute nous avons eu, je ne dirais pas à subir, mais à discuter un certain nombre d'interpellations ; aucune d'elles n'a été inspirée par un sentiment de malveillance ou d'amertume, elles l'ont été les unes et les autres par le très légitime souci qu'avaient les interpellateurs d'obtenir des renseignements sur telle décision, ou sur telle attitude, et toutes se sont terminées par des ordres du jour de confiance absolue au bureau du Comité. Aussi, Messieurs, fut-ce un très grand réconfort pour moi de voir l'union touchante et persistante qui régnait entre nous et je confonds dans un même sentiment de gratitude le bureau de notre Parti et le Comité Exécutif sans oublier notre infatigable secrétaire administratif, M. Reynard (*Vifs applaudissements.*) qui n'a guère en partage que les charges et les responsabilités.

Messieurs, parmi les questions qui vont se poser devant vous, il en est une qui me paraît plus impérieuse, plus immédiate que les autres ; vous la connaissez par les comptes rendus des réunions du Comité Exécutif et vous auréz à la solutionner dans votre entière indépendance. Je n'ai pas la moindre prétention d'influencer votre décision. Si je me permets de vous souligner cette question, c'est en raison de son caractère essentiellement politique, à raison des commentaires plus passionnés que justes dont elle est l'objet dans la presse toute entière. Il s'agit de savoir si notre Parti doit rester ouvert ou si, au contraire, il doit être un parti fermé ; pour parler plus net, il s'agit de savoir si nos militants, parlementaires ou non, peuvent appartenir tout à la fois au Parti radical et radical-socialiste et à l'Alliance républicaine démocratique. (*Protestations.*) Votre bureau et le Comité Exécutif, à une très grande majorité et après des discussions réfléchies et mûries, ont solutionné la question dans le sens de la négative, c'est-à-dire dans le sens de l'interdiction.

Sur ce point, Messieurs, vous aurez à donner votre appréciation ; c'est vous-mêmes qui apporterez la réponse définitive ; toutefois, je crois qu'il est bon que je m'explique sur la portée de la solution proposée par le Comité Exécutif.

S'ensuivra-t-il, si vous l'adoptez, qu'elle devra

être considérée, ainsi qu'on l'a prétendu, comme une déclaration de guerre à l'Alliance républicaine démocratique. (*Cris : Non ! Non !*)

Nos adversaires, Messieurs, et par adversaires j'entends les partis de droite et les progressistes, leurs fidèles alliés, nos adversaires, dis-je, qui ont la prétention de mieux connaître nos pensées que nous-mêmes, qui se sont déjà si copieusement réjouis de la désagrégation du bloc et qui seraient tout particulièrement heureux de voir nos divisions s'aggraver, déclarent qu'une pareille rupture ne peut être autre chose qu'un acte d'hostilité. Libre à eux, Messieurs, d'interpréter de cette manière la décision que vous allez prendre si vous suivez votre Comité Exécutif. Nous n'avons qu'un médiocre souci de leur opinion. (*Vifs applaudissements.*) Mais ce que, pour mon compte, je sais très bien, c'est que dans notre proposition, il n'entre aucune pensée d'agression, de bataille ou de lutte ; nous connaissons trop l'Alliance Républicaine Démocratique pour essayer de méconnaître qu'elle compte chez elle de nombreux républicains sincères, loyaux, éprouvés qui ont aidé à voter les lois essentielles de la République, et plus particulièrement les lois de laïcité, et qui sont disposés aujourd'hui comme toujours à marcher à nos côtés, à la conquête de nouvelles réformes républicaines, démocratiques et sociales désirées par le pays républicain, et que nous comptons bien réaliser ensemble.

Qu'on ne prête donc pas à nos sentiments des allures belliqueuses qu'ils n'ont pas et qu'on ne soit pas étonné si à certains moments, dans des circonstances déterminées, on nous voit soutenir les candidats de l'Alliance Républicaine Démocratique, puisque nous sommes résolus à agir ainsi toutes les fois qu'il s'agira de tenir tête à la réaction. (*Applaudissements.*) Et si nous ne croyons ni à l'avènement, ni aux vertus problématiques du collectivisme, si nous répudions de toutes nos forces le sabotage et l'antimilitarisme, qu'on ne soit pas surpris non plus si, toujours pour combattre la réaction, nous soutenons des socialistes, pourvu toutefois qu'ils répudient le sabotage et qu'ils ne professent pas la doctrine criminelle de l'antimilitarisme.

Ceux auxquels nous sommes absolument décidés à refuser notre concours, ce sont ceux qui ne dédaignent pas de solliciter ou d'accepter l'appui de la réaction et de contracter avec elle des pactes cyniques, comme nous en avons vu se produire lors des dernières élections. En agissant ainsi, nous restons dans nos traditions et dans nos principes, car c'est encore à la réaction que nous faisons la guerre. (*Applaudissements.*)

Qu'il soit donc entendu que si vous proclamez votre autonomie, vous signifierez simplement que vous entendez garder votre originalité ; que vous voulez grouper vos propres forces en vue d'un idéal commun, et avoir la certitude qu'en déployant votre activité, vous ne serez contrariés par aucune opposition, par aucune tiédeur venant de vos rangs. Nous avons cette conception que, par l'unité, notre Parti, qui ne s'est fourvoyé dans aucune compromission, ce qui lui a valu la faveur de ce pays avide de clarté, aura plus de dignité, plus de cohésion et plus de puissance. (*Applaudissements.*)

Messieurs, on nous dit, et ce sont toujours nos adversaires qui parlent, que nous sommes mal venus à vanter notre force, parce que nous serions sortis de la dernière bataille électorale diminués, mutilés et impuissants pour longtemps. Aux yeux de ceux qui prennent ainsi leurs désirs pour des réalités, le pays nous aurait signifié notre congé. Tout au moins y aurait-il entre lui et nous une incompatibilité d'humeur qui ferait présager un divorce proche et humiliant.

Bien mieux, le mot « d'apaisement » qui répond, nous le pensons tous, au plus noble des sentiments ayant été prononcé sans que sa réelle signification ait jamais été donnée, on en a conclu qu'il s'adressait à nous seuls et que dans l'état lamentable où nous étions, nous n'avions plus qu'à garder le silence.

Essayons-nous de provoquer à l'occasion de cette formule trop abstraite quelques explications, cherchons-nous à savoir si cet apaisement doit être unilatéral, faisons-nous des efforts pour comprendre comment ceux qui entendent nous l'imposer n'en veulent pas pour leur propre compte, demandons-nous avec inquiétude si ce mot n'a pas quelque parenté avec l'esprit nouveau, on nous répond que nous sommes des révoltés, des querelleurs, ou des hommes avides de pouvoir.

Il nous faudrait donc, Messieurs, ou passer pour des gens difficiles à vivre, ou pour de vulgaires ambitieux et nous taire.

Aussi lorsqu'aux récentes élections départementales nous avons vu les candidats les moins déguisés des partis de droite se réclamer, sous prétexte d'apaisement, de la politique ministérielle, lorsque nous avons vu qu'autour d'eux on voulait étouffer notre voix, comme si elle n'avait pas d'écho dans le pays, à ce point apaisé qu'il ne voulait plus rien entendre, nous nous sommes demandés si l'apaisement devait se faire dans le silence des vainqueurs ou dans celui des vaincus. (*Longs applaudissements.*)

Les vainqueurs ! Quoiqu'en puissent penser ou dire nos adversaires, où sont-ils, si ce n'est toujours de notre côté ?

Sans doute à la suite de basses intrigues et de louches trahisons, nous avons perdu quelques amis dévoués et précieux, mais nous en avons retrouvé d'autres et si nous sommes diminués, c'est de quelques unités seulement, mais nous restons tout à la fois l'avant-garde et le gros de l'armée républicaine.

Cependant le fait seul d'avoir perdu quelques sièges doit être pour nous un enseignement ; nous devons redoubler de vigilance, consolider notre union, poursuivre sans relâche notre propagande, fortifier notre organisation, et mettre en pleine lumière notre force.

Si maintenant cette controverse sur le résultat des élections se poursuit, nous nous contenterons de répondre à ceux qui affirment notre mutilation qu'ils prennent la peine de regarder de leur côté, et de faire le dénombrement de leurs troupes ; s'ils le font de bonne foi, ils s'apercevront très vite que chaque consultation du suffrage universel les réduit de plus en plus, à moins qu'ils ne prennent à leur actif les gains socialistes parce qu'il leur a plu de les favoriser.

Mais cette discussion même prouve qu'il existe dans le parti républicain un profond malaise et que nous vivons dans une équivoque qu'il n'est pas trop tôt de dissiper. (*Applaudissements.*)

Ce malaise n'existe-t-il que dans notre imagination ? Messieurs, vous avez pu lire les discours prononcés ces jours derniers par les membres du gouvernement sur divers points du territoire. Tous ils en ont reconnu et affirmé l'existence. Ils ont déclaré, commé nous le déclarons nous-mêmes, qu'un pareil état de choses ne pouvait se perpétuer, je cite leurs propres paroles, et ils ont protesté de toutes leurs forces « contre la prétention émise par certains partis de voir dans la formule d'apaisement une indication quelconque du gouvernement, une renonciation, si lointaine soit-elle, à ce qu'a été la volonté du pays, une intention de gouvernèr avec une autre majorité qu'une majorité de gauche dont nous sommes, nous, la grande majorité ». (*Applaudissements.*)

Ils ont reconnu que l'école laïque n'était pas suffisamment défendue, qu'il fallait la mettre, par des lois nouvelles et efficaces, à l'abri des assauts répétés de la réaction cléricale ; ils ont dit que des réformes financières, que des réformes sociales s'imposaient et qu'il fallait les entreprendre sans délai. Messieurs, que ces promesses se réalisent, que la politique radicale reprenne sa direction naturelle ; que notre programme s'accomplisse méthodiquement et que gouvernement et parlement s'acheminent de plus en plus vers le triomphe de la République démocratique et sociale, nous n'en demandons pas plus.

Pour en arriver là, point n'est besoin de brutalité ou d'intolérance, ce sont d'ailleurs des procédés qui ne sont pas, qui n'ont jamais été les nôtres, et qui nous sont inconnus. (*Applaudissements.*)

Malgré tout notre passé de sagesse et de vrai libéralisme, je sais qu'il est de bon ton de nous traiter de sectaires. On va jusqu'à dire que nous avons poussé l'exclusivisme jusqu'à faire accaparer tous les emplois du pays par nos créatures.

A côté de tels propos, plaçons la réalité.

Tournez vos regards du côté des grands services publics : la Diplomatie, l'Armée, les Finances, la Magistrature, le Conseil d'Etat, la Cour des

Comptes, voire même l'Administration Préfecto-
rale, et demandez-vous s'il est raisonnable de soutenir que ce sont les radicaux qui y dominent.
(*Applaudissements.*)

Cris. — Même au Travail. (*Applaudissements.*)

Notez que je ne critique pas, je constate simplement.

La vérité est que nous sommes, avant tout, des
hommes de large tolérance et de liberté. La liberté, nous l'avons donnée à tous aussi complète
que possible, à nos amis comme à nos adversaires ; il n'est jamais entré dans notre pensée, ni
dans nos actes, de chercher à la restreindre au
détriment des uns et à l'élangir au profit des autres. Il est vrai que nous l'avons refusée aux moines internationaux, lesquels, au nom d'un pouvoir
qu'ils proclament infaillible, émettaient la prétention de confisquer la nôtre. Sans doute l'opération
a été rude, mais qui donc pourrait se plaindre de
ce qu'elle ait été accomplie ? (*Vifs applaudissements.*)

Si la chose restait à faire, si l'horizon n'avait
pas été dégagé de ces lourds et épais nuages, est-
ce que le gouvernement actuel aurait ses aises
pour accomplir les réformes d'ordre économique
et social qui figurent à son propre programme ?

Messieurs, nous n'avons ni à renier nos actes ni
à en tirer vanité. Notre attitude a consisté à rester fidèles aux principes de notre Parti. Mais vraiment ce n'est pas à ceux qui se réclament des régimes déchus du 16 mai et du dernier gouvernement progressiste à venir nous parler de tolérance.
(*Vifs applaudissements.*)

Poursuivons donc tranquillement, mais sûrement, dédaigneux de toutes attaques aussi injustes
qu'intéressées, la réalisation de notre programme.

Il a été, tout récemment, dans une des dernières réunions du Comité Exécutif, exposé de façon
magistrale par notre ami Steeg, qui l'a rajeuni et
agrémenté d'une telle séduction qu'il est maintenant irrésistible.

Quand on voit toutes les bonnes volontés qui
se pressent ici, tous les concours qui s'offrent,
quand on relève les noms de tous les hommes de
haute valeur qui, soit au Parlement, soit ailleurs,
portent la parole en notre nom, quand on sent

toute l'ardeur qui nous anime, on peut avoir cette conviction qu'un Parti qui résume tant de dévouement, tant de foi républicaine, tant de forces, a devant lui un avenir illimité.

En cet avenir, j'ai une robuste confiance, je l'avais déjà avant de vous avoir approchés de si près, elle n'a fait que s'affermir à votre contact. Une fois encore, je vous remercie de m'avoir mis à même de mieux vous connaître, de mieux vous apprécier et de m'avoir permis de satisfaire une de mes plus chères ambitions, celle, non pas de vous diriger, mais de vous servir. (*Salves répétées d'applaudissements.*)

LE PRÉSIDENT présente les excuses de MM. Lebert, Emile Combes, Defumade, Strauss, sénateurs ; Guislain, Malavialle, Balitrand, Clémentel, Dessoye, Ch. Dumont, Cruppi, Berteaux, Rigal, Fernand Rabier, Dron, Ch. Chabert, Paul Meunier, Klotz, Bouttié, Réveillaud, Hector Depasse, députés ; Herriot, Berthelot, Delpech (d'Agen), Lemaître, Douzals, Rigal, etc.

LE PRÉSIDENT donne à l'assemblée des indications sur les dispositions matérielles qui ont été prises pour assurer le bon fonctionnement des commissions du Congrès et des services postaux, télégraphiques et téléphoniques.

M. Vallé donne lecture de la dépêche suivante de M. Maurice Berteaux :

Retenu encore à la maison à la suite de crise appendicite dans l'attente de l'opération qui va me rendre toute liberté de travail et d'action, vous prie de dire à nos amis mes très vifs regrets de ne pouvoir être au milieu d'eux. Je fais des vœux ardents pour que les délibérations de votre Congrès fortifient et étendent encore l'action de notre parti et servent ainsi utilement la cause de la République démocratique et sociale, notre commun idéal.

MAURICE BERTEAUX.

Le Congrès est unanime à formuler des vœux très ardents pour le prompt rétablissement de notre ami Berteaux. (*Vifs applaudissements.*)

Votre Bureau vous propose d'exprimer par le vote de la motion suivante vos sentiments de respectueux dévouement à l'égard des membres d'honneur du Parti :

Le Parti radical et radical-socialiste, réuni en son dixième Congrès à Rouen, envoie l'expression de sa respectueuse affection et de son profond dévouement à ses présidents d'honneur et membres d'honneur, MM. Camille Pelletan, Henri Brisson, Emile Combes, Léon Bourgeois, Vallé, général André, Delpech et Blanchon.
(Cette motion est adoptée à l'unanimité.)

LE PRÉSIDENT. — Plusieurs délégués ont saisi le Bureau d'ordres du jour qui expriment le salut fraternel du Congrès à l'adresse des républicains portugais. Ces ordres du jour sont signés de MM. Fabius de Champville, Bodereau, Heslouin, Estier, Sollier, Silvy, Nicol, Canu.

L'un de ces ordres du jour paraît à votre Bureau résumer tous les autres ; le voici :

Le Congrès du Parti radical et radical-socialiste, heureux d'apprendre la proclamation de la République en Portugal, envoie aux républicains portugais son salut fraternel et ses vœux les plus sympathiques.
(Cet ordre du jour est adopté par acclamations.)

VERIFICATION DES POUVOIRS

M. G. FABIUS DE CHAMPVILLE, au nom de la Commission de vérification des pouvoirs, propose au Congrès de valider les pouvoirs de ces délégués, les quelques difficultés qui se sont présentées ayant été résolues en accord complet avec les intéressés. *(Adopté.)*

RAPPORT DU BUREAU
DU COMITE EXECUTIF
sur l'exercice 1909-1910

M. F. LEFRANC. — Après nos précédents rapports sur les résultats des élections générales et sur l'organisation du Parti, rapports qui ont été insérés dans le *Bulletin* et discutés en séances plénières du Comité Exécutif, il ne nous semble pas nécessaire de nous étendre longuement sur les travaux du Bureau depuis le Congrès de Nantes. Ce serait nous exposer à des redites. Nous nous bornerons donc à donner ici quelques renseignements complémentaires.

Dès son entrée en fonctions, le Bureau s'est,

comme de coutume, constitué en commissions, ainsi composées :

Administration. — MM. Ranson, président ; Debierre, Boussenot, Postel, Dron, Cahen, Lefranc, Dauthy, Chérioux, Henri Rousselle.

Élections. — MM. Cahen, président ; Michel Milhaud, Bouffandeau, Boussenot, Amouroux, Dron, Bougues, Chautemps, Cosnier, Ranson, Lefranc, Henri Rousselle.

Propagande. — MM. Steeg, président ; Debierre, Milhaud, Postel, Amouroux, Dauthy, Dron, Boussenot, Chautard, Chautemps.

Bulletin. — MM. Bouffandeau, président ; Postel, Lefranc, Cahen, Henri Rousselle, G. Poulle, J.-B. Morin, Dessoye.

Requêtes. — MM. Richard, président ; général Godart, G. Poulle, Delpech.

Le Bureau avait pour premier devoir de se préoccuper de la préparation des élections législatives. Le Congrès de Nantes s'étant prononcé pour l'unité de candidature, il importait tout d'abord de préciser le rôle des Fédérations et des Congrès électoraux. Une circulaire d'application de l'article 63 nouveau du règlement a été adressée, le 25 novembre 1909, aux Fédérations et Comités.

Le Bureau s'est efforcé de faire prévaloir dans toutes les circonscriptions la règle de l'unité de candidature. Comme c'était à prévoir, certaines difficultés se sont produites ; et il n'était malheureusement pas en notre pouvoir d'empêcher les dissidences de se faire jour. Néanmoins nous devons rendre hommage à la bonne volonté et au loyalisme de la grande majorité de nos groupements qui ont fait les plus louables efforts pour assurer, en suivant les instructions reçues, le succès des candidats et du programme de notre Parti

On connaît les résultats des élections. Nous n'avons pas à y revenir en détail. Ce que nous pouvons dire cependant, c'est que malgré les premières apparences et en dépit des appréciations malveillantes ou pessimistes auxquelles ont pu donner lieu les scrutins des 24 avril et 8 mai derniers, le Parti radical et radical-socialiste n'a nullement subi les déperditions dont ses adversaires se sont complus à faire état.

S'il y a eu déchéance, c'est du côté de la Droite. On en trouve la preuve dans les différences, en plus ou en moins, que donne la totalisation des suffrages recueillis, en 1905 et en 1906, par les candidats se recommandant des divers partis en présence.

Le nombre des électeurs inscrits était, en 1906, de 11.310.625, et, en 1910, de 11.462.736. Celui des votants était, en 1906, de 9.050.858, et, en 1910, de 8.871.693. Soit, pour cette année, 152.111 électeurs de plus et 179.175 votants de moins.

Les relevés statistiques donnent :

En moins, 839.560 voix pour les réactionnaires et nationalistes ; 255.964 pour les progressistes.

En plus, 118.179 voix, pour les républicains de gauche ; 182.616, pour les socialistes indépendants; 237.359, pour les socialistes unifiés ; 10.680, pour les révolutionnaires ; 287.432, *pour les radicaux et radicaux-socialistes*.

Il y a eu, en outre, 88.945 bulletins blancs ou nuls *de plus*, en 1910 qu'en 1906 ; et 8.862 divers *en moins*.

Le pourcentage des voix s'établit comme suit, par rapport aux 8.871.683 votants de 1910 :

Réactionnaires et nationalistes	19,19 %
Progressistes	10,32 »
Républicains de gauche	13,59 »
Socialistes indépendants	,4,29 »
Socialistes unifiés	12,45 »
Révolutionnaires	0.12 »
Radicaux et radicaux socialistes	36,12 »
Blancs et nuls	3,68 »
Divers	0,19 »
Abstentions	22,61 »

Sans tirer de ces chiffres, qu'il nous a paru intéressant de consigner ici, des conclusions formelles, on en peut du moins déduire que l'Idée radicale, loin de perdre du terrain, en a sensiblement gagné. Si des circonscriptions nous ont échappé, il faut en chercher les raisons ailleurs que dans une sorte de défiance ou de désaffection du pays pour les doctrines de notre Parti. Il ne dépend que de nous, de notre activité, de notre énergie, de les faire définitivement prévaloir. La France, quoiqu'on en ait dit, ne déserte pas les voies du progrès démocratique et social. Elle se détourne nettement, au contraire, du conservatisme et de la réaction.

Cela dit, revenons à l'objet principal de notre tâche.

***

Le Bureau, ses commissions une fois constituées, se mit résolument à l'œuvre, sous l'impulsion de notre président, M. Vallé, qui nous donna à tous l'exemple du zèle et de l'assiduité.

Non seulement ses séances se multiplièrent, mais plusieurs de ses membres — notamment ceux de la sous-commission des élections — siégèrent quotidiennement rue de Valois pour veiller à la solution des affaires courantes et recevoir les délégations de Paris et dès départements, si nombreuses parfois que nous dûmes leur infliger, certains jours, des attentes prolongées dont nous nous excusons.

Il convient également de mentionner le concours utile apporté au Bureau par la Commission de discipline qui n'a épargné ni son temps ni sa peine pour mettre ordre, autant que possible, aux différends qui se sont présentés.

On se rendra mieux compte de la besogne à laquelle il a fallu faire face dans un laps de temps assez restreint quand nous aurons extrait du registre des correspondances les chiffres suivants, pour la période du 1er février au 1er mai :

	1906	1910
Lettres reçues	740	1.894
Lettres sorties	650	3.250
Circul. envoyées	1.500 env.	6.800 env.
Broch. imprimées	200.000 —	1.739.150 —
Broch. expédiées	320.000 —	1.640.000 —

On voit par là que le Bureau a fait les efforts les plus consciencieux pour se tenir en contact avec les groupements adhérents comme pour fournir le plus d'aliments possibles à leur propagande.

Saisissons l'occasion d'adresser des éloges mérités, comme l'a fait très justement, l'an dernier, notre excellent prédécesseur et ami, M. Henry Bérenger, aux services administratifs du Comité et en particulier au plus avisé et au plus dévoué des secrétaires, M. Reynard.

***

Nous ne saurions non plus omettre de remercier ceux de nos amis qui ont bien voulu mettre leurs connaissances et leur talent à la disposition du Parti en rédigeant les brochures de vulgarisation qui leur ont été demandées par le Bureau.

L'Œuvre de la IX° législature, par M. Bouffandeau ; *L'Agriculture sous la Troisième République*, par M. Decker-David ; *L'Impôt sur le Revenu. La Nouvelle évaluation de la Propriété non Bâtie. L'Impôt sur le Revenu et les Impôts communaux et locaux*, par Lévy-Ulmann ; *L'Ecole et la République*, par M. Steeg ; *La Thèse collectiviste et les Faits agricoles*, par M. A. Lacroix ; *Le Parti radical et la Question sociale*, par M. Desvaux ; *L'Indemnité parlementaire (Historique)*, par M. Dauthy ; *L'Indemnité parlementaire*, par M. Lefranc ; *Quarante ans de République*, par M. Delpech. *La République et l'Enseignement*, par M. A.-H. Canu.

***

En ce qui concerne les conférences, nous avons présenté antérieurement les observations que l'expérience d'une année particulièrement chargée nous a suggérées et que le Comité Exécutif a sanctionnées de son approbation.

En conformité de l'article 42 du règlement, nous publions ci-après les noms des militants, parlementaires et non-parlementaires, qui ont répondu, aussi souvent qu'ils l'ont pu, à nos appels :

MM. Cazeneuve, Couyba, Delpech, Ranson, Richard, Vallé, sénateurs ; MM. Balitrand, Beauquier, Berteaux, René Besnard, Bouffandeau, Bourély, Bouyssou, Ferdinand Buisson, Ceccaldi, Félix Chautemps, Henri Cosnier, Dalimier, Dessoye, Dron, Charles Dumont, de Kerguézec, Lafferre, Massé, Messimy, Camille Pelletan, Puech, Réveillaud, Schmidt, Steeg, députés ; MM. Chautard, Dubief, Dauthy, anciens députés ; MM. Franklin-Bouillon, Haudos, J.-B. Morin, Camille Picard, Thalamas, Verlot, députés nouvellement élus ; MM. Amouroux, Balans, Henry Bérenger, Boussenot, Abel Boutin,

F. Cahen, Paul Caillot, Canu, Charpentier, Chazet, Félicien Court, Cointe, Cluzel, Emile Desvaux, Debierre, Dominique, Jules Durand, Douzet, Fabiani, Fabius de Champville, Forestier, Gaston Gros, Lévy-Ulmann, Lucien-Victor Meunier, Milhaud, Pène, Richard de Burgues, Reneux, Henri Rousselle, Georges Robert, Paul Virot, membres du Comité Exécutif ; MM. Bauzin, Billecart, Quellien, Paul Richard, Rousselet, conférenciers.

Le nombre des conférences faites par les orateurs précités, tant dans le département de la Seine qu'en province, dépasse la centaine. Nous leur adressons de chaleureux remerciements.

Les frais nécessités par l'impression et l'envoi des brochures (41.952 francs), ainsi que par les conférences (10.545 francs) ont été assez élevés ; mais il n'en est pas de plus profitables et il est à souhaiter que nos ressources, en s'accroissant, nous permettent de faire davantage encore. Aussi nous renouvelons le vœu que, dans l'avenir, une organisation méthodique des manifestations préparées par le Bureau, d'accord avec les groupements et les élus, ajoute à la force de diffusion des principes qui régissent le Parti et favorise, en popularisant les réformes qu'il préconise, son développement nécessaire.

****

Il n'est pas sans intérêt non plus de noter à cette place que le Bureau a enregistré, pendant l'exercice 1909-1910, 68 adhésions nouvelles de Comités. Le nombre de ces formations avait diminué en 1906 et 1907. Il s'est considérablement accru, par contre, en 1908, 1909 et 1910. C'est un symptôme que l'on n'accueillera pas sans satisfaction.

****

Toutes les informations relatives aux Comités, nous avons pris soin de les publier au *Bulletin*, qui a paru régulièrement, et nous sommes disposés à faire la place aussi large que possible aux communications qui nous viendront des Comités et Fédérations. Ce serait un moyen d'établir entre tous nos adhérents une relation continue et de les tenir au courant du mouvement radical dans tout le pays.

Nous devons à un certain nombre de nos amis des articles qui ont été lus avec intérêt et reproduits par maints journaux. Combien il serait souhaitable que notre modeste *Bulletin* devînt comme une sorte de tribune naturelle pour les propagateurs de la pensée radicale ! Combien il est désirable aussi que, dans les Comités, le *Bulletin* passe de main en main ou soit commenté lors des réunions, afin que rien de ce qui touche à la vie du Parti ne demeure étranger à ses sections.

Tel qu'il est, le *Bulletin* correspond-il suffisamment aux besoins d'un grand Parti ? Nous n'hésitons pas à répondre par la négative.

Bien souvent, surtout au lendemain des élections, on a parlé de sa transformation en journal. C'est une grosse affaire, mais elle mérite d'être examinée. Il est clair que si le Parti radical et radical-socialiste était en état d'assurer l'existence d'un organe qui, lui appartenant en propre, refléterait exactement ses opinions, ses moyens d'action s'en trouveraient notablement accrus. La question est à étudier sérieusement.

Ces détails ne seraient pas complets si nous passions sous silence les aménagements qu'avec l'aide de notre ami Chérioux nous avons dû faire exécuter dans les locaux de notre siège social. C'est une dépense qui s'imposait, au moment des élections, pour faciliter le travail intérieur, les réceptions, les réunions du Bureau et des Commissions, le classement des documents, le triage et l'expédition des brochures, etc. Cela ne veut pas dire que nous soyons rivés à l'appartement de la rue de Valois. Nous persistons même à penser que l'on doit continuer à rechercher un local mieux approprié à sa destination et plus en rapport avec les besoins d'une organisation aussi importante que cele du Parti. Mais, en attendant, l'installation s'est sensiblement améliorée et ces modifications étaient réellement indispensables.

Voilà, très en raccourci, l'exposé de l'œuvre accomplie. Nous espérons que le Congrès l'appréciera favorablement.

Le Bureau a conscience d'avoir fait tout ce qui dépendait de lui pour répondre à la confiance de ses mandants. Il reste beaucoup à faire pour accroître et utiliser les forces groupées autour de notre drapeau. La collaboration active, l'union étroite et constante, de tous les éléments du Parti radical et radical-socialiste, en affermissant, dans les années qui vont suivre, son prestige et sa vitalité, contribueront puissamment à l'essor de la démocratie.

M. A. MAY ne veut présenter aucune observation sur le fond du rapport, mais il exprime le désir que les rapports soient à l'avenir envoyés plus tôt aux délégués.

M. ANTY appuie ces observations.

M. LEFRANC déclare que ce serait également le désir du Bureau du Comité Exécutif de pouvoir envoyer les rapports le plus tôt possible aux délégués ; mais il se heurte à des difficultés. Les comités ne répondent pas toujours d'une façon très complète ni très rapide aux questionnaires qui leur sont adressés. Le Bureau leur avait demandé de lui faire connaître avant le 1er août leurs avis sur les principales questions soumises à ce congrès. Or, au 15 septembre nous ne possédions pas la vingtième partie des réponses que nous attendions et les commissaires du Comité Exécutif n'ont pu, dans ces conditions, que fournir très tard leurs travaux.

Nous ne doutons pas cependant qu'il aura suffi de signaler ces inconvénients pour que, l'année prochaine, les comités nous mettent à même d'envoyer en temps convenable les rapports aux membres du Congrès. (*Assentiment.*)

M. DESCHAMPS présente une observation concernant la constitution de la fédération de la Sarthe.

LE PRÉSIDENT fait observer que c'est une question d'organisation qui devra être soumise à la commission compétente du Comité Exécutif. Il consulte ensuite l'assemblée sur l'adoption du rapport de M. Lefranc.

(Le rapport est adopté à l'unanimité.)

NOMINATION DE LA COMMISSION DE LA DECLARATION DU PARTI

LE PRÉSIDENT. — Le Congrès est appelé à nommer la commission de la Déclaration du Parti.

Voici les noms qui sont proposés :

MM. Camille Pelletan, Richard, Steeg, Général Godart, Corneau, F. Buisson, J.-L. Bonnet, Debierre, Bouffandeau, J.-B. Morin, Chazot, Charles Dumont, Emile Desvaux, Estier, Laferre Henri Michel, Milhaud, Levy-Ulhmann, Fabiani, Félix Chautemps, Henri Rousselle, Lefranc, Gariel, Péchadre, Dalimier, Muller, Delaroche-Vernet.

Le Bureau vous propose d'adopter cette liste.

(La Commission de la Déclaration du Parti est ainsi constituée.)

LE PRÉSIDENT. — M. A.-H. Canu demande la parole pour une proposition qui ne soulèvera aucune objection.

M. A.-H. CANU. — Il est d'usage chaque année, de décerner le titre de président d'honneur au président sortant du Comité Exécutif ; je propose au Congrès d'acclamer M. Lafferre, dont tous nos collègues ont apprécié l'activité et le dévouement pendant sa présidence l'année dernière, comme président d'honneur du Comité Exécutif. (*Vifs applaudissements.*)

DEUXIEME SEANCE

Vendredi 7 octobre, après-midi

La séance est ouverte à 2 heures, par M. Vallé, sénateur, qui invite l'assemblée à nommer son bureau.

Le Bureau est ainsi constitué :

Président : M. Camille Pelletan, ancien ministre, député des Bouches-du-Rhône.

Vice-présidents : MM. Louis Martin, sénateur du Var ; Ranson, sénateur de la Seine ; Ferdinand Buisson, député de la Seine ; Magñiaudé, député de l'Aisne ; Bourély, député de l'Ardèche ; Gariel (Hérault), Estier (Bouches-du-Rhône), Félicien Court (Haute-Garonne), Georges Robert (Pas-de-Calais), Emile Desvaux (Seine).

Secrétaires : MM. Fernand David, député de la Savoie ; Camille Picard, député des oVsges ; Ceccaldi, député de l'Aisne ; Ternois, député de la Somme ; Guillemain (Marne), Lintier (Mayenne), Lamy (Seine), Chevillon (Bouches-du-Rhône), Postel (Sarthe).

M. Camille Pelletan, en prenant la présidence, prononce le discours suivant :

DISCOURS DE M. CAMILLE PELLETAN

M. CAMILLE PELLETAN.

Messieurs,

C'est toujours un grand honneur de présider les séances d'un Congrès qui réunit les forces vives de la fraction de beaucoup la plus considérable du parti républicain: Il me semble que cette année, notre Congrès a une tâche particulièrement importante pour notre avenir politique, troublé, il faut bien le reconnaître, par des équivoques au fond desquelles nous voudrions espérer qu'il n'y a que des malentendus, mais qui n'ont déjà que trop duré.

Il serait puéril, et il pourrait être dangereux,

de se cacher à soi-même, contre l'évidence, que la démocratie dans son ensemble, et particulièrement notre Parti radical et radical-socialiste, traversent en ce moment une crise qui peut devenir grave. Rappelez-vous l'élan superbe qui a fait les élections de 1906 : comparez-lui notre état présent, le désarroi de l'opinion, l'incertitude des esprits, l'espèce de lassitude qui semble paralyser passagèrement la marche en avant de la République ; assurément, il n'y a pas là de recul vers les partis du passé ; ils sont plus usés, plus misérablement impuissants que jamais ; ils se renient eux-mêmes tous les jours dans des coalitions inavouables ; toutes les élections montrent la dispersion de leurs derniers bataillons chaque fois qu'ils osent déployer leur drapeau, ce qui devient bien rare : ils en sont réduits à ne plus espérer de victoire, qu'en cachant humblement les leurs sous un déguisement radical, ou en livrant bataille au profit des opinions révolutionnaires qu'ils font profession de détester le plus. Vallé avait raison de le dire : les élections dernières prouvent que l'idée radicale a conservé toutes ses forces : mais elles montrent en même emps que le Parti radical a besoin de consolider et de relever son crédit. Des défaites infligées parfois aux meilleurs, les mobiles souvent peu élevés qui ont exercé une influence considérable, l'acceptation des pactes les plus révoltants par un trop grand nombre d'électeurs, révèlent les progrès d'une sorte de fatigue et de scepticisme, plus dangereuse encore que le plus violent désordre des esprits.

N'en accusons pas le suffrage universel, trop calomnié(pour les besoins des polémiques soulevées autour de la réforme électorale. Non, qui qu'on pense du meilleur mode de scrutin, il n'est pas vrai que ce grand peuple de France soit devenu un peuple de quémandeurs, inaccessible aux nobles passions et aux hautes conceptions d'idéal politique. Dans le cours d'une carrière d'un demi-siècle, hélas ! consacrée tout entière aux luttes pour la[République sociale, je n'ai jamais vu ce grand pays manquer à ceux qui lui faisaient appel, au nom de l'idée de justice et de droit humain que nous a léguée notre Révolution. Je viens de rappeler avec

quel magnifique entrain, il y a quatre ans encore,
il nous menait à la plus éclatante victoire, peut-
être, que la démocratie ait jamais remportée. Rien
ne nous permet de croire que demain il n'en sera
pas de même, si nous remplissons notre devoir. Je
le répète, n'accusons pas le pays ; faisons plutôt
notre examen de conscience. Demandons-nous si,
après avoir écrasé en 1906 les partis de réaction,
le suffrage universel a pu comprendre quelque
chose à ce qui a été fait, au nom de ses élus, et, il
faut bien le dire, avec leur permission. Et nous
verrons peut-être, comment la dernière législature
a préparé l'état de choses que nous avons sous les
yeux.

Au lendemain des élections triomphales dont je
viens de parler, on a vu d'abord au pouvoir un ministère auquel on ne pourrait assurément pas sans
injustice reprocher, comme à son successeur, une
humeur conciliante à l'excès ; il n'y en eut jamais
de plus combattif. Seulement, par une malheu-
reuse méprise, c'est plutôt sur l'avant-garde de l'armée républicaine que sur l'armée opposée qu'il
concentrait les feux de sa tapageuse artillerie. Il
a disparu, et la démocratie a été quelque peu surprise de ne pas trouver plus de satisfaction à ses
aspirations de progrès, dans l'humeur exactement
opposée, en apparence, du ministère qui lui a succédé. Ai-je besoin de redire une fois de plus ce
que l'on disait hier, ce que l'on commence à se
dire sur toute la surface du territoire ? Pour prendre le beau nom de politique d'apaisement, une
politique d'obscurité et d'avances à nos éternels
ennemis, ne perd pas son véritable caractère. Un
soi-disant apaisement, devant des partis assurément tout prêts à manifester une vive affection
personnelle à tout homme d'état républicain assez
complaisant pour leur entr'ouvrir les portes de la
place, de quelque extrémité reculée qu'il vienne,
mais aussi devant des partis qui ne peuvent rien
abandonner de leur haine pour notre programme
laïque et social, parce qu'ils sont alliés, ou plutôt
asservis, à un dogme théocratique plus absolu et
plus exigeant de jour en jour, et parce qu'ils sont
passionnément attachés par leurs étroits intérêts

aux abus sur lesquels sont assis les privilèges d'argent de la société actuelle, — un soi-disant apaisement devant de tels partis, dis-je, ressemble terriblement à un désarmement des idées républicaines, sur le champ de bataille où elles sont assaillies avec autant d'acharnement, dans ces temps de prétendue réconciliation, qu'aux heures de nos luttes les plus violentes du passé. (*Applaudissements.*)

On nous assure, il est vrai, que les partis réactionnaires ont inexactement traduit les déclarations gouvernementales dont ils s'arment partout devant les électeurs. Nous ne demandons qu'à le croire ; mais il faut être équitable pour tout le monde. On est injuste quand, sur ce point on les taxe de mauvaise foi. S'ils ont mal interprété le langage ministériel, ils avaient le droit de s'y tromper. Plus d'un de nous s'y est trompé lui-même. Pouvons-nous oublier les termes dans lesquels le président du Conseil, du haut de la tribune, a représenté la politique des ministères républicains précédents, comme une politique non seulement d'exclusion systématique, mais de persécution véritable contre les partis conservateurs vaincus ? Une telle accusation, hélas ! sonne aux oreilles de la démocratie avec un accent de bien amère ironie. Elle voit, après quarante ans de gouvernement populaire, le conservatisme clérical encore fortement logé dans toutes les forteresses construites par les régimes passés : magistrature inamovible, bureaucratie, corps administratifs, états-majors militaires, coteries dévotes installées dans tous nos services publics, longtemps toutes-puissantes dans nos hautes écoles spéciales, et conduisant encore avec succès leurs serviteurs dociles vers les plus heureux avancements. Quoi ! la réaction cléricale était systématiquement exclue de tous les emplois, quand on voyait aux inventaires les tribunaux ordinaires et les tribunaux militaires rivaliser de complaisance pour les révoltes les plus sévèrement punies par les lois ! La vérité est que les ennemis de la démocratie ont encore une force redoutable, et peut-être prépondérante, dans tous nos services publics. A l'heure où je parle, oserait-on affirmer qu'il soit prudent pour un officier de nos armées de terre ou de mer d'affirmer trop haut des sentiments ardemment républicains ? Telle est la situation que tout le monde connaît. Que serait-elle, après quelques années d'apaisement ? (*Rires. Applaudissements.*)

A toutes les époques et à travers la nomenclature si touffue, si compliquée des fractions politiques, il n'y a en réalité que deux grands partis dont la lutte remplit l'histoire ; le parti de ceux qui souffrent des abus ou qui les condamnent et veulent les supprimer ; le parti de ceux qui en profitent, et s'efforcent de les maintenir. Il est inadmissible qu'on ne sache pas clairement, entre ces deux partis, de quel côté est le gouvernement, et il ne peut pas, honnêtement, donner des espérances aux deux à la fois.

Il est donc aisé de s'expliquer le malaise de la démocratie : puisse ce malaise être bientôt dissipé ! Pour y réussir il faudra beaucoup de netteté dans les paroles : il en faudra beaucoup aussi dans les actes. (*Très bien !*)

Les réformes promises au pays sont encore en souffrance ; s'il veut reconquérir la confiance du pays, le gouvernement devra déployer assez d'énergie pour les faire aboutir. Le Congrès ne peut pas oublier qu'après de très longs mois, la réforme des impôts directs reste endormie au Sénat. On sait que l'œuvre de justice fiscale accomplie dans des monarchies voisines par des classes privilégiées qui en font tous les frais, a été chez nous combattue par elles avec un furieux acharnement. Il ne peut pas suffire pour répondre à l'attente de la démocratie, de témoignages stériles de bonne volonté pour une réforme qu'on n'en laisserait pas moins indéfiniment ajourner. Mais on ne peut en hâter l'accomplissement sans braver bien des irritations du côté où l'on semble chercher l'apaisement de parti pris. Le pays républicain attend le gouvernement à l'œuvre.

. Il est donc aisé de s'expliquer le malaise profond des esprits. Puisse ce malaise être bientôt dissipé ! — Pour cela, comme je viens de le dire, il faudra beaucoup de netteté dans le langage du gouvernement ; cela ne suffira pas encore ; il en faudra beaucoup dans les actes. Quelques excuses qu'on cherche, dans de prétendues erreurs de traduction du langage gouvernemental, on ne fera croire à aucun homme de bon sens, qu'un ministère qui sait le Français, et qui sait ce qu'il fait, n'arrive pas à faire comprendre à la démocratie qu'il est avec elle et aux ennemis des idées républicaines qu'ils n'ont aucun concours à attendre de lui. (*Vifs applaudissements.*)

Quoi qu'il en soit, les politiques diverses des deux ministères, ont créé à notre Parti une situation qu'il serait dangereux de méconnaître. Aucune de ces deux politiques n'est la nôtre : tant s'en faut — aucune des deux ne s'est inspirée de nos idées : au contraire. Ceux qui dans les situations les plus importantes dirigent et formulent la politique qui prévaut aujourd'hui, ne sortent même pas de nos rangs : mais, comme notre Parti, de par la confiance du pays, forme l'élément de beaucoup le plus considérable des forces parlementaires de gauche, il en porte tout le poids et risque d'en subir tout le discrédit devant l'opinion.

Il faut bien ajouter qu'en même temps, des efforts vigoureux se multiplient pour dénaturer notre Parti lui-même, et couvrir de son nom les abandons de modérantisme qu'il a si énergiquement combattus autrefois. Nous aurions l'illusion de nous croire bien puissants, si nous considérions comme nôtres, tous ceux qui nous font l'honneur d'adopter notre étiquette. Combien de ceux-là, autrefois adversaires notoires de notre programme, le sont encore aujourd'hui, et le seront encore demain ! Je les verrais avec joie entrer dans nos rangs, s'ils y venaient collaborer à notre œuvre avec des convictions conformes à la qualification qu'ils ont prise. Mais hélas ! ils semblent ne venir parmi nous, que pour faire un parti radical à leur image ; — ou tout au moins pour abriter sous son nom encore puissant, la politique qui est restée la leur, mais qui est trop discréditée sous son nom véritable. Ne cherchez aucun de ceux-là dans vos rangs ; les radicaux de cette sorte n'adhèrent pas à notre organisation et ne viennent pas à nos congrès. Ils auraient trop à craindre d'en subir la discipline. (*Bravos.*)

C'est pour que le radicalisme reste radical, que vous n'admettrez plus de situations équivoques entre vous et les éléments trop modérés qui voisinent trop souvent avec les conservateurs. J'ai eu sous les yeux, j'ai longtemps raconté au jour le jour, j'ai vécu depuis dans le Parlement, l'histoire du parti républicain. J'ai connu le temps où les fractions les plus modérées de ce parti ne déployaient pas moins d'énergie passionnée que les plus avancés contre l'ennemi commun, et où c'étaient ces fractions modérées qui avaient dans le pays la situation prépondérante. Puis la réaction du seize mai une fois écrasée, je les ai vus comme effrayés de la victoire commune, se rapprocher des conservateurs et déserter la cause immortelle de la Révolution : Centre gauche, Mélinisme, opportunisme, progressisme, ces partis en sont morts. C'est la mort, dans une démocratie, de rompre avec les masses profondes des dérhérités qui attendent le grand jour de la justice démocratique.

Du fond de leur tombeau, ils nous invitent à venir leur tenir compagnie. Croyez-moi : n'y allons pas. (*Rires et applaudissements.*)

Citoyens, le Parti radical a charge des destinées de la France républicaine. C'est le seul qui puisse assurer son développement, conformément à sa pensée telle que l'ont faite les grands esprits et les grands cœurs, dont j'ai été l'élève et l'ami, Hugo, Quinet, Michelet, Louis Blanc, etc., etc. Ils étaient aussi socialistes que les collectivises eux-mêmes, si socialisme veut dire qu'on ne veut pas plus de tyrans économiques qu'on ne veut de tyrans politiques, et qu'on est dévoué jusqu'à la mort au relèvement des déshérités. Si notre Parti tombait en discrédit et que, comme dans des pays voisins, cet irrésistible mouvement social qui ébranle partout les vieux privilèges et les vieilles iniquités économiques ne semblait plus à la France représenté que par le parti qui niant la propriété individuelle, ne pourrait l'emporter sans des convulsions terribles, d'où naîtraient probablement des réactions sanglantes, des réactions mortelles, quels ne seraient pas la honte et le crime des radicaux défaillants qui auraient tué une cause que les générations antérieures avaient faite triomphante ! (*Vifs applaudissements.*)

On vous appelle un parti bourgeois : c'est une monstrueuse calomnie. Vous ne l'êtes pas, vous le deviendrez si vous laissez dénaturer le dépôt d'idées et de gloire que vous avez dans les mains. Le Congrès sera décisif à cet égard. On vous attend ; on vous regarde, on vous écoute. Je ne vous demande qu'une chose : Soyez vous-mêmes, soyez radicaux ! Relevez votre drapeau ; dîtes bien haut, sans ménagement aucun, votre pensée ! Le Parti radical est assez fort pour marcher seul et pour ne tolérer ni domesticités, ni compromissions. Hélas ! il court un grave danger. Ce qui me rassure, c'est qu'il ne peut être perdu que s'il continue à se trahir lui-même ! (*Applaudissements répétés et prolongés.*)

Le Président. — Nous recevons la dépêche suivante :

Au nom républicains portugais, vous exprime toute ma solidarité dans œuvre que poursuivez noblement.

Magalhaes Lima.

(*Vifs applaudissements.*)

Un certain nombre de congressistes ont offert à M. Emile Combes la présidence du Comité Exécutif ; M. Emile Combes nous envoie en réponse le télégramme suivant :

Mets condition à offre que vous me faites : c'est que candidature offerte sera considérée comme candidature d'union entre toutes les fractions du Parti radical et radical-socialiste en vue d'organisation autonome et forte du Parti.

Emile Combes.

(*La lecture de ce télégramme est soulignée de longs applaudissements.*)

Le Président. — La parole est à M. Estier, rapporteur de la Commission de la Tactique et de la Politique générale du Parti.

LA TACTIQUE ET LA POLITIQUE
GENERALE DU PARTI

M. Estier, *rapporteur*. — J'ai à vous présenter une série de rapports au nom de la Commission de Tactique et de Politique générale du Parti. Nous allons, si vous voulez bien, faire passer très rapidement les rapports qui ne me paraissent entraîner aucune discussion. Ce sont les suivants . Iº Motion présentée par notre ami Desvaux à la suite des indications données à la commission ce matin par M. Hubbard. Il s'agit de jeter les bases d'une union républicaine internationale.

Le Congrès ;
Donne mandat au Bureau du Comité Exécutif d'entrer en relations avec les représentants des partis républicains des autres pays pour jeter les bases d'une *Union Républicaine* Internationale.

Nos amis sont partis de ce principe qu'il existe déjà des organisations internationales diverses qui combattent en dehors de nous, souvent contre nous ; d'une part, l'Internationale noire flétrie à bien des reprises ici et ailleurs ; d'autre part, l'Internationale ouvrière. Il serait bon peut-être qu'il existât une Internationale de Républicains disposés à faire, dans les divers pays de l'Europe et du monde, une œuvre semblable à celle que nous accomplissons ici. Je vous demande, s'il n'y a pas d'opposition, de vouloir bien mettre la motion Desvaux aux voix.

(Adoptée à l'unanimité.)

M. Estier. — La deuxième motion que j'ai à vous présenter est un corollaire de la précédente. Un de nos bons amis, le citoyen Nicol, a pensé que si le Parti radical socialiste avait une politique intérieure, il avait aussi une politique extérieure et coloniale que nous avions insuffisamment affirmée. Notre collègue a trouvé, et ça été aussi l'avis de votre commission, que peut-être, au cours de l'année dernière et de cette année-ci, on s'était beaucoup désintéressé chez nous des questions de politiques extérieure et coloniale. Le citoyen Nicol demande que, par les soins du Bureau du Comité Exécutif on mette à l'étude la question de la politique extérieure et coloniale du Parti radical et radical-socialiste, en vue du congrès de l'année prochaine.

Le Président. — Je pense qu'il n'y a pas d'opposition. (*Approbations unanimes.*)

M. Estier. — Une troisième question est relative à une question qui est actuellement à l'ordre du jour ; c'est celle de la hausse de la vie matérielle. C'est là une qustion absolument brûlante, qu'en vertu de ces principes mêmes que Pelletan développait tout à l'heure, le Parti radical se doit à lui-même de traiter. Il est impossible de laisser dire que notre Parti ne se préoccupe pas de cette question. Un de nos collègues nous a proposé le vœu suivant, amendé par M. Durand, délégué d'Agen.

Le Congrès ;
Emet le vœu que les députés adhérents au Parti continuent de défendre au Parlement une politique économique nettement orientée dans le sens social le plus large, et notamment interviennent auprès du Gouvernement pour obtenir que la vie matérielle du peuple ne souffre pas des agissements des grands industriels et spéculateurs dont les manœuvres sur les denrées de première nécessité pèsent lourdement sur les classes les plus intéressantes de la population.

(*Adopté à l'unanimité.*)

M. Estier. — Il est une question, sœur de la précédente, c'est celle de la protection qui doit être donnée à l'agriculture contre les spéculations et les trusts qui l'étranglent et qui, d'une façon générale ont pour effet de peser lourdement sur les classes rurales. Notre collègue Dumesnil, député de Seine-et-Marne, a développé avec éloquence ce matin, à la commission, un vœu dont je vais vous donner purement et simplement lecture. Il ne sera pas nécessaire d'insister, étant donné que les sentiments qui étaient dans le cœur et dans la pensée de Dumesnil sont certainement aussi les nôtres.

Le Congrès ;
Emet le vœu que les élus du Parti au Parlement agissent avec la plus grande énergie pour protéger l'agriculture contre les spéculations et les tracts qui l'étranglent et, d'une façon générale, fassent la part de premier plan qui lui revient à la question agraire, vitale

pour l'instauration définitive de la démocratie économique et sociale.

(Applaudissements unanimes.)

M. ESTIER. — Enfin la question qui a retenu le plus longtemps votre commission ce matin, est celle qui est relative à une motion qui a été présentée par la Fédération de la Seine-Inférieure dans des conditions que je vais faire connaître et relatives à la politique de « l'apaisement ».

Votre commission, mes chers concitoyens, a voulu, quelque insuffisant que soit le rapporteur qui est devant vous et qui sollicite toute votre indulgence, car il n'a ni l'éloquence ni l'autorité de ceux que vous avez entendus ou que vous allez entendre, votre commission a tenu justement à confier le soin de présenter un rapport dans le sens que je vais vous faire connaître à quelqu'un qui ne fut pas un parlementaire, de manière à ce qu'on ne puisse pas dire que ce soit une pensée d'avènement ministériel qui a guidé celui qui est appelé à présenter l'exposé de vos sentiments politiques. *(Applaudissements.)* C'est donc un militant comme vous, sortant de vos rangs, le plus modeste d'entre les vôtres, qui vient vous dire aujourd'hui ce que pense la démocratie. Et il n'aura à ce point de vue, — c'est le seul hommage qu'il réclame — il n'aura pour lui que le mérite d'avoir, il y a treize mois à cette heure, au lendemain pour ainsi dire de l'avènement du ministère Briand, soulevé la même question et signalé déjà les craintes de la Démocratie.

Vous le savez, mes chers concitoyens, dès l'avènement du ministère Briand, il y a eu, dans la France républicaine tout entière, et notamment dans notre Parti des inquiétudes. Dès qu'a été prononcé le discours de Périgueux, le fameux discours avec son allusion aux « mares stagnantes », la réaction s'est emparée, pour en faire une machine de guerre, de cet appel à l'apaisement. Ce discours était brutalement odieux au point de vue des ministères précédents. *(Vifs applaudissements.)* On s'efforçait d'y représenter, comme ayant concouru à des besognes basses et indignes, les bons, honnêtes et loyaux républicains qui, comme Bourgeois, comme Combes, comme Waldeck-Rousseau, ont concouru à la défense républicaine et laïque. Oui, il est impossible sans injustice de représenter ceux qui n'ont été autre chose que les protagonistes de la défense républicaine contre les tentatives des hommes et des choses du passé, comme, pour ainsi dire, des hordes sauvages (*Mouvements divers.*) qui, après avoir remporté la victoire sur l'ennemi, avaient encore la prétention de continuer la lutte en se livrant aux pires excès.

Oui, il y a eu des inquiétudes que nous avions traduites dans la Fédération régionale du Sud-Est dont je fus l'organe à ce moment-là et à Toulon devant un certain nombre de militants qui sont ici. Nous y disions : « Ce que nous n'admettrons jamais, c'est que, sous prétexte d'apaisement, de détente, on laisse perdre un pouce du terrain gagné sous les ministères Combes et Waldeck-Rousseau ».

Il faut bien reconnaître, pour rester uniquement sur le terrain des doctrines, en dehors des considérations personnelles, que les origines mêmes du ministère avaient appelé notre attention et notre défiance : on avait semblé chercher un chef radical pour lui confier le pouvoir, on n'avait pas voulu en trouver ; on avait fait un simulacre de recherches : notre chef Bourgeois était à Hambourg et on avait immédiatement pris acte qu'on ne l'y rencontrait pas ; on avait passé immédiatement à la constitution d'un ministère. Un de nos camarades, ce matin à la commission, est allé jusqu'à dire que la formation de ce ministère était anticonstitutionnelle ; ce n'état peut-être pas exact, car les droits du Président de la République, sous réserve des décisions du Parlement, lui permettent de prendre les ministres où il veut.

Mais il faut bien reconnaître que le cabinet Briand n'était pas fait pour donner satisfaction au Parti radical-socialste : il ne comprend dans son sein pas moins de trois socialistes qui, évidemment, ont fait du chemin depuis l'époque où ils soutenaient les thèses et les théories dont parlait M. Pelletan tout à l'heure, mais à qui il est singulier de demander l'application du programme radical.

On y trouve encore des mélinistes repentis et, quant à nos amis politiques, auxquels pour ma part je suis prêt à continuer toute confiance, on les a, comme Sarraut, comme René Renoult relégués dans les sous-secrétariats d'Etat ou dans les ministères de deuxième plan, comme Doumergue, ministères dans lesquels ils ne pouvaient pas tenir un rang proportionné avec l'œuvre à accomplir. (*Bruit, applaudissements sur plusieurs bancs.*) Lorsque j'ai accepté de présenter ce rapport, je me suis rendu parfaitement compte que je n'aurais pas à compter sur l'unanimité absolue de cette assemblée ; mais j'ai accepté la mission de dire la parole nécessaire. J'ai pensé que nous ne ferions pas, comme l'année dernière à Nantes où, quand il s'agissait du cabinet, de sa formation, de son origine, de l'opinion que notre Parti devait avoir de lui, on parlait à voix basse et on marchait politiquement comme dans la chambre d'un malade. Cette année, il a fallu aborder la question parce que nous avons recueilli au sein de la commission les échos du pays, de nos communes, de nos cantons, de nos villages où tous les jours on voit grandir l'influence du presbytère, de l'usine et du château. (*Applaudissements.*) Nous ne pouvons plus, comme l'année passée, faire crédit et confiance à ce ministère. A cette heure, nous sommes obligés de parler et de dire au pays le sentiment du Parti radical-socialiste. Trois collègues parmi nous ont déjà énoncé leur sentiment : Notre ami Muller au nom de la Fédération de la Seine-Inférieure, Vallé au nom du Comité Exécutif et Pelletan en son nom personnel. Il faut à présent, votre commission vous y convie, que ce soit vous le Congrès tout entier, qui parliez dans votre entière souveraineté. (*Applaudissements.*)

Après avoir retracé ses origines, je puis bien dire que le ministère Briand s'est présenté au Parlement et au Pays absolument sans programme. Le Président du Conseil est venu et il a dit : Je suis un homme adapté à sa fonction nouvelle ; ayez confiance en moi et je marcherai ; suivez-moi. Nous aurions préféré, bien que nous sachions que souvent les programmes ministériels ne peuvent être réalisés en entier, qu'on nous dise ce qu'on voulait faire, où on voulait aller. Nous aurions voulu qu'on s'expliquât sur certains points et surtout qu'on agît, qu'on fît de l'action républicaine, que le gouvernement prît la tête du mouvement. Nous eussions désiré par exemple que, en ce qui concerne l'impôt sur le revenu, il ne fallût pas qu'un rappel émanât des groupes qui vinrent dire au Gouvernement : « Allez-vous-en au Sénat, demandez-lui de voter l'impôt sur le revenu ! »

Il faut qu'on nous donne des actes. (*Interruptions.*)

Quant à la formule même de l'apaisement, vous la connaissez : c'est une formule que nous avons connue sous un autre nom : ce n'est pas autre chose que la réédition de la politique du ralliement et de la politique de *l'esprit nouveau.* (*Vifs applaudisements ; très-bien sur tous les bancs.*) Vous l'avez toujours repoussée et vous n'admettrez pas plus qu'autrefois, sous aucune forme, la falsification de l'esprit républicain, le désarmement de la Société civile vis-à-vis du pouvoir de Rome, avec tout ce cortège de capitulations d'un côté, de trahisons de l'autre qu'accompagnait aux célèbres temps du ralliement la musique des Pères Blancs, jouant *la Marseillaise !* (*Vifs applaudissements.*)

Et nos amis au sein de la commission nous signalaient toute une série de faits qui sont, pour ainsi dire, comme les grains d'une grenade, toute une série de faits particuliers, intimes, quelques-uns minuscules qui, rassemblés, démontrent un relachement certain, complet, absolu de l'esprit républicain. Et alors il s'est produit dans le pays le fait suivant, c'est que les partis déchus reprennent confiance, c'est que ces fonctionnaires que des ministères comme ceux dont nous parlions tout à l'heure, comme celui auquel Pelletan a appartenu, étaient parvenus à connaître, à suivre les idées avancées, les idées de progrès, à seconder le Parlement dans cette législation nouvelle que la Démocratie réclame, ces fonctionnaires eux aussi, qui sont déjà d'origine suspecte, qui pour la plupart ont été autrefois les élèves ou les proté-

.gés des congrégations, sont retournés du côté d'où ils étaient venus, et à cette heure les républicains de province nous demandent notre concours ; ils sont désemparés, ils perdent absolument confiance. (*Applaudissements.*) Ils tournent les yeux vers le Parlement et aussi vers vous, parce que vous êtes venus de tous les points de la France, depuis Nice dont je vois ici des militants, jusqu'à Bayonne, depuis Brest jusqu'à Lille où lutte notre excellent ami Debierre.

Ce sentiment est absolument unanime ; ce qui le prouve, mes chers concitoyens, c'est que la motion que je vais lire est une motion qui est sortie, Minerve toute armée pour ainsi dire, d'une façon absolument identique et de la collaboration de trois Fédérations importantes n'ayant entre elles aucune espèce de rapport que celui de la fraternité qui doit exister entre nous ; la fédération qui a attaché le grelot est celle qui nous reçoit, celle que préside le citoyen Muller dont vous avez entendu hier le discours si spirituel, si vibrant, si digne d'être retenu. La deuxième fédération qui a apporté son sentiment est du Midi : c'est la fédéraion des Bouches-du-Rhône grossie comme influence de l'adhésion de la Fédération régionale du Sud-Est laquelle témoigne les mêmes idées. Et enfin la Fédération de Seine-et-Oise qui se réunissait hier soir, apportait également un ordre du jour dans le même sens.

Un Délégué. — La Fédération de la Nièvre également.

M. ESTIER. — Tant mieux !

C'est le sentiment de toute la Démocratie qui s'exprime ainsi, que ce soit du Midi ou du Nord, de l'Est ou de l'Ouest ; c'est le sentiment non seulement de la démocratie radicale-socialiste, mais de la démocratie républicaine tout entière. (*Vifs applaudissements.*)

Votre commission de la tactique électorale a donc hier soir et ce matin, dans de longues et importantes séances, conféré sur cette question ; elle a été saisie de multiples ordres du jour dont le bref exposé que je viens de vous faire n'est que la synthèse, et à la suite de la nomination d'une commission, dans laquelle j'ai eu l'honneur de .

collaborer avec Thalamas et avec Muller, le distingué président de la Fédération de la Seine-Inférieure, elle a abouti à un ordre du jour. Cette résolution n'a pas la prétention, mes chers concitoyens, de résumer non seulement les idées que je me suis efforcé d'exprimer tout à l'heure, mais encore les idées plus nettes qui sont dans vos esprits. Mais tel qu'il est, cet ordre du jour dit ce qu'il veut dire et tout ce qu'il veut dire. Avant d'en donner lecture, laissez à mon expérience de vieux militant le soin de vous déclarer que vous avez à vous méfier peut-être de quelque chose. Sans vous demander d'adopter notre ordre du jour les yeux fermés — j'appartiens depuis longtemps à un parti de liberté et je me garderais de vous contester le droit de discuter ou de commenter, — il est un péril que d'avance je vous signale ; il consisterait à substituer à la formule nette, précise, impérieuse, que votre commission a adopée, une de ces formules vagues, banales, un de ces airs de flûte comme si souvent vous en avez entendu jouer, (*Applaudissements et rires.*) comme vous en entendrez encore jouer dans le banquet que présidera à Paris notre excellent ami Mascuraud. (*Très bien !*) Il faut substituer à ces airs de flûte l'air de bravoure que la nation républicaine attend.

Voilà, mes chers concitoyens, l'ordre du jour qui a été adopté ce matin à l'unanimité par votre commission.

Le Congrès,

Considérant que les adversaires de l'idée laïque et du progrès social se réclament aujourd'hui de la politique dite d'apaisement pour combattre avec plus de violence que jamais le Parti radical et radical-socialiste.

Résolu à ne pas changer les méthodes de gouvernement qui ont assuré le succès de la République laïque, démocratique et sociale ;

Refuse de s'associer à une politique de compromissions réactionnaires qui jette le désarroi dans l'idée républicaine.

Et donne mission aux Parlementaires du Parti de ne soutenir désormais qu'un gouvernement qui saura, par ses paroles et surtout par ses actes, prouver qu'il s'inspire des principes directeurs de l'esprit républicain, laïque et social.

(*Applaudissements.*)

Telle est la pensée de votre commission : je la résume : nous voulons qu'on gouverne avec les partis républicains de gauche ; nous consentons volontiers à ce qu'on gouverne pour tous, mais nous ne voulons pas qu'on gouverne pour nos adversaires, et surtout nous avons assez de paroles : désormais nous voulons des actes ! (*Vifs applaudissements.*)

Le Président. — La parole est à M. Ch. Deloncle.

M. Deloncle. — Citoyens. J'approuve d'une façon absolue tout ce qui, dans les déclarations qui ont été prononcées, procède d'un sentiment de loyauté politique et en même temps je m'associe de la façon la plus absolue à tout ce qui est dans l'ordre du jour proposé, la marque de votre énergie et de votre volonté. C'est donc pour faire une petite addition à cet ordre du jour, qui ne repousse pas les additions, que je me permets de monter à cette tribune. « Le Congrès refuse, dit « l'ordre du jour, de s'associer à une politique de « compromission réactionnaire qui jette le désar- « roi dans l'armée républicaine ». Admettons, comme vous le prétendez, que ce soit bien la situation réelle de l'heure présente. Je vous demande, pour être logiques avec nous-mêmes, que vous invitiez nos amis radicaux faisant partie de ce ministère, de vouloir bien démissionner si vraiment ce ministère accomplit une politique réactionnaire. (*Longs et vifs applaudissements ; un ban retentit, on crie dans la salle le nom de M. Bérenger.*)

Discours de M. Henry Bérenger

M. Henry Bérenger. — Citoyens : Je n'avais nullement, comme bien vous le pensez... (*Cris: plus haut ! plus haut !*) Si vous voulez me laisser parler, je parlerai assez haut pour que vous m'entendiez ! Je n'avais nullement... (*Bruits nouveaux. On crie : silence ! silence !*) Vous m'avez amené à la tribune et vous ne voulez pas m'entendre ! Ce n'est pas moi qui ai demandé à monter à la tribune. (*Le silence s'établit.*)

Je vous disais, citoyens, que je n'avais nullement l'intention de prendre la parole. Dans nos Congrès, vous le savez, je n'ai pas l'habitude d'abuser de la parole, n'étant pas parlementaire, et ayant un journal pour m'exprimer. Je pensais donc qu'il était suffisant de défendre mes idées dans le journal que je dirige sans que je sois appelé à prendre place à cette tribune, mais, de différentes parties de l'assemblée, avec des sentiments dont je remercie mes camarades du Parti, on a prononcé mon nom et je ne pouvais, étant donnée la philippique prononcée par le rapporteur, considérer cette invitation que comme un reproche de ne pas prendre la parole. Mon devoir était tout tracé ; je ne crains pas l'impopularité, je crois à mes idées, je n'ai pris de brevet de libre pensée que dans moi-même et je vous dirai pourquoi je ne voterai pas la motion Estier. (*Très bien !*)

J'ai écouté avec beaucoup d'attention le discours prononcé par l'honorable M. Estier. Je ne veux pas y répondre dans toutes ses parties, mais il y en a une qui me paraît capitale parce qu'elle détermine mon attitude à l'égard du gouvernement et la vôtre. M. Estier a dit que le Gouvernement (que le Président de la République aurait, paraît-il, constitué peut-être d'une façon peu constitutionnelle) s'est présenté devant les Chambres sans programme de réformes. Eh bien, messieurs, quelles que soient les passions qui animent les partis politiques, je ne puis souscrire à une telle déclaration.

M. THALAMAS. — Je demande la parole.

M. BÉRENGER. — Je ne suis pas membre du Parlement ; je ne le regrette pas, je ne le désire pas (*Exclamations.*) mais si je l'étais, il me semble que je n'aurais pas attendu, pour interpeller le Gouvernement et lui refuser ma confiance, de venir sur l'estrade d'un Congrès, alors que c'est un militant du journalisme qui se voit obligé de le défendre.

Ceci dit, messieurs, je reviens à la question. Le Gouvernement, sur lequel j'ai fait et continue de faire les réserves qui conviennent à tout homme qui tient à rester indépendant... (*Murmures.*)

Que signifient, messieurs, ces murmures ? Je ne les comprends pas ! Est-ce que l'un d'entre vous pourrait se lever et m'accuser de n'être pas indépendant ? Lequel ? (*Applaudissements.*) Je continue, messieurs, les insinuations ne m'intéressent pas ; je ne dépends pas du suffrage de tel ou tel. Je suis venu librement à vous il y a dix ans ; j'y suis resté ; j'ai été dans quelques rudes batailles, à Aubervilliers, par exemple, où nous avons fait respecter la République par le jésuite Couhé ; dans cent villes de France où nous avons fait acclamer la Séparation ; plus tard j'ai combattu pour l'impôt sur le revenu. Vous pouvez me faire l'honneur de croire que quand j'exprime ma pensée, je l'exprime bien tout entière, en ma double qualité de breton et de républicain. (*Applaudissements.*)

M. DOUZET. — Voulez-vous me permettre un mot ?

M. BÉRENGER. — Je ne le permets pas ! Si j'avais été parlementaire, j'aurais fait quelques réserves sur certains actes du cabinet Briand. J'en ai fait beaucoup sous le ministère Clemenceau et certains qui combattent aujourd'hui Briand en faisaient beaucoup moins que moi !

Mais enfin, Messieurs, le Gouvernement s'est présenté devant la Chambre avec un programme, vous ne pouvez pas le contester. Il a présenté quatre réformes essentieles : la réforme fiscale, déjà engagée à la Chambre et pour laquelle nous avons tant lutté, je pense que vous vous en souvenez comme moi ; la réforme électorale, la réforme administrative, les lois sur le travail. Voilà quelles sont les grandes réformes essentielles que le Gouvernement, composé de socialistes, de radicaux-socialistes, de membres de la gauche radicale, a présentées et a, en ce moment-ci, trouvé une majorité considérable de radicaux et de radicaux-socialistes pour les accepter.

Dès lors, Messieurs, comment M. Estier a-t-il pu dire que le Gouvernement n'a pas de programme ? Il a au contraire un programme très catégorique ! Et c'est peut-être parce que dans ce programme soumis à la Chambre et au pays il y a un élément qui s'appelle la réforme électorale qui ne convient pas à un certain nombre de radicaux... (*Nombreuses protestations.*)

Vous feriez mieux de porter vos protestations ici à la tribune après m'avoir fait l'honneur de m'écouter.

Un Délégué. — Vous faites des insinuations.

M. Bérenger. — Je ne fais pas d'insinuations ; je ne dis que la vérité : Un certain nombre de membres du Parlement ne veulent pas la réforme électorale, mais, n'osant pas la combattre, ils attaquent le Gouvernement sur d'autres points. (*Nouvelles et violentes protestations ; on crie : c'est faux.*)

M. Bérenger. — En tous cas, Messieurs, si ma pensée n'est pas exacte, je m'en félicite à la fois pour le Gouvernement et pour notre Parti. (*Exclamations sur certains bancs.*)

Certainement ! Parce que s'il y a un malentendu, s'il n'est pas vrai que la réforme électorale soit sournoisement combattue par le Parti radical...

Plusieurs délégués. — Elle est combattue ouvertement.

M. Bérenger. — Si ouvertement, Messieurs, que je vous ferai remarquer que votre Commission, ce matin, a rejeté le scrutin uninominal et lui a substitué le scrutin de liste. (*Bruit.*)

Vous entendrez demain le rapporteur de la Commission ; la majorité a été acquise au scrutin de liste pur et simple ; 31 voix sur une soixantaine (*Interruptions.*) se sont prononcées pour... Je suis dans la question. Vous ne m'étranglerez pas ou je m'en irai ! Je représente ici ma fédération. Pourquoi voulez-vous m'empêcher de parler ? (*Cris : Mais non, mais non, parlez !*) Qu'est-ce que cela veut dire à la fin ? Il est une question principale que vous n'éluderez pas malgré toutes les habiletés politiques : Etes-vous pour ou contre la réforme électorale ?

Sur plusieurs bancs on crie : A la question ! à la question !

A ce moment, M. Magniaudé, vice-président, remplace M. Pelletan à la présidence.

M. Bérenger. — Mes chers collègues, il est facile de dire : ce n'est pas la question, mais ce que je dis est ma conviction et c'est aussi celle du pays. *(Exclamations diverses.)*

Mais enfin je passe ; j'ai dit ce que j'avais à dire. Nous arrivons maintenant à la réforme fiscale.

Plusieurs délégués. — Parlez-nous de l'apaisement !

LE PRÉSIDENT. — L'orateur me permettra de lui rappeler qu'il n'a qu'à discuter le rapport de la commission ; autrement nous n'en finirons jamais.

M. BÉRENGER. — Je crois être dans la question en parlant de la réforme fiscale. Mais cela gêne M. Magniaudé qui a combattu le projet Caillaux. *(Violent tumulte ; cris nombreux : Il ne s'agit pas de cela !)*

LE PRÉSIDENT. — Nous ne pouvons pas instituer ici un débat sur la réforme fiscale. Je laisse l'honorable M. Bérenger développer ses idées.

Un Délégué. — Qu'il s'en tienne à la question !

LE PRÉSIDENT. — Je le rappellerai s'il s'en écarte !

M. BÉRENGER. — Le fond de la question est que le rapporteur de votre Commission a reproché au Gouvernement d'être sans programme; par conséquent, je vous apporte la preuve que le Gouvernement démocratique *(hou ! hou !)* Eh bien, si vous voulez que je ne l'appelle que « le Gouvernement », défend quatre réformes qui constituent les grandes lignes de son programme. Vous ne pouvez pas dire que lorsque je parle de ces quatre réformes je suis hors de la question. *(Bruit.)*

M. STERN. — Le Gouvernement ne les défend pas.

M. BÉRENGER *(à M. Stern)*. — Vous êtes peut-être très bien dans les conseils d'administration de sociétés financières, mais peut-être moins à votre place au Parti radical. *(Protestations. Le tumulte se prolonge quelques instants.)*

M. STERN se lève de sa place au milieu du bruit et veut parler.

LE PRÉSIDENT. — Vous n'avez pas la parole.

M. STERN — Je demande la parole pour répondre à M. Bérenger. *(Applaudisements sur quelques bancs.)*

M. Bérenger. — Je vais vous mettre à l'aise. Si mes paroles ont dépassé ce qui convient dans une Assemblée, je m'en excuse, mais vous conviendrez qu'attaqué à droite, injurié à gauche, provoqué de toutes parts, il m'est très difficile de résister ! Par conséquent, je vous le dis très loyalement, si j'ai dépassé ce qui n'est pas permis dans une assemblée, si j'ai prononcé des paroles excessives, je m'en excuse. (*Très bien* !) Messieurs, je ne veux pas abuser. Vous avez eu la courtoisie de me provoquer et ensuite de m'entendre, mais enfin le débat est assez grave ; je serai sans doute le seul orateur qui aura le courage (*Quelques exclamations.*) de venir ici...

Un délégué. — Lorsque vous avez défendu l'impôt sur le revenu nous vous avons soutenu.

M. Bérenger. — Vous êtes tous des hommes de combat et vous comprendrez ce que je veux dire. Lorsque nous avons vu à la Chambre, au mois de juin, à la suite d'une interpellation où tous les points du débat ont été discutés, lorsque nous avons vu M. Maurice Berteaux, au nom de tous les radicaux, venir déclarer qu'il était enfin d'accord avec le Gouvernement, je dis que peut-être un certain nombre des membres du Parlement qui ont voté cette motion devraient être à cette tribune à ma place pour expliquer pourquoi ils l'ont votée. (*Très bien ! sur divers bancs.*) Voyons, citoyens, pourquoi voulez-vous que ce soient toujours les mêmes qui trinquent dans tous les congrès ? (*Rires et applaudissements.*) Oh ! personnellement, la chose m'est égale ! Ce qui m'intéresse, c'est le développement de la libre pensée et de la justice sociale et je crois encore aujourd'hui que le Parti radical est ce qui exprime le mieux cet état d'esprit ; c'est pourquoi dans notre nation je suis et reste radical-socialiste. Au moment de la Séparation, au Congrès de Lille, je fais appel à vos souvenirs, quand je me suis permis de critiquer les articles 4 et 8 qu'avait présentés notre excellent ami Briand (*Bruit.*) un certain nombre de membres du Congrès se sont levés et m'ont fait la même obstruction qu'aujourd'hui en me disant : *Vous attaquez Briand !* J'ai répondu alors : Je n'attaque personne, mais quand une idée me paraît juste et qu'il est encore temps de la réaliser, eh bien ! je me présente pour la défendre. Plus tard, il en a été de même dans la question de l'impôt sur le revenu. C'est encore à moi qu'est revenue la difficulté de présenter cette réforme combattue de tous côtés. Je ne m'en fais aucun mérite, mais je voudrais bien expliquer ma situation paradoxale, un peu particulière parmi nous. C'est toujours moi qui suis obligé de venir dire certaines choses qu'on ne veut pas dire. Voulez-vous que je vous déclare pourquoi, moi, qui ne viens pas réciter ici une leçon, moi qu'on a toujours vu à l'avant-garde des mouvements de la libre pensée et de la République sociale, pourquoi je ne refuse pas mon concours au cabinet Briand ? Très simplement, je vais vous le dire. Parce qu'il s'est produit entre 1906 et 1909 un certain nombre d'événements que vous semblez toujours oublier. Notre président, M. Camille Pelletan disait tout à 'heure que les ministères qui avaient précédé celui de M. Briand, avait peut-être eu, à l'égard de certaines parties de la Démocratie et de la Nation une attitude de combat, de bataille, de barricade, qui avait surexcité les esprits, troublé les consciences de la classe ouvrière, créé un fossé profond, qui devenait déjà sanglant, entre le Parti républicain et le Parti socialiste. Ces faits, il n'est pas en votre pouvoir ni au mien de les avoir empêché d'exister. Je ne veux pas faire le procès des morts ni des absents ; je les ai combattus vivants et présents. Quand ils voudront bien revenir dans notre Parti, puisque M. Clemenceau en est sorti, je les combattrai comme alors. Je combattrai cette politique d'autoritarisme tracassier qui a consisté à creuser entre la démocratie ouvrière et le Parti radical, des fossés qui ne sont pas encore comblés.

Mais cette politique, Messieurs, du moment qu'elle n'avait pas réussi, du moment qu'elle n'avait plus l'agrément de la Chambre et du Sénat, il était bien évident qu'il fallait qu'on la changeât ! Un homme alors s'est rencontré sur lequel j'ai fait beaucoup de réserves jadis et bien avant ceux qui l'attaquent aujourd'hui. A un moment, oui, j'ai pensé que cette souplesse, que ces façons conciliantes et larges d'envisager les questions étaient peut-être dangereuses dans un pays où la lutte se livre depuis des siècles entre la théocratie et la libre pensée. Mais je dois vous le dire, ci-toyens, à mesure que j'ai vu agir cet homme, eh bien ! c'est le contraire qui s'est produit en moi, parce que je l'ai vu enfin *réaliser* des choses...

Une voix. — Qu'est-ce qu'il a fait ?

M. Bérenger. — Je vais vous le dire, ce qu'il a fait ! Il n'y a pas que la France qui le sait, l'Europe entière s'en aperçoit. Il a fait une réforme que vous inscriviez depuis 40 ans dans votre pro-gramme, qui restait indéfiniment votre terrain de bataille, mais qui n'était jamais pour vous qu'un champ de manœuvres...

Un Délégué. — C'est Combes qui a fait cette ré-forme. (*Bruit.*)

M. Bérenger. — Si vous avez la prétention de m'empêcher de parler, je m'arrêterai.

Le Président. — Je vous invite à faire silence et à écouter l'orateur.

M. Bérenger. — On m'a toujours dit que le Parti radical était un parti de libre pensée ; j'en suis très convaincu, mais il y a certaines manifes-tations qui semblent plutôt celles d'un concile d'ex-communications que celles d'un parti de libre dis-cussion. On me demande ce qu'a fait M. Briand ! Il a fait un certain nombre de choses que vous n'a-vez peut-être pas toutes oubliées... Ah ! certes, nous avons été, sous le ministère Combes, les mi-litants les plus déterminés ! Au moment même où, dans l'affaire des fiches, le général André était abandonné non seulement par tous les journaux républicains, sauf *l'Humanité* et *l'Action*, mais où dans le ministère Combes lui-même on faisait des réserves sur la personnalité du général André jus-qu'à ce qu'on ait trouvé moyen de lui trouver un remplaçant, c'est-à-dire un autre qui a dû révoquer le général Peigné, à ce moment-là nous avons été les seuls qui ayons reçu tous les coups, non pas seulement les coups moraux, car, en somme, nous avons eu des bagarres, parce qu'en effet, à ce moment-là, la bataille était très nettement, très fermement engagée entre l'Eglise qui avait mobi-lisé toutes ses troupes et le parti de la Libre Pensée et de la République ! Jamais je n'oublierai cette période, c'est peut-être la seule qui me laisse une joie complète dans ma vie politique (*Applaudissements prolongés.*)

A-t-il donc dépendu de nous que les choses changeassent, que peu à peu, grâce à notre propagande, à nos efforts, la réaction elle-même se soit sentie diminuée, vaincue, dissoute ? Ce n'est pas moi, ni M. Briand qui avons inventé l'abandon des inventaires ; c'est M. Clemenceau, qui a répondu « qu'il ne vaut pas la peine de faire tuer les gens pour quelques chandeliers ». C'est alors qu'a commencé le changement d'esprit dont vous vous plaignez, c'est lors de l'élection du Président de la République, en 1906, lorsque nous avons vu des chefs du Parti radical et M. Jaurès lui-même accepter que M. Prevet, chef des progressistes, vînt apporter son concours, et le marchander, pour l'élection du Président de la République. Alors, Messieurs, si le Radicalisme avait eu des hommes d'action dans le monde parlementaire, ils se seraient soulevés et auraient porté Bourgeois à la Présidence de la République. (*Nombreux applaudissements.*)

Et alors vous venez dire maintenant : Briand n'a pas tout fait ! Eh bien, malgré tous ces faits, que je vous rappelle, qui sont publics, que personne ne peut démentir, un homme s'est montré qui, avec le concours de Ferdinand Buisson, à la loyauté républicaine duquel je fais appel, dans la commission de Séparation, a su, à travers mille difficultés, mille dangers pour la Libre Pensée et pour la République, conduire à bien la grande réforme laïque et faire voter une loi de Séparation qui n'est sans doute pas parfaite, mais que vous avez acceptée, avec laquelle vous vous êtes préentés aux élections de 1906 et qui a fait votre triomphe et votre gloire aux élections de 1910. (*Vifs applaudissements.*)

Est-ce tout, Messieurs ? Il ne suffisait pas de faire la loi de Séparation... Des lois, nous en avons beaucoup ; elles ne sont pas difficiles à faire, elles sont difficiles à appliquer. Nous l'avons assez vu, entre parenthèses, pour la liquidation des Congrégations...

Eh bien ! cet homme (il ne fut pas seul, mais

c'est parce qu'on l'attaque que je le défends), ce Ministre, cet homme que vous avez fait ministre de l'Instruction publique, puis Garde des Sceaux, puis Président du Conseil, oui, vous, le Parti Radical, cet homme a appliqué la loi de Séparation, vaille que vaille, tant bien que mal comme les lois qu'on applique dans ce pays-ci. Il a fait ensuite quelque chose d'énorme qui lui a valu définitivement mon concours. Il a arraché à l'Eglise Romaine, pour les remettre aux communes, aux départements, à l'Etat, les seuls « biens d'église », vous entendez, que la République ait jamais pu reprendre ! La loi de dévolution a été très difficile à faire voter; M. Briand a fait preuve d'un réel courage. (*Bruit. Applaudissements sur d'autres bancs.*)

M. FERDINAND BUISSON. — Mais c'est la vérité !

M. BÉRENGER. — Puisque vous me forcez à donner des noms, je les donnerai. La loi de dévolution a été combattue à la Chambre par M. Chaigne, radical, aujourd'hui défunt, par M. Jeanneney qui, aujourd'hui, proteste contre l'apaisement. S'il n'y avait eu que des radicaux comme M. Jeanneney et d'autres, nous aurions eu une fondrière de procès grâce auxquels tous les biens de l'Eglise seraient repassés par des avocats généalogistes dans les mains de soi-disant héritiers qui n'étaient que les représentants du parti clérical. (*Vifs applaudissements.*)

Et vous croyez, messieurs, que la réalisation de cette loi, que le fait d'administrer une si grande réforme, de la faire pénétrer dans les profondeurs du pays, de l'acclimater jusqu'au fond des communes qui sont l'essence même de la démocratie, les couvents, des biens de toutes sortes, aux communes qui sont l'essence même de la démocratie, aux départements, à l'Etat lui-même, vous croyez qu'un acte comme celui-là poursuivi pendant trois années, soit un présage de confession ou de cléricalisme ! Eh bien, messieurs, si vous le croyiez, c'est que vous vous contenteriez des belles phrases débitées dans les congrès, mais que vous ne pourriez pas reconnaître les réalités qui entrent dans l'histoire. (*Vifs applaudissements.*)

Un Délégué. — Mais aujourd'hui il s'agit du président du Conseil !

M. BÉRENGER. — Vous me répondrez à la tribune; je ne peux pas ici répondre à tous. Vous me demandiez tout à l'heure ce qu'a fait M. Briand, ce n'est pas fini. Messieurs, il y a une loi qui a pesé sur toutes les nations catholiques et les a empoisonnées, particulièrement la France. J'en vois autour de moi des exemples douloureux et néfastes. C'est la loi du divorce. Notre magistrature, sous Napoléon, avait admis qu'on ne pouvait pas divorcer au bout de trois ans sans autorisation...

Plusieurs voix. — Ce n'est pas la question !

M. BÉRENGER. — Alors, qu'est-ce qu'il vous faut ? *(Mouvements divers.)*

LE PRÉSIDENT. — Le bureau me demande de lire à l'assemblée et de rappeler à M. Bérenger l'article 9 du règlement ainsi conçu. *(Pendant que M. Magniaudé lit l'article 9, l'assemblée manifeste tumultueusement et c'est au milieu d'une grande agitation que M. Bérenger descend de la tribune et va reprendre sa place. M. Buisson proteste. On crie de tous côtés dans la salle : Bérenger ! Bérenger ! Finalement, M. Bérenger accepte de remonter à la tribune.)*

LE PRÉSIDENT. — On me priait de lire le règlement ; cela n'impliquait pas que je retirais la parole à M. Bérenger. L'assemblée est maîtresse absolue de la discussion.

M. Bérenger vous avez la parole.

(Sur plusieurs points de la salle on crie aux voix ; de nombreux délégués crient de leur côté : Continuez ! Parlez !)

M. BÉRENGER. — Finissons-en ! Je vais être très bref et je ne continuerai pas l'énumération que j'avais entreprise parce que je crains qu'elle ne fatigue l'assemblée. Je tenais seulement à vous rappeler que si je suis obligé de faire cette énumératoin c'est parce qu'on a reproché à M. Briand de n'avoir rien fait ; il fallait donc bien que je dise ce qu'il avait fait ! Je crois qu'aucun d'entre vous ne peut reprocher au Gouvernement actuel que des tendances. Quand on écoute ce qui se dit, soit dans les couloirs de la Chambre, soit dans les bureaux de redaction, soit dans les assemblées de congrès, on ne voit pas apparaître le fait, l'acte qui aurait déterminé la grande trahison de M. Briand.

Un Délégué. — Et dans les élections ?

M. BÉRENGER. — Je ne suis pas de ceux qui approuvent jamais la candidature officielle... Quand on ne voit pas apparaître de faits qui autorisent l'équivoque actuelle, on se demande d'où est née cette équivoque ! (*Interruptions.*)

LE PRÉSIDENT. — Je vous invite à nouveau à faire silence.

M. BÉRENGER. — Oui, on peut se demander d'où est venue l'équivoque ! Pourquoi le Parti radical semble-t-il vouloir se mettre en bataille contre des idées qu'il a toujours défendues, des idées de liberté, de justice, de concorde entre les citoyens, telles que les ont préconisées les discours de Périgueux et de Saint-Chamond.

Oui, les radicaux l'ont toujours dit, notamment l'honorable M. Bourgeois, que j'ai connu voici vingt ans déjà, lorsque je présidais l'Association des Etudiants ! A aucun moment les radicaux n'ont eu la prétention d'opprimer la France. Eh bien ! alors ? Ces idées de liberté, de justice, de concorde entre citoyens sur des questions essentielles, pourquoi voulez-vous vous donner l'air de les refuser et de vous faire ainsi une impopularité ? C'est autant pour vous que pour la justice que je me préoccupe de cet état d'esprit du Parti radical. Nous nous félicitons, nous, que le Pape Pie X, par son intransigeance, restreigne les troupes catholiques en voulant appliquer le pur *Credo* du catholicisme, en expulsant des hommes comme Sangnier et peut-être bientôt M. de Mun lui-même ! Nous disons : à la bonne heure, l'éminent collaborateur Sarto n'a qu'à continuer, tout va bien. (*Rires.*) Eh bien ! Messieurs, réfléchissez que vous êtes ou des élus ou des candidats, que vous avez des batailles à soutenir aux conseils municipaux ou généraux, au Sénat, à la Chambre, pour toutes les fonctions électives. Pourquoi voulez-vous, au nom d'un pur *Credo* du radicalisme qui dépasserait singulièrement le relativisme de nos doctrines, exercer une discipline de plus en plus forte sur vos membres à un tel point qu'ils ne pourront plus mettre un pied en avant ou en arrière sans que vous les excommuniez ? (*Applaudissements.*) Voulez-vous être à votre tour les Pie X du Parti radical ? Ici, passe encore. Mais quand vous allez entrer dans la grande masse du pays avec laquelle il faut compter, eh bien ! ne va-t-on pas encore dire : Voilà les radicaux qui veulent toujours étrangler les autres ? Quel intérêt avez-vous à cela, je vous le demande ? (*Bruit et protestations.*)

Je me suis contenté d'indiquer cette pensée ; je m'excuse de l'avoir fait avec la vivacité qui est peut-être particulière à un polémiste. Je vais aux conclusions.

Vous dites que M. Briand a prononcé des paroles qui ont fait tort au Parti radical. Messieurs, je ne le crois pas. J'ai eu l'honneur, comme Président de la Ligue des *Bleus de Normandie*, de conduire M Briand au Neubourg quand il était ministre de la Justice ; j'ai vu l'accueil des républicains, les heureux succès qui en sont résultés ; je n'ai pas vu que dans le département de l'Eure nous ayons perdu un seul siège ! Il y a une chose que je ne m'explique pas : Ces paroles que M. Briand avait prononcées à Neubourg sous le ministère Clemenceau, il les a redites à Saint-Chamond, à Périgueux. Il a ajouté que la pierre angulaire de la République, c'était l'école et que le vrai républicain se reconnaissait à celui qui, dans ces dix dernières années, ne renierait rien de notre œuvre de laïcité. (*Applaudissements.*) Que voulez-vous de plus, je vous le demande ? Vous dites : Il faut encore attaquer les curés. (*Protestations.*) Je le veux bien, mais vous reconnaîtrez avec moi que l'Histoire évolue si certains cerveaux n'évoluent pas. Comme nous le disait notre ami J.-L. Bonnet, le Parti socialiste en 1885 était représenté par une minorité infime puisqu'il n'avait que 45.000 voix, et aujourd'hui il a dépassé le million. Et vous, pendant que vous lui faites risette, car sous couleur de combattre les partis de droite, vous êtes toujours à vous mettre à genoux devant le parti socialiste (*Nombreux applaudissements, mouvements divers.*) et ce parti fait des

alliances contre vous. (*Applaudisements.*) Il se
sert de votre politique, tactique extrêmement dangereuse pour votre Parti. Allons ! il est temps de
le comprendre, et c'est par là que je veux finir :
On ne fait pas deux fois la même politique. Un
bon ouvrier qui a fait un bon travail ne s'amuse
pas à le recommencer pour l'amour de l'art. Nous
avons fait de bonnes et solides œuvres de laïcité ;
le temple de l'école de la libre pensée s'est élevé
dans ce pays.

Un Délégué. — Mais ce n'est pas fini !

M. Bérenger. — Nous sommes le seul Etat au
monde qui ait rompu officiellement avec le Vati-
can, le seul où le chef de l'Etat n'a plus à voir
quoi que ce soit avec les représentants d'aucune
religion. Croyez-vous que cet exemple n'a pas
servi à quelque chose dans l'ébranlement qui a
agité l'Europe, du Portugal à la Turquie ? Assurément, je sais très bien que tout n'est pas terminé ; nous serons dans notre cercueil, qu'on continuera. (*Quelques rires.*) Cela vous fait rire ;
pourquoi ? Avez-vous donc peur de la mort ? Il
y a peut-être des radicaux qui en ont peur ; ce
sont sans doute ces anticléricaux farouches qui se
font enterrer à l'église. (*Très bien !*) Nous avons
entrepris, nous, une œuvre non finie et que nous
ne voulons pas laisser péricliter. M. Deloncle, qui
est un confrère aimable, me permettra de lui
dire...

M. Deloncle. — Un mot d'explications auparavant. Ne vous méprenez pas sur ma proposition ;
elle était d'une douce ironie (*Exclamations diverses*). Permettez-moi de vous dire qu'il faut aller
jusqu'au bout, lorsqu'on fait une proposition telle
que celle qui vous a été proposée ! Je ne veux pas
admettre quant à moi que dans ce ministère on se
prépare à faire une œuvre réactionnaire et que nos
amis y restent. (*Applaudissements.*) Voilà ce que
je voulais dire. Et quant au mot « apaisement »
prononcé par le Président du Conseil, j'estime que
les orateurs lui ont donné un sens que M. Briand
n'a pas entendu lui donner.

M. Bérenger. — La présence de nos amis dans ce
cabinet nous est un sûr garant que cette politique
réactionnaire ne se fera pas. Quant à moi, j'es-

time qu'il ne faut pas prendre ce mot d'apaisement au tragique ; c'est un de ces mots qui n'ont pas de signification et il suffit que le Parti radical ait la tranquillité et la possibilité d'accomplir toutes les réformes sociales et de libre pensée que nous attendons toujours. *(Applaudissements.)*

La douce ironie de mon ami Deloncle, que je m'excuse de n'avoir pas saisie comme on saisirait au vol une page d'Anatole France, tend à nous mettre d'accord. Car je ne comprenais pas, je l'avoue, que des hommes qui ont donné à la République un certain concours, comme Doumergue, comme Sarraut, comme Chéron, que ces hommes-là fussent tout à coup accusés de trahir la République. *(Quelques exclamations.)* Un débat s'est déjà engagé au mois de juin devant les Chambres : Tous vos élus, sauf une dizaine, ont trouvé que le gouvernement n'avait ni trahi ni desservi la République. Depuis, un seul fait s'est révélé : la présence de M. Briand au banquet du comité Mascuraud. Je ne crois pas que ce soit là un fait suffisant pour avoir changé les sentiments et la politique du ministère ? *(Rires et exclamations sur divers bancs.)*

Je finis par ceci : Vous n'avez rien de précis contre le ministère. Vous ne savez pas pourquoi vous êtes en bataille ; vous êtes en bataille et cela vous suffit ! *(Protestations.)* Je vous demande alors, puisque vous êtes en bataille et que vous savez pourquoi, de le dire ! Ce que je vois, moi, c'est que notre œuvre de laïcité étant accomplie dans ses grandes lignes, nous devons certes veiller à son accomplisement, mais nous ne devons laisser dire à aucun parti d'extrême gauche, du centre ou de la droite, que nous pratiquons un éternel anticléricalisme de façade pour nous mieux refuser à accomplir les réformes sociales proposées à la fois par le suffrage universel et le Gouvernement. *(Applaudissements ; cris : assez ! assez ; bruit.)*

Mes chers collègues, si la politique antiministérielle doit se traduire par des actes, eh bien ! vous jeterez bas le Cabinet, puis vous chercherez longtemps le Cabinet qui pourra faire à la fois les réformes fiscales, électorales et ouvrières... Mais moi, je vous le dis : prenez garde que tout cela ne soit que du battage de Congrès et voyez si par de pareils procédés vous serez plus forts d'ici 1914... (*Applaudissements.*)

La parole est donnée au citoyen Camille Pelletan. (Longs applaudissements.)

Discours de M. Pelletan

M. PELLETAN. — J'ai demandé la parole moins encore pour répondre à M. Bérenger, il me semble qu'il s'est répondu lui-même, que pour insister sur un point sur lequel je compte proposer au Congrès une résolution ferme.

En ce qui concerne la réponse de M. Bérenger, il l'a faite lui-même par le soin qu'il a pris d'esquiver la question d'un bout à l'autre de son discours. (*Très bien ! sur divers bancs.*) Il a essayé de lui substituer tantôt des histoires du passé, écrites assez inexactement, il me permettra de le lui dire, tantôt des questions personnelles, et c'était le procédé qu'avait employé l'honorable M. Deloncle un peu avant lui ; (mais ces deux alliés ne se sont pas compris à ce moment-là) ; il n'oubliait que la seule question qui soit posée, il ne s'agit pas de la biographie de M. Briand, (*Rires.*) de telle ou telle personnalité, il s'agit de ce qu'on appelle la politique d'apaisement (*Très bien !*) et cette politique est si insoutenable que son apologiste lui-même a préféré en parler le moins possible. (*Applaudisements et rires.*)

M. BÉRENGER. — Me laisserez-vous m'expliquer à nouveau ?

M. PELLETAN. — En ce qui concerne les détails historiques que M. Bérenger a apportés à cette tribune, je n'ai pas besoin d'y revenir. Nous connaissons tous ici le passé de M. Briand.

Cependant l'honorable M. Bérenger ne peut pas oublier à deux minutes d'intervalle qu'un peu avant de vanter ce que M. Briand a fait pour la Séparation, il avait raconté comment il avait combattu M. Briand avec moi, avec nous tous, en ce qui concerne l'article 4. Et puisqu'il a été amené à parler de l'excellent Pape que nous avons à l'heure actuelle sur le siège de Saint-Pierre, comment a-t-il oublié les services que ce Pape nous avait rendus en nous débarrassant des dangereuses concessions à l'Eglise que Briand nous avait fait voter ? (*Applaudissements.*) Mais, je le répète, la question n'est pas là. Il s'agit de la politique dite d'apaisement qui est apparue depuis que le ministère actuel est constitué. Peut-être M. Bérenger, qui aime beaucoup relever les contradictions plus ou moins exactes qu'il prête aux autres, a-t-il un peu oublié lui-même qu'avant d'avoir pratiqué la politique d'apaisement, M. Briand avait été solidaire de la politique de combat qu'il reproche à ses prédécesseurs. (*Vifs applaudissements.*)

Je n'en veux pas à l'honorable M. Bérenger des contradictions qu'il a relevées chez un certain nombre de radicaux.

M. BÉRENGER. — Je ne suis pas honorable, je ne suis pas membre du Parlement. (*Bruit.*)

M. PELLETAN. — L'honorabilité n'est pas réservée aux seuls membres du Parlement. (*Rires et applaudissements.*) Une pareille chicane de mots n'est guère digne de vous.

Il y a une partie des radicaux qui avait soutenu le ministère Clemenceau et qui a également soutenu M. Briand au début, je ne suis pas de ceux-là et je ne suis nullement atteint par les contradictions que M. Bérenger a relevées, mais, encore une fois, nous ne sommes pas ici pour nous occuper de ces questions personnelles : le Parti radical n'a qu'à examiner s'il veut ce qu'on appelle la politique d'apaisement. Eh bien ! nous n'en voulons pas parce que c'est une politique de duperie. (*Longs applaudissements.*) Mon honorable contradicteur nous a laissé entendre que nous allions devenir de tout petits Pie X dans notre genre et révolter la masse du pays par notre intransigeance si nous ne voulions pas d'un régime qui ouvre à la droite la porte de la forteresse que, jusqu'ici, nous avons défendue contre elle. Je crois qu'il se trompe beaucoup. Les masses profondes, les masses paysannes et ouvrières ne comprendraient nullement que nous fissions autrement ; c'est pour cela qu'il est nécessaire qu'une manifestation énergique sorte de cette assemblée. Je n'ai qu'un mot à ajouter pour savoir ce que nous aurons à réclamer. Sur un point particulier... l'Hon... Non, M. Bérenger (*Hilarité*) veut faire croire que la plus importante des réformes qui ne sont pas encore accomplies, la réforme fiscale, avait beaucoup à se louer de la politique d'apaisement et de celui qui l'a préconisée. Tel n'est pas du tout mon avis. M. Bérenger nous a appris qu'il était, lui, l'auteur de la réforme fiscale et que M. Briand la ferait triompher. Je crois que nous avons été quelques-uns à travailler à cette réforme, plus peut-être que M. Bérenger.

Mon ami Péchadre me rappelait tout à l'heure que nous avions bien pris, lui et moi, quelque part à son élaboration... C'est précisément parce que nous lui portons un intérêt passionné que nous voyons avec une certaine appréhension cette politique dite d'apaisement qui n'existerait plus, si on accomplissait la réforme fiscale. Il ne faut pas se le dissimuler, et M. Bérenger le sait comme moi, les *beati possidentes* des classes privilégiées de France se sont déchaînés contre cette mesure de justice démocratique, déjà réalisée depuis longtemps dans les monarchies voisines. Celui qui fera aboutir le projet se brouillera mortellement avec elles, il le sait ; ce serait donc la fin de la politique dite d'apaisement. (*Rires.*) Oui, ce serait la fin certaine et la brouille irrémédiable avec ceux qu'elle invite à une douce réconciliation : brouille plus profonde encore, que si elle se produisait sur une question catholique. Assurément les conservateurs sont bien cléricaux, mais entre les deux religions qui se disputent leurs cœurs, celle du Sacré-Cœur et celle du porte-monnaie, ils n'hésitent pas. (*Vifs applaudissements.*)

Ce que je voudrais voir (et j'avoue que ce spectacle désarmerait nombre de mes objections à la politique ministérielle), ce serait un gouvernement qui ferait ce que celui-ci n'a pas commencé à faire jusqu'ici, qui nous apporterait non pas seulement de belles déclarations en faveur du projet d'impôt sur le revenu... comment pourrait-il parler autrement ? Le voyez-vous venant dire à la majorité qu'il abandonne la réforme fiscale ? Est-ce qu'il n'est pas obligé, est-ce que tout gouvernement qui la remplacerait, quelle que fût sa pensée au fond, ne serait pas obligée de répéter des formules du même style ? Mais les actes ? Rappelez-vous le temps depuis lequel le projet de réforme fiscale est voté au Palais-Bourbon. Quel jour, depuis lors, le gouvernement a-t-il montré le moindre effort pour faire entrer cette réforme dans la voie des réalisations ?

Il a laissé se produire toutes les lenteurs, il n'a jamais eu contre elles un mot de protestation. Alors qu'à la commission de la Chambre, trois ou quatre mois après que le projet avait été déposé, il était rapporté, et la discusion commençait, — au Sénat, plus de dix-huit mois se sont écoulés et on ne sait même pas, et la commission du Sénat ne se demande même pas encore quelles sont les bases du projet qu'elle adoptera ! Eh bien ! c'est une action gouvernementale qu'il faut pour venir à bout de ces lenteurs. Il ne suffit pas que le ministre des finances entre en pourparlers avec le Sénat ; il faut que le Cabinet tout entier, représenté par son chef, rende à la question son vrai caractère et en fasse une question de gouvernement. On n'a même pas essayé de diminuer d'un jour les retards qui s'accumulent depuis plus de dix-huit mois !

Eh bien ! vous voyez que je suis sorti de la question que je discutais tout à l'heure, parce que je connais d'avance votre vote.. Il faut en finir, et j'ai l'intention de vous proposer une résolution pour mettre en demeure le gouvernement quel qu'il soit, de prendre devant les mauvaises volontés sénatoriales, une attitude assez énergique pour hâter l'aboutissement d'une réforme que toute la démocratie attend. (*Vifs applaudissements.*)

Discours de M. Thalamas

M. THALAMAS.— Je voudrais rendre à ce débat la physionomie qu'à mon sens il devrait avoir, c'est-à-dire en éliminer soigneusement tout ce qui a trait à des questions d'acrimonie personnelle et aussi à autre chose qu'à la décision que nous avons à prendre ce soir dans le seul intérêt de notre Parti. C'est pourquoi moi, qui suis un ancien collaborateur de M. Bérenger, même dans la lutte matérielle, moi qui ai lutté avec lui pour la même œuvre, je crois traduire le sentiment du

Congrès en rendant hommage au courage qu'il a eu de venir ici, dans une salle hostile, défendre des idées qui ne sont pas les nôtres. C'est faire un acte de justice que de le reconnaître. (*Applaudissements.*) J'ajoute que je ne me préoccupe pas non plus ni de ce qu'ont pu faire jadis les parlementaires, ni des raisons qui ont pu pousser tel ou tel d'entre nous, élu ou militant à hésiter dans des circonstances difficiles.

Je ne veux retenir qu'une chose : Lorsqu'on examine la question qui nous préoccupe « un Parti organisé comme le nôtre peut-il accorder sa confiance à tel gouvernement ? », il y a pour la trancher deux procédés : Ou bien les hommes fournissent par toute leur vie des garanties suffisantes pour que vous abandonniez entre leurs mains, provisoirement, votre confiance ; ou bien alors il y a dans les usages parlementaires des règles imprescriptibles qui sont faites pour, qu'à défaut de cette confiance, il se produise un contrat solide entre le gouvernement et la majorité. Si nous étions en présence d'un homme qui ait un passé tel que celui d'Emile Combes (*Vifs applaudissements.*) dont toute la vie soit consacrée à la défense des mêmes idées, on pourrait encore admettre cette espèce d'acte de foi que le Président du Conseil a demandé à la Chambre en juin et que je me suis refusé à faire. Mais d'où sort M. Briand ? C'est un ancien anarchiste repenti depuis peu qui...

M. PELLETAN. — ...s'est adapté.

M. THALAMAS... qui depuis lors a fait une évolution vers la droite d'une manière continue, sans la moindre interruption. Qu'est-ce qui nous garantit qu'il ne continuera pas demain ? Lorsque j'ai affaire à un homme comme celui-là je ne me contenterai jamais, moi qui suis un jeune parlementaire et qui ai peut-être pour cette raison une fraîcheur d'impression plus grande, de le voir jouer le rôle qu'il tient. Cet homme qu'on vous représente comme une volonté, et qui n'est qu'un roseau peint en fer, lorsqu'il est dans une assemblée parlementaire (*Rires et applaudissements.*) vient, avec des gestes d'acteur, tâter la droite et la gauche, essaye de les exciter l'un contre l'autre, puis amadouer les centres jusqu'à ce qu'il ait trouvé

une cote mal taillée qui lui permette, dans un mou·
vement oratoire beaucoup plus artificiel que sincère de dire, non ce qu'il sent, mais la chose qui
décidera les esprits. (*Applaudissements*). Cette attitude est incertaine et inquiétante, surtout maintenant. En effet, pour en finir avec cette question
personnelle nécessaire, permettez-moi de vous dire
que tous les ministres, au contraire, ont, dans des
circonstances récentes, car jamais les ministres
n'ont autant parlé que depuis la séparation des
Chambres, tous les ministres ont fait des déclarations républicaines ; qu'ils soient anciens ministres de M. Méline ou anciens ministres de Waldeck-Rousseau, ils ont fait des déclarations que
nous pourrions presque accepter sans l'attitude
de sphinx du président du Conseil. M. Briand ne
se prête pas beaucoup à dissiper cette impression, aussi ses déclarations ont toujours un caractère tel qu'il pourra dire tout ce qu'il voudra, cela
ne changera pas mon vote tant que nous ne ver·
rons pas de lui des actes autres que ceux qu'on
lui a vu faire. On a parlé de ces actes ici ; j'ai
admiré en littérateur l'habileté avec laquelle M.
Bérenger a présenté la défense du ministre. Il
n'a cependant pas osé aller jusqu'à l'expression
qu'il a donnée dans son journal. Il écrivait très
nettement : Comment, vous voulez renverser le
ministère, c'est donc que vous ne voulez pas de
réforme électorale, c'est donc que vous ne voulez
pas de réforme fiscale, c'est donc que vous ne
voulez pas de toutes ces réformes qui n'ont pourtant pas été inventées par Briand, qui sont inscrites au programme de notre Parti ? Est-ce que,
si Briand venait à disparaître, elles tomberaient
dans l'eau parce qu'il n'y aurait plus personne
capable de les défendre ? (*Vifs applaudissements.*)
Qu'a-t-il donc fait pour elles jusqu'ici ? Faites
attention. Je n'ai de fétichisme pour personne, et
j'ai la faiblesse de croire, en historien, que ce qui
détermine les actes des gouvernements et ceux des
parlementaires, c'est le mouvement de l'opinion
publique, c'est l'ensemble des courants d'idées
qui traversent les masses et dont les gouvernements, comme les représentants, ne sont que les
mandataires. (*Applaudissements.*)

Or, puisque vous parlez du programme de M. Briand et de l'interpellation de juin, j'ai le **regret** d'opposer à votre déclaration une précision plus grande. Vous nous avez dit que M. le président du Conseil avait apporté un programme détaillé, complet, magnifique, de réformes. Vous avez oublié probablement les textes, car voici en substance ce qu'a dit M. Briand : Je vous apporterai un projet de loi sur telle ou telle chose, et sans aucune précision dans son discours, il ajoutait : Faites bien attention, ces projets n'engagent pas ma responsabilité, ce sont des bases de discussion, vous en ferez ce que vous voudrez ; si vous ne les votez pas, cela m'est égal, si vous les votez, cela me fera plaisir. (*Rires.*)

Je vous le demande un peu, est-ce là la règle fondamentale d'un gouvernement parlementaire ? Ce n'est pas à vous, Bérenger, que je l'apprendrai ; quand vous le voulez, vous connaissez très bien votre histoire (*nouveaux rires*) et vous connaissez très bien aussi les traditions du régime parlementaire. La règle fondamentale, c'est que le gouvernement s'engage sur un certain nombre de questions précises et qu'il tombe, si ces idées ne sont pas adoptées par le Parlement.

M. Briand n'a pas fait cela ; il est venu nous dire, avec des accents presque d'amoureux : Je veux votre confiance, donnez-la moi tout entière, je la veux toute ou pas. Mais qu'est-ce qu'il veut en faire de cette confiance ? Il ne nous l'a pas expliqué et cela me rappelle ce général qui disait : Jurez-moi de me suivre, partout, toujours, et qui répondait lorsque ses troupes lui demandaient : Où voulez-vous nous conduire ? « Je vous le dirai plus tard, cela ne vous regarde pas. Eh bien, moi, je ne suis pas de ceux qui suivent aveuglément un général comme celui-là. (*Très bien, très bien.*)

Nous avons un devoir, nous, élus, c'est de rechercher les causes profondes de cette attitude. M. Briand lui-même les a dites lors de l'interpellation Berteaux : il a laissé percer le bout de l'oreille d'une manière très nette et je regrette de n'avoir pas pu relever ses propos dans la presse. Aujourd'hui, la presse, et celle de Paris en particulier, est prise d'un amour démesuré pour le gouvernement, au point qu'il n'est pas possible de faire passer la moindre note qui lui soit désagréable. (*Applaudissements répétés.*)

M. BÉRENGER. — Je proteste au nom de la presse parisienne

M. THALAMAS. — Vous n'êtes pas son mandataire, d'ailleurs il suffira de lire demain les journaux. Je reprends : le président du Conseil a dit : Vous demandez quelle sera l'attitude des progressistes ? Lorsque je présenterai mes lois de défense laïque, ils ne voteront pas avec moi, mais lorsque je présenterai mes lois de conservation sociale, ils seront avec moi. Or, sans compter ce qu'on peut dire de cette politique de hasard, notre Parti n'est pas un parti de conservation sociale, et si M. Briand n'était pas homme d'un parti de conservation sociale, il ne mettrait pas une lenteur aussi grande à presser la réalisation des réformes qui nous sont chères ; notre Parti a un programme de réformes sociales, c'est un parti de progrès social et il ne veut pas se compromettre avec la clientèle aristocratique qui soutient le gouvernement. (*Applaudissements.*)

Ainsi voilà un homme dont la tendance est très nette : il vous demande un blanc-seing par avance, première négation du régime parlementaire ; par-dessus le marché il vous demande de le suivre, vous, radicaux-socialistes, dans une œuvre de réaction sociale, de négation de vos principes. Je vais plus loin et un moment donné M. Briand doutait de sa majorité ; il ne trouvait pas beaucoup d'écho dans les gauches et il avait vu aux paroles de M. Berteaux toutes les gauches en bloc applaudir.

Alors, il lui a échappé une parole significative, il a dit : Je ne sais pas si je suis d'accord avec la majorité républicaine, mais je sais que j'ai derrière moi le sentiment du pays. L'homme qui prononce ces paroles n'est pas un ministre parlementaire, car c'est là un appel au césarisme. Or, nous n'avons pas toujours combattu, et je ne crains pas de le dire, au péril de nos situations personnelles (*vifs applaudissements*) et l'action du boulangisme et l'action du mélinisme, et l'action du

doumerisme, pour nous faire aujourd'hui les apô-
tres d'une action briandiste qui serait encore
moins respectable. Quand on a un passé comme
celui du président du Conseil, on est mal venu à
jouer un César ou même les cesarions. (*Vifs applaudissements.*)

Voilà les raisons pour lesquelles je n'ai pas été
de ceux qui ont accordé leur confiance au gouvernement. Ah ! seulement Bérenger a été ingrat lorsqu'il a eu l'air de dire que ceux qui avaient voté
pour le gouvernement étaient des personnages qui
pourraient être considérés à bon droit comme «
loyaux s'ils lui retiraient aujourd'hui leur confiance. Non ils ne seraient pas déloyaux. Ils ont
eu le défaut naturel de notre Parti, qui est un
parti d'honnêtes gens dans lequel on a le tort de
croire à la sincérité de ceux qui parlent, parce
qu'on veut qu'on croie à la nôtre quand nous parlons, (*très bien*) un parti dans lequel nous n'ad-
mettrions jamais qu'un des nôtres montât à la
tribune pour dire des paroles qui ne correspon-
dissent pas à ses actes. Nos amis ont été victimes
de leur bonne foi en la prêtant à M. Briand. Ils
ont le droit et le devoir de reconnaître qu'ils ont
été trompés. Voilà la situation telle qu'elle est,
comment en sortir ?

Je ne fais pas le procès d'un homme ni d'un
régime ; je me borne à dire que nous sommes ici
dans une sorte d'assemblée générale d'actionnai-
res du Parti, le conseil d'administration d'un grand
et beau corps politique qui a à son passé des choses respectables, qui a derrière lui, grâce à sa
force, grâce à sa propagande, tout ce qu'il y a eu
de solide et de pratique réalisé dans le domaine
de la laïcité et de la démocratie en France. (*Vifs
applaudissements.*)

Nous avons une mission à remplir et nous devons nous demander simplement, sans mépris ni
pour le président du Conseil, ni pour ses collaborateurs, ni pour personne, si nous estimons que
véritablement ces hommes puissent être nos fondés
de pouvoirs ; s'il est inadmissible qu'alors que dans
la Chambre seule, il y a 260 membres de la gauche radicale et radicale-socialiste, le ministère —
ce qui est encore, Bérenger, une règle pratique

de la vie parlementaire — le ministère ne soit pas l'image de cette majorité. Je termine par une observation de fait. Prenez garde, vous avez fait, vous, Parti radical, une faute très grave en 1906 : vous étiez la majorité et, incontestablement, vous deviez avoir le ministère de votre majorité. (*Vifs applaudissements*) pour que, ayant devant le public la responsabilité du pouvoir, vous en ayez aussi la direction entre vos mains. Vous ne l'avez pas fait, et vous avez fait confiance à un homme qui n'a pas répondu à votre attente. Ne recommencez pas la même faute. On a pu croire en juin aux paroles séduisantes de M. Briand, il en prononcera d'autres au banquet Mascuraud ou ailleurs ; il a de bonnes paroles pour tout le monde, il ne dira jamais que ce qu'il faut pour ne pas mécontenter l'auditoire devant lequel il se trouve, mais en droit parlementaire, suivant les usages d'un pays libre, vous devez exiger que la majorité soit la majorité et soit représentée dans le ministère ; que la politique ministérielle soit celle de la majorité, car, au bout du compte, les véritables représentants de la France ce n'est pas M. Briand, ce n'est pas le président de la République, qui est ces temps derniers sorti de son véritable rôle constitutionnel pour faire une réclame à son président du Conseil, ce sont les élus de la nation que nous sommes, dont on n'a pas le droit de dénaturer la valeur légale sous prétexte que les suffrages qu'on nous a donnés ne cadreraient pas avec des intérêts, ministériels ou autres, que nous ne voulons pas examiner ici. (*Salve d'applaudissements ; un ban retentit.*)

M. STERN. — Si j'interviens à la tribune pour quelques instants seulement, ce n'est certes pas pour interrompre par des paroles inutiles le travail si important du Congrès ; ce n'est que pour un fait strictement personnel.

Plusieurs voix. — On a retiré les paroles prononcées.

M. STERN. — Car, si j'estime qu'au moment où je suis intervenu il y avait lieu de répondre à certaines paroles caractéristiques de M. Bérenger, je pense, à l'heure actuelle, que tout a été dit d'une façon si magistrale, si péremptoire, par MM.

Pelletan et Thalamas, qu'un homme de mon âge n'a pas besoin d'intervenir à cette tribune pour y ajouter autre chose que sa profonde et absolue admiration.

Je ne suis intervenu que pour un fait personnel, parce que M. Berenger a estimé que dans le commerce et l'entreprise des affaires, on ne pouvait pas apprendre lentement, modestement, l'exercice sinon des fonctions publiques, au moins du travail commun qui est nécessaire au sein des assemblées d'un grand parti. Je crois que nous sommes arrivés à une époque où les gens qui passent douze heures par jour dans un bureau de banque, d'industrie ou de commerce, qui vivent, par conséquent, tous les jours de la vie nationale dans ce qu'elle a de plus pratique, ont le droit de prendre la parole et d'apporter leur modeste concours aux travaux de la démocratie. (*Applaudissements.*)

M. PELLETAN. — Une partie de l'assemblée demande la clôture ; je la mets aux voix.

(*La clôture est prononcée à une grosse majorité.*)

M. PELLETAN. — Je mets aux voix l'ordre du jour suivant présenté par M. Estier au nom de la commission de la politique générale.

(*Adopté à l'unanimité, moins 7 voix.*)

RAPPORT DE LA COMMISSION
DU REGLEMENT

Rapport de M. Emile Desvaux

M. EMILE DESVAUX. — Au nom de la commission du règlement, je viens demander au Congrès s'il entend discuter ce soir, c'est-à-dire immédiatement, une question très importante qui est relative aux rapports des membres du parti avec l'Alliance Républicaine Démocratique. (*Nombreux cris : Oui, oui.*)

M. PELLETAN. — Je mets aux voix la discussion immédiate de cette grave question.

(*Adopté.*)

M. EMILE DESVAUX. — Avant d'aborder la question relative aux rapports de notre parti et de l'Alliance Républicaine Démocratique, je vous demande d'abord la permission de vous soumettre une autre question relative à la constitution d'un groupe parlementaire uniquement composé de membres du parti.

Tout à l'heure, citoyens, au cours de la discussion qui vient de s'engager, il a été indiqué avec clarté qu'il n'y avait peut-être pas tout à fait entre les militants que nous sommes, les organisations auxquelles nous appartenons et les parlementaires, un lien suffisant, régulier, permanent.

Nous avons, à l'heure actuelle, cette situation un peu singulière qu'un certain nombre de parlementaires qui s'étaient présentés aux suffrages des électeurs sur le programme radical et radical-socialiste, ou au moins avec cette étiquette, oublient ce qu'ils doivent au parti qui a contribué à les faire élire. Sur un certain nombre de questions essentielles, dans un certain nombre de scrutins particulièrement importants, on constate, les militants constatent avec peine qu'un certain nombre de ces députés ont oublié les engagements pris devant les électeurs et devant les représentants du Parti radical.

Nous considérons, citoyens, qu'il y a là quelque chose de dangereux pour l'avenir et les progrès du parti radical ; nous estimons, en effet, qu'il est impossible que le parti radical, parti d'action parlementaire, puisse remplir tout son but s'il n'est pas sûr d'avoir, non seulement dans les diverses circonscriptions des militants dévoués, mais au Parlement des représentants fidèles pour traduire en projets de loi les vœux et les desiderata du parti radical.

En présence de cette situation, nous sommes en droit de réclamer des élus qu'ils regardent moins leurs circonscriptions et davantage l'organisation qui les a fait élire.

Nous vous demandons, au nom de la commission du règlement et du comité exécutif, de vouloir bien inviter de la façon la plus formelle tous les parlementaires qui sont radicaux et radicaux-socialistes, à faire un groupe uniquement composé de membres adhérents au Parti. Ces groupes doivent être constitués aussi bien à la Chambre qu'au Sénat. Nous souhaitons que l'unité se fasse entre les élus et les militants, et pour cela il faut nécessairement qu'elle se fasse d'abord entre les élus eux-mêmes.

Nous avons, en conséquence, à vous proposer la modification suivante à l'article 68 du règlement général :

Les sénateurs et les députés membres du Parti devront respectivement constituer des groupes *uniquement* composés des membres inscrits sur les contrôles du Parti dans les contrôles du Parti dans les conditions prévues à l'art. 6.

(*Adopté à l'unanimité sans débat.*)

M. EMILE DESVAUX. — J'aborde maintenant la question plus essentielle des rapports du parti radical et radical-socialiste et de l'Alliance Républicaine Démocratique. Notre proposition n'est pas simplement celle de la commission de règlement, elle a reçu l'assentiment unanime du Comité Exécutif lui-même. Il me faut tout d'abord relever une erreur qui s'est trop généralement accréditée dès que, pour la première fois, cette question a été soulevée devant le Comité Exécutif. On a parlé à tort de rupture et de divorce. (*Très bien.*) Comme l'indiquait hier notre président, comme j'ai eu l'honneur de l'indiquer au nom de la commission dans mon rapport, il ne s'agit pas de déclarer la guerre à l'Alliance Républicaine Démocratique, il ne s'agit que d'une délimitation de frontière. (*Très bien.*)

Lorsque naguère existait la politique du bloc, lorsque la nécessité de faire face à l'ennemi commun empêchait les républicains de diverses nuances de se préoccuper d'abord de leurs organisations propres, on admettait fort bien qu'il y eût des comités ou des élus inscrits à la fois à deux organisations. Mais aujourd'hui il apparaît à tous que le péril réactionnaire étant à peu près écarté, chaque parti a le droit de se préoccuper d'abord de son organisation et de sa propagande, étant bien entendu qu'au deuxième tour de scrutin, à l'heure décisive des désistements et des ballottages, chacune des grandes fractions du parti républicain se doit à elle-même de consentir à d'autres fractions certains sacrifices dans l'intérêt supérieur de la République.

En dehors des batailles électorales, c'est maintenant une nécessité pour chaque parti, de s'organiser sur le terrain qui lui est propre, pour défendre son idéal, sa tactique, les principes qui lui appartiennent. Du même coup il nous paraît inadmissible que l'on puisse se réclamer d'une organisation, peut-être inspirée par le même idéal républicain, mais n'ayant pas les mêmes conceptions au point de vue économique et social.

Ce n'est pas à l'heure où nous cherchons nous-mêmes à nous organiser que nous ferions un grief à l'Alliance Républicaine de se constituer en un parti distinct. Chacun a lu le *Bulletin de l'Alliance Démocratique*, chacun a lu les discours prononcés par ses leaders à la Chambre dernièrement.

L'alliance Démocratique, comme c'est son droit, a fait un groupe parlementaire composé uniquement de députés appartenant à son organisation ; ainsi elle cesse d'être pour nous simplement une alliée des heures électorales pour devenir un parti permanent ayant sur les questions économiques et sociales des conceptions spéciales. Pour cette raison même, que l'Alliance tend à devenir un parti, il vous apparaît nettement, la logique l'indique, qu'il n'est plus permis à un militant d'appartenir en même temps à deux partis différents. (*Applaudissements.*)

Encore une fois, il ne s'agit pas d'une déclaration de guerre. Nous respectons absolument les convictions et les méthodes parlementaires de ceux qui, plus modérés que nous, sont néanmoins de vrais républicains. Mais il nous paraît nécessaire que ceux de nos amis qui, jusqu'à ce jour, ont vécu simultanément dans ces deux organisations, choisissent entre elles, suivant leur tempérament. Cela ne veut pas dire que nous déclarions la guerre à l'Alliance Démocratique : cela n'indique même pas qu'on lui opposera des candidats : l'intérêt de la République nous portera toujours à faire tout notre devoir de républicains. Ce qui est inadmissible, c'est que, comme on a pu s'en rendre compte dans certaines circonscriptions, on voit d'un côté un candidat radical soutenu par le Parti ; de l'autre côté, un candidat de l'Alliance Démocratique soutenu par l'Alliance et un peu par la réaction, et tel de nos amis se trouver acculé à cette situation singulière d'être obligé, comme représentant la Fédération du Parti, de soutenir le candidat du Parti, et comme membre du conseil supérieur de l'Alliance Démocratique, d'être amené à condamner le représentant du parti radical.

Il ne s'agit pas de scission, il ne s'agit pas de division, il faut qu'on le sache. C'est une décision de logique élémentaire que votre commission vous propose de ratifier, et nous avons la confiance que le Congrès, faisant siennes ses conclusions, mettra fin à une équivoque. (*Applaudissements.*)

Voici la motion que nous vous proposons :

L'adhésion du Parti est exclusive de toute inscription sur les contrôles d'un autre parti.

En demandant leur affiliation, les *Elus, groupements et journaux* devront justifier qu'ils sont en règle avec les prescriptions du présent paragraphe.

Il est laissé, jusqu'au 1ᵉʳ janvier 1911, à ceux des adhérents qui seraient inscrits cumulativement au Parti radical et radical-socialiste et à un autre parti d'opter entre ces deux organisations.

Tout adhérent contre lequel serait administrée la preuve qu'il n'a pas opté dans le délai prévu, sera de *plano* rayé des contrôles du Parti.

M. Léon Robelin. — Je prends la parole pour corroborer ce que vient de dire notre excellent ami Desvaux. J'ai fait, quant à moi, partie de la commission centrale exécutive de l'Alliance Républicaine Démocratique depuis 1902, à partir du jour où il s'agissait de constituer le bloc dont on parlait tout à l'heure ; et au sein de cette commission, j'ai toujours, autant que j'ai pu, à côté de mes amis républicains radicaux, soutenu une politique d'union et de discipline républicaine, mais, citoyens, lorsque j'ai vu que l'Alliance pouvait dévier, et ceci s'est passé notamment en mars dernier, alors que moi, vice-président de la Fédération radicale de Corbeil je soutenais la candidature du bon républicain qu'est Dalimier, alors que j'ai vu que le bureau de l'Alliance préconisait contre lui la candidature d'un homme, nationaliste encore il y a trois ans, je n'ai pas hésité un seul instant, et j'ai appliqué dans ma conscience et dans mes actes, la mesure qu'on vous propose aujourd'hui :

j'ai donné séance tenante ma démission de l'Alliance. (*Applaudissements.*)

J'ai écrit à Dalimier le jour même et lui ai dit qu'il pouvait faire de ma lettre l'usage que bon lui semblerait. Je vous demande donc de voter la motion qu'on vient de déposer, car la première qualité en politique, voyez-vous, c'est encore et toujours la loyauté et la franchise. (*Vifs applaudissements.*)

M. GEORGES BODEREAU. — J'ai conscience de venir plaider devant les militants avertis que vous êtes, citoyens, une cause gagnée d'avance ; je tiens cependant à m'associer aux paroles que viennent de prononcer nos amis Robelin et Émile Desvaux, et à insister sur ce fait : que le Congrès, après avoir voté tout à l'heure la motion Pelletan, ne saurait, sans cesser d'être logique avec lui-même, ne pas lui donner comme corollaire — sans nul esprit d'agression contre les organisations avoisinantes, c'est entendu ! — l'autonomie absolue de notre parti. Il est intolérable, en effet, que des élus ou des candidats puissent avoir la prétention de se réclamer à la fois d'un puissant organisme à programme et à idéal précis comme le nôtre, et de groupements sur les conceptions politiques desquels pèsent parfois des influences gouvernementales et des nécessités électorales inavouées, mais, hélas ! trop réelles. Nous devons et nous voulons travailler enfin entre nous avec les nôtres, sans avoir à nous préoccuper des convenances des organisations qui nous entourent à droite comme à gauche. (*Applaudissements, cris : aux voix !*)

M. LUCIEN LE FOYER. — Je ne voudrais pas abuser de vos instants, mais je crois qu'il y a deux observations très brèves qu'il serait bon de faire entendre au moment où nous exécutons certains actes. Il ne faut pas oublier que ces actes ont des conséquences. On parlait tout à l'heure d'union « au deuxième tour » et de « ballottage » : n'oublions pas que si la représentation proportionnelle est votée, il n'y aura plus qu'un tour. (*Exclamations.*) C'est une hypothèse que j'ai le droit et le devoir d'énoncer ici. Si la R. P. était votée, il n'y aurait donc plus qu'un *tour de scrutin*. Et il y a lieu, dans les rapports quotidiens de notre Parti avec l'Alliance Républicaine Démocratique d'éviter tous ces froissements qui, avec le mode actuel de scrutin, pourraient se manifester un moment et disparaître, grâce à ce deuxième tour dont Pelletan a si bien montré le rôle dans le passé de la République, mais qui ne pourraient se produire sans un dommage irréparable le jour où ce deuxième tour serait supprimé. Nous avons à *modifier l'attitude réciproque des partis*. Voilà donc une première observation qui a son intérêt capital pour la vie quotidienne des partis de gauche.

J'ai une seconde observation à présenter : Il y a encore un parti dont il faudra bien qu'un jour on s'occupe au sein de nos congrès ou du Comité Exécutif ; je veux en dire un mot très bref : ce sont les *socialistes indépendants*.

C'est une situation intolérable que d'avoir à côté de nous — je n'ose dire à notre gauche — un pseudo-groupement où entrent et d'où sortent trop souvent des hommes dont on ne sait qui ils sont, ni où ils vont ; qui défendent des idées voisines des nôtres en combattant nos candidats et se conduisent à notre égard en Saxons.

Nous avons vu aux élections de 1910 s'embusquer, sous le nom de « socialistes indépendants » ou sous l'étiquette — peut-être usurpée — du « parti socialiste français », des nouveaux venus qui n'étaient que des républicains de la veille, et qui nous ont trompés. Je demande que le Congrès ou le Comité Exécutif se préoccupe de cette question. Il ne serait pas sans intérêt de demander quelques explications à M. Albert Orry par exemple, qui s'intitule « secrétaire général du parti socialiste français ». Ce « secrétaire général » existe — quoi qu'on puisse en douter ; il habite même ma circonscription — il m'a combattu, et il a contribué dans la faible mesure de ses forces à faire perdre un député à votre Parti. Je me souviens qu'à une élection législative partielle, en 1909, Lafferre, président du Comité Exécutif, avait écrit à M. Colliard, représentant qualifié, semblait il, des socialistes indépendants, pour lui demander s'il n'y avait pas lieu d'organiser une action commune... M. Colliard a négligé de lui répondre.

M. FRANCKLIN BOUILLON. — Mais depuis, le parti socialiste français a eu trois ministres.

M. LUCIEN LE FOYER. — Oui. C'est à l'occasion le parti des candidats ministériels, ou encore des candidats à l'amitié des ministres. M. Orry envoie dès qu'il le peut un télégramme à Briand pour faire croire qu'il est des leurs, mais aucun ministre arrivé n'a voulu faire partie du groupement. Quoi qu'il en soit, la question est posée, il faut que nous ne soyons plus désormais trahis dans les élections, il faut que ce Parti « socialiste indépendant » se constitue et se définisse s'il ne veut pas se mettre lui-même au pilori des trahisons. (*Applaudissements.*)

M. PELLETAN. — Les observations qui viennent d'être présentées n'ont pas de rapport avec le texte qui vous est proposé.

M. LUCIEN LE FOYER. — Pardon ! C'est une question connexe et singulièrement grave.

M. PELLETAN lit le texte de la motion présentée par M. Emile Desvaux au nom de la Commission du règlement.

(*La motion mise aux voix est adoptée.*)

M. LIGNEUL. — J'ai à présenter une motion complémentaire. La voici :

Une Fédération départementale adhérente au Parti radical et radical-socialiste ne peut accepter dans son sein que des comités adhérents eux-mêmes directement au Parti.

M. EMILE DESVAUX. — Il serait bon que cette motion fût examinée par la Commission. Si vous n'y voyez pas d'inconvénient nous la renverrons au Comité Exécutif.

Voici un vœu de la Fédération du Rhône, qui demande qu'à l'avenir les groupements régionaux ou départementaux soient admis, comme les Fédérations départementales elles-mêmes. à envoyer des délégués aux Congrès. Nous reconnaissons très volontiers que nos amis, en faisant cette proposition, sont tout à fait dans l'esprit du règlement lui-même et dans les traditions du Parti. Nous reconnaissons que si nous avons constitué au-dessus des comités cantonaux, des fédérations départementales, l'article 37 prévoit la constitution d'unions régionales, et à cette union, il faut nécessairement une vie statutaire et une représentation régulière aux Congrès. Nous avons fait remarquer à nos amis qu'il était difficile de décider au pied levé sur la façon dont on pourrait admettre cette représentation. Nous vous demandons d'admettre le principe de la représentation des unions régionales dans les Congrès en laissant à votre commission de propagande le soin d'étudier par quels voies et moyens on peut faire passer dans les statuts les prescriptions réglementaires qu'on vous propose.

(Adopté sans opposition à l'unanimité.)

M. LIGNEUL. — Vous venez de décider qu'en principe le Parti radical devait être autonome, avoir des troupes strictement radicales et radicales-socialistes ; or, vous avez voté également la proposition faite par votre commission : l'adhésion au Parti est exclusive de toute inscription sur les contrôles d'un autre parti. Je suis chargé par le Co mité radical et radical-socialiste des trois cantons du Mans, de vous proposer ce qui a été examiné au sein de la commission. Nous sommes, en principe, tous d'accord et la motion que je propose ne donnera lieu, je crois, à aucune espèce de débat.

M. EMILE DESVAUX. — Tout à l'heure, je n'ai pas entendu les explications de M. Ligneul ; il aurait déclaré que la commission a fait droit à sa demande : en principe, peut-être, mais nous avons demandé que l'application soit réservée et différée pour cette excellente raison qu'on ne peut pas *a priori*, imposer à tous les comités adhérents de se mettre dans les trois mois en règle avec cette prescription. Nous demandons que ce vœu soit renvoyé pour étude complémentaire à la commission d'organisation.

Je m'excuse d'être aussi long.

Dans le département du Rhône, il existe, contrairement au règlement général, deux fédérations départementales également radicales-socialistes: nos amis, malheureusement, pour des raisons locales, n'ont pas cru devoir, jusqu'à ce jour, se mettre en règle avec les prescriptions du règlement en fondant en une seule les deux fédérations. Le bureau du comité a essayé, sans succès, d'agir à l'amiable. Nous vous demandons de bien vouloir donner force de loi à la décision du Comité Exécutif, ainsi conçue :

Le Congrès ;
Considérant qu'il est indispensable d'assurer l'unité d'organisation du Parti dans le Rhône ;
Décide :
1° Les deux fédérations départementales sont dissoutes
2° Les comités adhérents du Rhône nommeront chacun trois délégués avec mission de constituer, au cours d'une assemblée générale qui aura lieu dans le délai maximum d'un mois, une *Fédération* unique qui prendra le titre de *Fédération Radicale et Radicale-Socialiste du Rhône* ;
3° Les secrétaires généraux des deux fédérations sont chargés de se mettre en relation avec le Bureau du Comité Exécutif pour convoquer dans le délai prévu cette assemblée générale qui sera tenue sous la présidence d'un délégué du Comité Exécutif.

M. VIGNET. — Citoyens, nous venons au Congrès de Rouen, et c'est la première fois que nous voyons aborder cette question. (*On crie : parlez du côté de l'assemblée. Plus haut.*) L'année dernière vous l'avez abordée à Nantes et le Congrès de Nantes a décidé qu'il serait formé un comité interfédéral. Ce comité a fonctionné, il fonctionne encore ; il a eu des réunions presque mensuelles et je suis étonné que l'on vise toute une partie des radicaux-socialistes du Rhône pour les mettre à la porte du Parti. (*Exclamations sur divers bancs.*) C'est la lutte entre les radicaux et les radicaux-socialistes.

Vous jugez de loin ; je regrette que M. Herriot ne soit pas là pour vous donner toutes explications nécessaires. Vous avez demandé l'année dernière d'organiser entre les deux fédérations un comité interfédéral ; nous l'avons fait, nous nous sommes soumis et aujourd'hui nous apprenons qu'on nous dissout.

Un délégué. — Non, on vous oblige à vous unir.

M. EMILE DESVAUX. — Laissez-moi résumer brièvement la question. Il y a dans le Rhône deux fédérations ayant également nos sympathies, car elles font beaucoup de besogne, qui se réclament toutes deux du Parti radical, mais qui risquent à tout moment de faire double emploi et de faire une décentralisation poussée à l'excès. Voilà pourquoi, l'année dernière, dans une motion qu'il vota, le Congrès de Nantes invita les membres des deux fédérations à s'entendre pour voir dans quelles conditions pourrait se faire entre eux l'unité d'organisation. Nous avons, l'année dernière, décidé en premier lieu que les fédérations devaient créer entre elles un comité interfédéral. J'apprends avec plaisir qu'il a été constitué.

Ceci ne fut que le premier acte, car le mandat donné était précis, limitatif, impératif. Il consistait à fusionner dans un délai de deux mois les deux fédérations en une seule. Nos amis du Rhône nous ont demandé de surseoir, en raison des élections législatives ; quelques jours s'écoulèrent, puis on évoqua encore le spectre de nouvelles élections, et ainsi la question revint au Congrès.

M. CHAMBAND DE LA BRUYÈRE. — Je suis l'autre délégué de la fédération radicale-socialiste du Rhône ; nous ne sommes ici que deux délégués présents, tous les autres délégués, y compris le maire de Lyon, ne sont pas venus. Cela doit vous expliquer quelque chose. Tout à l'heure, M. Desvaux disait que délégué officiellement par le Comité Exécutif pour se rendre à Lyon à la suite du Congrès de Nantes, il regrettait qu'une des deux fédération n'ait pas répondu. Je ferais observer que la fédération radicale-socialiste de Lyon et du Rhône a trois délégués au Comité Exécutif : MM. Herriot. maire de Lyon, Renard, adjoint au maire, et votre serviteur, et que le Comité Exécutif de Paris, au moment où il a envoyé ce délégué ne nous en a nullement prévenus. Nous avons su qu'un délégué avait été envoyé à Lyon quand il était déjà rentré à Paris. La question qui divise les deux fédérations est d'un ordre de principe. Nous n'avons, nous, qu'un comité par arrondissement de Lyon. nous sommes les seuls qui ayons fait de la propagande dans les campagnes ; notre Fédération comprend plus de 4.000 membres et au moins 400 élus, municipaux ou autres ; l'autre Fédération a jusqu'à trois comités par arrondissement, quelquefois plus. On voudrait que l'on fusionne, mais nous serions noyés par le nombre des comités de la fédération autonome, et nous ne le voulons pas. Je rappellerai que, lorsqu'il s'est agi de préparer les élections sénatoriales, nous seuls, membres de la Fédération radicale-socialiste, somme allés dans les campagnes faire de la propagande. Quand il s'est agi d'arracher cette fois-ci au Conseil général deux sièges nouveaux, quels sont les délégués qui sont allés dans les montagnes du Beaujolais ou du Lyonnais faire de la propagande ? Ce furent Herriot, Renard et moi. Nous attendons que les membres, que les représentants de l'autre Fédération qui sont ici, viennent dire qu'un seul de ses représentants ou de ses élus soit allé dans les campagne de la montagne faire de la propagande républicaine.

Un délégué. — Je demande le renvoi à la commission de discipline.

Un délégué. — J'appartiens à la région nantaise. On vient de poser devant vous un problème, il est très net. Deux fédérations existent depuis longtemps, paraît-il ; on vient de trancher la question de la façon suivante : on dissout les deux. Je demande que le Congrès se prononce.

M. Emile Desvaux. — Au mois d'avril dernier, nous avons été officiellement délégués, mon collegue, Henri Rousselle et moi. par le bureau du Comité Exécutif pour avoir une entrevue avec les représentants des deux Fédérations. Nous avons fait tout exprès le voyage de Lyon et nous avons eu la surprise de constater qu'une seule Fédération s'était rendue à notre appel. C'est à notre retour que le Comité Exécutif avait pris la décision que l'on vient de lire. Il l'a fait en indiquant à des républicains, qui sont d'excellents militants, que, quelle que soit la valeur de leur propagande, la loi du Parti est faite pour tous ; pour eux comme pour les autres. (*Très bien.*) A l'heure actuelle, après deux ans d'atermoiement, il faut que le Comité interfédéral reçoive à nouveau le mandat de préparer dans un délai de trois mois la fusion des deux organisations. Je rappelle en outre à M. Vignet qu'il se trompe lorsqu'il croit que nous dissolvons une organisation existante. Nous dissolvons peut-être, mais pour reconstituer sur de nouvelles bases ; il n'y a pas dissolution, mais réorganisation. (*Applaudissements.*)

Un délégué. — Un délégué a laissé entendre que la fusion ne serait pas acceptée. Et alors, que ferez-vous ?

M. EMILE DESVAUX. — M. Herriot nous a prêté la main dans ces difficiles négociations. Nous pensons que son concours nous sera des plus utiles pour appliquer cette décision.

Un délégué. — Est-ce bien à l'ordre du jour ?

M. EMILE DESVAUX. — Parfaitement, ce sont des questions de discipline. C'est un appel que fait le Comité Exécutif à l'autorité souveraine du Congrès. Le Comité Exécutif, l'année dernière, s'est trouvé désarmé pour faire observer certaines décisions. Nous voulons que, dans l'intérêt même du Parti, nos amis de Lyon se résolvent à la justice. Moi qui ai été sur place, je connais la situation, il n'y a pas de querelle de principe.

Nous avons apporté une grande mansuétude. Il est impossible que cette question reste plus longtemps en suspens. (*Cris aux voix, aux voix : la clôture.*)

(*La clôture, mise aux voix, est prononcée.*)

(*Les conclusions présentées par M. Emile Desvaux, mises aux voix, sont adoptées à l'unanimité moins quelques voix.*)

M. LOUIS TISSIER. — Tout à l'heure, le Congrès a voté que tout comité qui dans un délai de trois mois ne voudrait pas appartenir exclusivement au Parti, serait obligé de s'en aller.

Or, nous avons dans certains départements des comités qui sont aussi adhérents à l'Alliance Républicaine Démocratique. Si on ne prévoit pas immédiatement le mode de remplacement de ceux qui auraient abandonné le Comité Exécutif, vous allez avoir un certain nombre de départements qui, dans les trois mois, n'auront pas de représentants au Comité Exécutif, parce que des organisations se seront rangées dans un autre clan. Je crois qu'il serait sage de prendre une décision prévoyant de tels remplacements.

LE PRÉSIDENT. — On devrait laisser au bureau du Comité Exécutif le soin de combler les vacances qui pourraient se produire par suite du retrait d'un certain nombre de comités et des délégués appartenant à ces comités. Nous espérons fermement que si des séparations se font, elles ne se feront pas au détriment du Comité Exécutif. Voici une motion déposée par M. Desvaux et qui répond à cet ordre d'idées :

Au cas où la délégation d'un département se trouverait réduite d'au moins une moitié, le Comité Exécutif devrait faire procéder par les comités adhérents à la désignation de nouveaux délégués.

Je crois que ce texte donne satisfaction à tous.
(*Adopté à l'unanimité.*)

NOMINATION DES DELEGUES
AU COMITE EXECUTIF

M. Postel donne lecture des noms des délégués par départements.

(*La liste des délégués est adoptée, sauf les Hautes-Alpes, les Bouches-du-Rhône, la Lozère et le Loiret, qui sont réservés.*)

Le Président. — Plusieurs de nos amis, estimant que la question de la réforme électorale occupe dans tous nos esprits une très grande place, demandent qu'on place la discussion à la séance de l'après-midi de demain, au lieu de la maintenir à celle du matin, comme il est prévu dans l'ordre du jour imprimé.

M. Canu. — Je demande la parole.

Le Président. — Il n'y a pas de discours à faire là-dessus ; nous avons des orateurs qui désirent prendre la parole sur la réforme électorale et qui ne seront là qu'à deux heures de l'après-midi. Je vous demande donc, dans l'intérêt même de la discussion, de placer cette question à l'ordre du jour de l'après-midi.

M. Canu. — Il est absolument impossible qu'on modifie l'ordre du jour. J'en donne la raison suivante : notre camarade Dubief, chargé du rapport au nom de la commission de l'enseignement, n'a pas fait son travail à l'heure qu'il est. Il y a une réunion de la commission de l'enseignement demain à 8 heures. J'ai l'intention personnellement de répondre au rapport de M. Dubief, et j'ai besoin de préparer ma documentation. Comment voulez-vous que nous soyons prêts demain matin ? La discussion serait écourtée, la séance de demain matin devant être largement occupée par la réforme électorale. Je demande le maintien de l'ordre du jour.

LE PRÉSIDENT. — Dans ces conditions, si vous le voulez bien, nous discuterons dans la séance du matin les questions déjà à l'ordre du jour, puis on amorcera la réforme électorale ; il est bien entendu qu'elle pourra se poursuivre dans la séance de l'après-midi.

Il 'y a pas d'opposition ? (*Adopté.*)

La séance est levée à 6 h. 20.

TROISIEME SEANCE

Samedi matin, 8 octobre

La séance est ouverte à 9 heures par M. Nicolas Estier qui invite l'assemblée à nommer son Bureau.

M. ESTIER, *vice-président*. — Je vous invite à constituer votre bureau. Nous vous proposons comme président notre ami Dubief, auquel il nous semble que la démocratie assemblée à Rouen doit bien cette compensation. (*Vifs applaudissements.*)

Le Bureau est ainsi constitué :

Président : M. Fernand DUBIEF, *ancien ministre, ancien président du Comité Exécutif.*

Vice-présidents : MM. MESSIMY, *député de la Seine ;* COUYBA, *sénateur de la Haute-Saône ;* STEEG, *député de la Seine ;* Ch. DELONCLE, *député de la Seine ;* J.-L. BONNET (*Seine*), Ch. DEBIERRE (*Nord*), Armand CHARPENTIER (*Seine*), GUILLAUD (*Rhône*), MOSSÉ (*Bouches-du-Rhône*), VIROT (*Seine*).

Secrétaires: MM. PACHARDE, *député de la Marne ;* MÉTIN, *député du Doubs ;* DUMESNIL, *député de Seine-et-Marne ;* FRANKLIN-BOUILLON, *député de Seine-et-Oise ;* GASPARIN, *député de la Réunion ;* LAROSE (*Seine-Inférieure*), FABIANI (*Seine*), NATALINI (*Finistère*), ROLLAND (*Maine-et-Loire*), BOUILLET (*Isère*).

DISCOURS DE M. DUBIEF

M. DUBIEF. — Je vous remercie du fond du cœur d'avoir bien voulu m'appeler à la présidence de notre séance d'aujourd'hui. Je ne me trompe pas sur le sentiment qui a inspiré cette grande assemblée, lorsque le bureau sortant, par la voix de notre ami M. Estier, a proposé mon nom à vos suffrages. Vous avez voulu, dans sa défaite électorale, saluer de vos sympathies le militant tombé avec son drapeau sous les coups de la réaction, servie par la trahison de quelques-uns. Merci !

Je ne veux pas retarder vos travaux par d'inutiles paroles, mais simplement vous assurer, citoyens, que rien n'est changé dans l'attitude de celui dont vous voulez bien faire votre président d'une heure.

Je suis de ceux qui ont combattu le bon combat dès les premiers jours, dans le rang. Je reprends ma place d'autrefois et comme alors, je me retrouve animé de la même énergie, de la même foi ardente. *(Applaudissements.)* On peut, sans occuper de hautes fonctions publiques, sans être un parlementaire, collaborer utilement — quand on en a la volonté agissante et résolue, à la grande œuvre de « réforme » et du progrès social. J'ai été toujours, en toutes circonstances, un bon serviteur de la démocratie. Je le resterai jusqu'à mon dernier souffle. *(Applaudissements.)*

Et maintenant, citoyens, travaillons pour l'avenir de notre grand et cher pays et pour la République. *(Vifs applaudissements.)*

RAPPORTS DE LA COMMISSION DE LA PROPAGANDE ET DE L'ORGANISATION DU PARTI.

Rapport de M. D. Postel

M. D. POSTEL. — La suppression que vous avez votée hier du droit pour nos adhérents d'appartenir également à d'autres partis voisins du nôtre, si elle assure à notre Parti toute sa personnalité et son autonomie, entraîne pour lui cette conséquence de ne pouvoir compter, désormais, que sur ses propres forces pour le triomphe de ses idées. De là pour lui l'étroite obligation de se préoccuper, plus que jamais, de son organisation et de sa propagande, qui n'ont point paru donner, en ces derniers temps, tous les résultats qu'on était en droit d'attendre, et qu'il est permis d'espérer, avec toutes les ressources et les bonnes volontés dont nous disposons.

Votre Commission a estimé que, depuis dix ans que notre Comité Exécutif existe, il faudrait compter dans tous ou presque tous les départements, des fédérations affiliées à notre Comité, assurant le rayonnement de notre influence et de notre action et travaillant partout au triomphe de notre

Parti. Or, nous sommes encore vraiment trop loin de cet idéal. Il faut faire un sérieux effort pour nous en rapprocher ; il y va de l'avenir et de la vie même de notre Parti.

Votre Commission a considéré que ce soin tout particulier de diriger et développer l'organisation et la propagande ne saurait incomber au président du Comité, dont le mandat dure à peine un an, et dont le rôle est, d'ailleurs, plus politique qu'administratif. Elle demande à l'unanimité qu'à côté de lui, le vice-président qui préside la Commission de Propagande du Bureau, et dont le mandat a une durée normale de deux ans, soit spécialement, d'une façon permanente, à la tête de ce service et l'administre, sous le contrôle du Président et du Bureau et conjointement avec la Commission de Propagande du Comité Exécutif, avec toute la continuité et l'autorité nécessaires, d'autant plus indispensable que l'importance de ce service doit être augmentée par la création de délégués de propagande.

Votre Commission demande également que les réunions plénières du Comité Exécutif soient moins vides et plus intéressantes ; que les délégués de province pas trop éloignés de Paris soient incités à y venir par l'inscription à l'ordre du jour d'une question politique d'actualité, que les nombreux orateurs ou conférenciers de notre Parti, dont le talent est trop inemployé, auront occasion d'exposer, de traiter devant nous et de livrer à nos délibérations au grand profit de nos militants.

Nous réclamons aussi très instamment l'organisation, chaque année, à Paris, par le Comité Exécutif, d'un grand banquet démocratique de notre Parti, réunissant fraternellement nos dévoués militants et nos élus adhérents de la Chambre et du Sénat, et qui soit une imposante manifestation attestant la vitalité et la force du Parti.

Enfin, nous pensons tous que dans une vaste organisation comme la nôtre, il faut, de toute nécessité, mettre à la disposition de nos 250.000 adhérents, un *Bulletin*, qui soit un réel et vivant organe de tout ce qui touche à la vie de notre Parti, dans nos Comités comme au Parlement, qui soit le trait d'union et l'arme de ralliement de tous nos militants, et qu'en conséquence, il y a lieu de réformer et améliorer le *Bulletin* actuellement existant, pour le porter à un tirage plus en rapport avec les besoins de notre action et de notre propagande.

Telles sont les résolutions que votre Commission a adoptées et vous demande d'approuver pour que, sanctionnées par votre Congrès, nous ayons confiance qu'elles seront mises en pratique par le Comité Exécutif. (*Vifs applaudissements.*)

(*Le rapport de M. Postel, mis aux voix, est adopté à l'unanimité.*)

Rapport de M. J.-L. Bonnet

Rapport présenté par M. J.-L. Bonnet au nom de la « Commission de propagande et d'organisation du Comité Exécutif du Parti ».

M. J.-L. BONNET. — Citoyens, mon rapport ne peut que vous renouveler les observations de mes rapports aux précédents congrès. L'organisation de notre Parti est incomplète et sa propagande insuffisante. Le Comité Exécutif manque de moyens d'action et d'éléments d'information. Les trois quarts des départements n'ont pas de fédération départementale et les comités n'existent qu'en petit nombre dans plusieurs départements.

Cette situation suscitait hier vos inquiétudes et créera demain un péril. Il est très probable que la nouvelle législature élargira le scrutin au département ou à la région. La victoire appartiendra aux partis les mieux organisés. Nos rivaux et nos adversaires ont fait un effort considérable et réalisé de sérieux progrès. L'effort de notre Parti n'a pas été assez vigoureux et le résultat est médiocre.

Il faut sortir des fictions, coordonner nos moyens d'action, en créer de nouveaux ou nous repaître de verbalisme et courir à la défaite.

Votre commission vous propose d'inviter le Comité Exécutif à prendre les mesures suivantes :

1° Un tableau de conférenciers sera dressé, comprenant les sénateurs et députés adhérents et les orateurs des associations non parlementaires.

2° Les délégués à la propagande, préconisés par le Congrès de Nantes, seront institués et recevront une indemnité annuelle. Un règlement intérieur, arrêté par le Comité Exécutif, déterminera le mode de leur nomination.

3° Le Comité Exécutif poursuivra méthodiquement la formation des fédérations départementales et la création de comités adhérents.

4° Des tracts et des brochures sur les questions du jour seront livrés à prix coûtant aux comités et fédérations.

Des résumés de conférences seront rédigés et distribués aux conférenciers.

5° De grandes manifestations périodiques seront organisées et, à la requête des comités et des fédérations ou d'office, des conférences seront faites.

6° Une séance du Comité Exécutif sera consacrée, tous les trois mois au moins, à la propagande et à l'organisation du Parti.

Nous entrons dans une période décisive où tous les partis vont s'efforcer à intensifier leur action. Le Parti radical et radical-socialiste ne conservera la suprématie qu'en constituant partout de solides groupements de propagande et de combat.

Discussion

M. J.-L. Bonnet. — Le rapport que M. Postel vous a présenté au nom de la « Commission de propagande et d'organisation du Parti », du Congrès préconise des solutions qu'a proposées mon rapport au nom de la « Commission de propagande et d'organisation du Parti » du Comité Exécutif. Je me bornerai à signaler celles qui en diffèrent.

Nous désirons que, comme dans le parti socialiste unifié, un roulement soit établi entre les sénateurs et députés adhérents à notre Parti, afin que le Comité Exécutif puisse toujours satisfaire aux demandes des comités et fédérations. (*Très bien.*)

Le Président. — Pas d'observations ? (*Adopté.*)

M. J.-L. Bonnet. — La commission insiste de nouveau sur la proposition qu'elle avait faite à Nantes, de nommer et d'appointer des délégués permanents à la propagande.

Je dois vous répéter ce que je disais l'année

dernière au Congrès de Nantes : Vous étiez alors unanimes à vous plaindre du fâcheux état de notre Parti. Quand on a combattu ma proposition, on m'a objecté : « La propagande se fera, nous n'avons pas besoin de délégués permanents. » J'avais répondu : « Vous ne voulez pas les créer, redoutez les résultats. En de nombreuses circonscriptions, vous n'avez pas de comités adhérents ou vous avez des orgaisations fictives ; si vous en êtes satisfaits et vous refusez à un effort, ne nommez pas les délégués permanents. Nous nous trouverons exactement l'année prochaine dans la situation où nous sommes aujourd'hui ; nous aurons simplement perdu l'année. »

Je n'avais que trop raison de tenir ce langage. Je ne veux pas vous donner des détails douloureux ; il est inutile d'apporter ici, publiquement, des explications et des commentaires qu'exploiteraient nos adversaires. Je me borne à cette constatation : vous n'êtes pas plus avancés en 1910 qu'en 1905 ; avec cinq années d'organisation en plus, vous n'avez pas un comité de plus. En 1905, vous comptiez environ 800 comités adhérents ; en 1910, vous en comptez environ 800. Vos fédérations départementales ne sont solidement organisées que dans une dizaine de départements ; celles qui existent ailleurs ne comprennent qu'un petit nombre de comités. Dans des départements possédant des représentants radicaux et radicaux-socialistes, nous n'avons pas un seul comité adhérent. Cette situation est déplorable et a trop duré. (*Applaudissements.*)

En prévision de la réforme électorale, il faut vous préparer à la lutte et commencer par vous organiser. Si vous n'agissez pas, vous courez à la défaite. Ce qui doit notamment vous mettre la puce à l'oreille, c'est que nos concurrents, nos adversaires, se mettent en campagne, eux, et ne se repaissent pas de verbalisme. Des légendes circulent qui endorment votre vigilance.

On nous a dit, on a écrit que le parti réactionnaire n'était pas organisé et que le parti socialiste l'était insuffisamment ; c'est une erreur. Le parti réactionnaire s'organise partout, grâce à ses associations paroissiales. L'Alliance Républicaine Démocratique va s'organiser solidement, en vertu même de la décision que vous avez prise hier. Le parti socialiste unifié a, dans chaque département, une fédération départementale ; certaines, il est vrai, réunissent peu d'adhérents, mais ce qui fait sa force, c'est qu'il est homogène et discipliné. (*Très bien.*)

Comment rivaliserez-vous avec ces partis, comment sortirez-vous de l'ornière, si vous n'avez pas de moyens d'organisation, ni de méthode ? Vous vous adressez au Comité Exécutif et lui indiquez ce qu'il y aurait à faire dans tel ou tel département. Nous le savons bien, mais comment le faire ? Nous avons à notre disposition des hommes de bonne volonté, nos amis de la Ligue de propagande radicale et radicale-socialiste, de la Ligue des conférences radicales, tous ces jeunes gens de grand talent et d'un parfait désintéressement. Mais pour se consacrer à la propagande, il faut avoir tout son temps à soi. (*Applaudissements.*)

L'intérêt général exigerait que des tournées de conférences fussent entreprises : par exemple, quinze jours dans le Calvados, trois semaines dans la Manche, un mois dans l'Allier. Par qui les faire faire ? Si le Gard demande un délégué devant rester vingt jours dans le département. à qui s'adresser ? Est-ce à un des orateurs de nos Ligues ? Ces jeunes gens ne vivent pas de l'air du temps ; tel a un métier, tel autre est étudiant dans une Faculté, dans une étude ; avec la meilleure volonté, il ne peut délaisser ses travaux, sa profession, ses examens, son gagne-pain. (*Applaudissements.*)

Qui trouverez-vous demain sur votre chemin ? Vous avez déjà trouvé les délégués permanents du parti socialiste unifié ; ce sont eux qui ont fait échouer nos candidats dans plusieurs circonscriptions, et ce sont eux que vous rencontrerez dans les luttes futures. Qui leur opposerez-vous ? Les adversaires de ma proposition sont incapables de le dire. (*Applaudissements.*)

N'hésitez donc pas. Faites, cette année, un essai de délégués permanents ; le nombre en sera proportionné à nos ressources. Il y en aura un ou deux en 1910-1911 ; cela dépendra de l'état de la caisse. Puis, si ce rouage fonctionne bien, si vous en êtes satisfaits, vous le conserverez et vous augmenterez le nombre de ces délégués. (*Applaudissements.*)

Je sais que cette question soulève une vive opposition. Vous entendrez les contradicteurs. Je continue par les motions sur lesquelles votre accord est certain et unanime.

3° Le Comité Exécutif poursuivra méthodiquement la formation des fédérations départementales et la création de comités adhérents. »

Le Président. — Il n'y a pas d'opposition ? (*Adopté.*)

M. J.-L. Bonnet. — Je poursuis.

« 4° Des tracts et des brochures sur les questions du jour seront livrés à prix coûtant aux comités et fédérations.

« Des résumés de conférences seront rédigés et distribués aux conférenciers. »

Ces résumés me paraissent indispensables. Nous devons documenter nos conférenciers et leur éviter des recherches. Nous nous adressons à des hommes de bonne volonté, parlementaires ou non-parlementaires, qui n'ont pas la science infuse. Nos amis sont accablés de besogne et manquent souvent de temps pour préparer une conférence qui supportera la contradiction. Il faut leur rassembler les matériaux et mettre à leur disposition le canevas, le schema. (*Applaudissements.*)

Un délégué. — Je demande la création d'une bibliothèque au Comité Exécutif.

M. J.-L. Bonnet. — Elle est commencée. mais l'argent nous fait défaut pour recevoir d'utiles publications.

Le Président. — Il n'y a pas d'opposition. (*Adopté.*)

M. J.-L. Bonnet. La cinquième et la sixième proposition se recommandent à votre attention :

« 5° De grandes manifestations périodiques seront organisées et, à la requête des comités et des fédérations, ou d'office, des conférences seront faites.

« 6° Une séance du Comité Exécutif sera consacrée. tous les trois mois au moins, à la propagande et à l'organisation du Parti. »

Il importe que, dans nos grandes villes de province, l'état-major de notre Parti se mêle à nos militants, soit entendu de la foule. Le parti socialiste unifié envoie fréquemment en mission ses chefs les plus éminents ; les nôtres recevraient le meilleur accueil et nous rendraient un grand service. (*Applaudissements.*)

Notre camarade Postel disait avec raison qu'il faut alimenter les séances du Comité Exécutif et ȳ intéresser davantage le Parti. La commission vous propose de consacrer, tous les trois mois au moins, une séance à la propagande et à l'organisation du Parti. Il n'y aura pas de temps mieux employé.

Le Comité Exécutif pourra ainsi passer en revue la situation des départements, se rendre compte des lacunes de notre organisation, y pourvoir. L'œuvre de la propagande est la plus indispensable à accomplir ; si on la néglige, un parti périclite. (*Vifs applaudissements.*)

Le Président. — Il n'y a pas d'opposition ? (*Adopté.*)

M. J.-L. Bonnet. — Vous avez maintenant à vous prononcer sur la création des délégués permanents. Je répète que c'est le moyen le plus efficace de contribuer à l'organisation du Parti. (*Applaudissements.*)

M. Debierre. — Nul plus que moi, messieurs, ne se rend compte de la nécessité d'organiser les comités en province, de les associer ensemble de façon à aboutir à la création de fédérations départementales bien ordonnées, unies, solides et agissantes. Par conséquent, je ne puis qu'abonder dans le sens de notre ami Bonnet lorsqu'il demande l'organisation d'un corps de conférenciers, qu'il appelle *délégués permanents,* chargés d'aller dans l'ensemble du territoire organiser les comités et chercher à créer des fédérations départementales qui n'existent encore, malheureusement pour notre Parti, qu'à l'état d'embryons dans un trop grand nombre de départements.

Si demain nous avons une modification de notre régime électoral avec élargissement des circonscriptions, plus que jamais l'organisation de notre Parti deviendra indispensable si nous ne voulons pas être à la fois dévorés par la droite et la gauche. Mais je demanderai à Bonnet de vouloir bien préciser. Qu'est-ce qu'il entend par la constitution

d'un corps de délégués permanents. (*Très bien.*)
Entend-il que l'on va donner mandat à deux, quatre, six, dix délégués, je ne sais, qui seront chargés, soit sur délégation du Comité Exécutif, soit
lorsque les fédérations départementales les appeleront, d'aller en province organiser des comités
et faire la propagande du Parti ; ou bien, au contraire, entend-il qu'on va dresser une liste permanente de délégués parmi lesquels les fédérations
départementales ou les comités locaux pourront
choisir ? Si c'est cela que veut Bonnet, je partage
son opinion. Mais si on veut, au contraire, créer
des délégués permanents appointés qui iront aux
quatre coins du territoire, que les fédérations départementales les appellent ou non, que les comités locaux les demandent ou pas, je ne partage
plus son opinion. (*Applaudissements.*)

Car j'ai peur que ces délégués permanents, au
lieu d'organiser le Parti, n'aillent, dans certaines
circonstances, que le désorganiser. (*Nouveaux applaudisesments.*)

N'est-il pas à craindre qu'ils fassent une politique d'ambitions personnelles ? Qu'ils songent davantage à se préparer une circonscription qu'à
propager la politique du Parti ? (*Applaudissements.*) Et s'ils ne font notre politique générale,
s'ils ne propagent pas nos doctrines et ne développent pas notre programme avec désintéressement, ils n'exerceront pas, en réalité, l'action que
nous voulons voir s'exercer au profit du Parti aux
quatre coins du pays. Sous le bénéfice de ces observations, je laisse la parole à M. Bonnet.

M. Bouillard (*à M. Bonnet*). — Voulez-vous répondre à cette question précise ?

M. Debierre. — Je dépose, de concert avec mon
ami Lévy-Uhlmann, un ordre du jour, et je prie
notre président de le soumettre à l'assemblée.

Le Président. — MM. Debierre et Lévy-Ullmann
nous font parvenir la motion suivante :

Le Congrès,

Conformément à la décision du Congrès de Nantes,
s'oppose à la création de délégués permanents appointés :

Décide qu'il sera créé par les soins du Bureau du
Comité Exécutif un corps de délégués temporaires qui,

sur l'invitation des organisations locales, recevront des délégations et, missions spéciales de propagande établies par roulement ;

M. J.-L. BONNET. — Mon ami Debierre demande qu'on dresse une liste de conférenciers comprenant les sénateurs et députés adhérents au Parti et les orateurs des associations non parlementaires. Je l'ai proposé aussi, mais ce tableau ne nous fournira pas les délégués permanents qui nous sont nécessaires et ne les remplacera pas.

Que sont les conférenciers du Parti, parlementaires ou non parlementaires ? Des hommes de bonne volonté, non rétribués, qui se tiennent à sa disposition, quand ils sont disponibles ; des amis auxquels vous pouvez faire appel et qui peuvent ne pas y répondre. (*Très bien.*)

Au contraire, les délégués permanents seront appointés et donneront tout leur temps au Parti. Si vous voulez avoir des hommes qui vous consacrent leur existence, vous devez les rémunérer.

Debierre vous a traduit les préoccupations de plusieurs d'entre vous. Des **membres du** Congrès redoutent que ces délégués permanents deviennent des chercheurs de candidature ; on s'imagine qu'ils se répandront dans les circonscriptions pour couper l'herbe sous les pieds des citoyens qui ont posé ou sont résolus à poser leur candidature. Après avoir examiné toutes les objections, notre commission était tombée d'accord à l'unanimité et je ne vous avais pas parlé des hypothèses qu'on entrevoit, jugeant inutile de le faire.

Pour dissiper des inquiétudes, il sera facile d'imposer aux délégués permanents l'engagement de ne pas poser une candidature sans l'assentiment du Comité Exécutif. (*Très bien.*)

Il faut, cependant, s'élever au-dessus de certaines considérations et montrer de la largeur d'esprit. J'estime qu'il ne sera pas inutile à notre Parti que les hommes de valeur mis à sa disposition puissent le représenter au Parlement. Le parti socialiste unifié sait récompenser le zèle de ses délégués permanents et quand l'un d'eux, comme M. Compère-Morel, sert efficacement sa propagande, l'occasion lui est offert de défendre ses théories à la Chambre. (*Très bien.*)

J'ai sous les yeux le compte rendu du Congrès de Nantes. Je terminais alors mon discours par ces paroles que je vous remémore : « Si vous ne voulez pas créer cette organisation de délégués permanents, vous resterez dans l'inertie et la fiction. Et, alors que tous les autres partis augmentent le nombre de leurs adhérents, vous vous maintiendrez difficilement sur vos positions et vous courrez à la défaite. »

Les élections de mois dernier vous prouvent que je n'avais que trop raison de vous tenir ce langage. C'est à vous d'agir en conséquence. (*Applaudissements.*)

M. BOUILLARD. — Citoyens, j'ai le regret de constater que notre ami Bonnet a mal interprété la décision que vous avez prise à Nantes, l'an dernier. La même proposition que celle qu'il apporte à cette tribune en ce moment, était portée devant le Congrès de Nantes : vous l'avez repoussée. Notre excellent ami Lafferre, qui est intervenu dans le débat, me fait signe qu'en effet le Congrès de Nantes l'a écartée. Donc j'ai été stupéfait d'entendre dans son discours notre ami Bonnet déclarer que vous aviez préconisé à Nantes l'institution de délégués permanents. Vous n'avez pas créé cette institution puisque vous avez voté contre le projet qui prétendait l'imposer.

Je me demande si, à l'heure actuelle, nous devons recommencer le débat qui a été institué l'an dernier ; la décision que vous avez prise me paraît devoir, au contraire, recevoir son effet. Notre ami Debierre voudrait que l'on dresse une liste de délégués, d'orateurs ou de conférenciers.

Un délégué. — Ce n'est pas la peine, ils ne se dérangent pas.

M. BOUILLARD. — Et les fédérations auraient le droit de choisir ceux qui leur conviendraient.

Une voix. — Pendant ce temps-là nous perdons des sièges.

M. BOUILLARD. — Si vous avez des motifs à opposer à ce que j'avance, ayez l'obligeance de me succéder à cette tribune, mais n'essayez pas d'étouffer ma voix. Le Congrès de Nantes s'est refusé d'instituer une espèce de corps de fonctionnaires (*applaudissements*) sans aucun profit appréciable, quoi qu'il en ait été dit et, en effet, je vais vous le prouver. Pour me servir des termes mêmes du rapport de M. Bonnet, vous allez nommer deux délégués permanents. Je me demande quels services ils pourront rendre. Je les suppose pris à Paris, et vous voudriez que ces délégués puissent se rendre dans certains départements dont ils ne connaîtront même pas la langue. (*Bruyantes exclamations.*)

Le Président. — Citoyens, laissez terminer la discussion.

M. Bouillard. — Je m'étonne que ce que j'ai dit puisse exciter un tel mouvement, je maintiens que ces délégués, nommés, choisis par vous à Paris, n'auront pas les connaissances spéciales, particulières aux départements dans lesquels vous les enverrez et quand je prétends qu'ils n'en connaîtront pas la langue, je veux dire la langue usuelle, le patois. (*Nouvelles exclamations.*) En vérité, je vous le demande, si ces déclarations vous choquent à ce point, vous faites montre d'une intolérance qui n'a rien de républicaine. (*Très bien ! Très bien !*)

Je vais préciser pour lever toutes vos hésitations ; si ces délégués vont à Toulouse, à Montpellier, à Nîmes, tout ira pour le mieux, je ne parle pas pour ces grandes cités, mais si vous voulez élargir notre propagande dans les environs, qu'est-ce que vous voulez que fasse un orateur parisien dans ces petits villages ou hameaux ? (*Applaudissements, interruptions, cris : concluez.*)

M. Bouillard. — Je vous répète donc : si vous voulez des conférenciers dévoués, très fermement radicaux, vous les trouverez aisément dans ces grandes cités dont je vous ai donné les noms. Est-ce que vous n'avez pas à Toulouse, qui est un centre littéraire, scientifique et judiciaire, de jeunes avocats, des hommes qui connaissent le pays dans lequel ils sont nés et qui pourraient porter dans leurs régions la bonne parole ? (*Applaudissements.*) C'est la même chose dans les départements du Gard et de l'Hérault. Vous avez là deux cours d'appel à côté l'une de l'autre. Est-ce qu'il n'y a pas comme une véritable pépinière d'orateurs dans ce pays ?

Et d'ailleurs, n'exagérons pas l'influence que

peuvent avoir ces conférenciers, réclamés avec tant
d'insistance depuis deux ans : ils n'existaient pas
en 1906, dans les conditions où on les veut aujour-
d'hui, et cependant il s'est trouvé assez de volon-
taires pour porter la bonne parole partout où elle
était utile et nous avons enregistré un de ces
succès électoraux qui a terrifié nos adversaires et
que nous aurions bien voulu retrouver au prin-
temps dernier. Néanmoins, je me rallie à la proposition Debierre-Lévy-Uhlmann, qui consiste à dresser une liste de conférenciers, sur laquelle les
fédérations et les comités pourront exercer leur
choix, mais je me refuse absolument à la création de fonctionnaires spéciaux et rétribués (*Applaudissements, crix : aux voix.*)

LE PRÉSIDENT. — Je suis saisi de l'amendement
présenté par MM. Debierre et Lévy Uhlmann ; il
modifie les conclusions de la commission. Je dois
le mettre aux voix le premier.

Un délégué. — Je demande la division.

M. LAFFERRE. — Je demande qu'on ajoute que la
liste des conférenciers soit établie par roulement,
de façon à ce que les conférenciers inscrits soient
responsables.

(*Les auteurs de l'amendement acceptent la modification de M. Lafferre.*)

M. FERDINAND BUISSON. — Je demande une adjonction qui, je crois, ne soulèvera pas de difficultés. Ne pourrait-on pas ajouter que le Congrès
décide qu'il sera fait en France, dans toutes les
régions, de grands réunions de propangande républicaine radicale (*Très bien ! Applaudissements.*)
avec le concours des élus parlementaires du Parti
radical et radical-socialiste. (*Applaudissements.*)

M. BONNET. — La commission le propose. (*Cris :
Aux voix ! aux voix !*)

M. FOUANON. — Si le Congrès se prononce contre
les délégués permanents et qu'il accepte la proposition Debierre, quelle sera la sanction que les militants auront contre eux ceux qui ne se seront pas
dérangés, car il faut bien le dire ici, les élus ne
se dérangent jamais. (*Applaudissements.*) Nous
ne les voyons pas. Il en est ainsi non seulement
en province, mais également à Paris. La situation
des départements comptant des députés radicaux

et n'ayant pas d'organisation radicale s'explique
par ce fait que ces parlementaires ne veulent pas

M. Lévy-Ullmann. — Je croyais que le Congrès
M. Lévy Ullmann. — Je croyais que le Congrès
était désireux, comme je le suis moi-même, de
voir clore rapidement cette discussion. C'est pourquoi j'avais renoncé à mon tour de parole ; mais
dès l'instant où l'on donne maintenant la parole
à d'autres orateurs inscrits après moi, je demande
à renouveler quelques-unes des observations que
déjà, l'an dernier, j'avais présentées au Congrès
de Nantes et qui, ayant été accueillies par vous
avec faveur, y avaient motivé le rejet de la création de délégués permanents. — Je suis, mon cher
ami Bonnet, je crois l'avoir d'ailleurs prouvé,
personnellement soucieux autant que tout autre de
la propagande auprès de tous les militants. Vous
avez parlé de la propagande par la brochure ; je
me permets de rappeler ici que j'ai contribué à
accroître par mon travail notre petite collection,
cette année ; je ne suis donc pas suspect de vouloir entraver notre propagande. Seulement, et je
parle ici au nom d'un grand nombre de délégués
de province qui m'ont prié d'intervenir à cet effet,
je dis que nous nous sommes formellement opposés à la création d'un organisme *permanent* au
sein du Comité Exécutif. (*Applaudissements.*)

Nous estimons, et en cela nous sommes responsables vis-à-vis de nos mandants, qu'il se dépense
bien suffisamment d'argent pour une certaine propagande dans le sein de notre Parti pour que nous
puissions demain retourner vers nos comités en
leur disant : « Qu'avons-nous fait à Rouen ? Nous
avons voté une dépense de plus, parfaitement inutile, destinée à entretenir parmi nous un corps de
fonctionnaires parasites. (*Protestations sur divers
bancs ; applaudissements.*)

Nous avons, mon collègue Debierre et moi, proposé une mesure très simple. En premier lieu, je
ferai remarquer qu'il y a un organisme de liai-
son tout naturel entre le Comité Exécutif, d'une
part, et les fédération régionales, d'autre part. Cet
organe, c'est le délégué au Comité Exécutif lui-
même. La fédération régionale ou le groupe local
envoient au Comité Exécutif un délégué : ou bien

4

ce délégué remplit consciencieusement son mandat, et alors il accomplit précisément le travail pour lequel on vous demande la création de délégués permanents ; ou bien, au contraire, il ne fait rien, et alors on n'a pas besoin de l'envoyer au Comité Exécutif ; il suffit de le remplacer par un délégué plus diligent.

Deuxième point : Les conférenciers, question à laquelle se joint celle soulevée par le désir où l'on se trouve, avec notre collègue Bonnet, — désir très légitime, je le reconnais, — de voir désigner de temps en temps des personnalités éminentes du Parti pour aller intensifier la propagande là où la chose est nécessaire, pour aller même créer des organisations sur les points où il n'en fonctionne pas encore. Soit ! mais alors je vous le demande, croyez-vous vraiment, pour prendre l'exemple que vous citiez, Bonnet, tout à l'heure, que ce sera un tout jeune étudiant, à qui vous donnerez quelques modestes appointements, de deux à trois cents francs, qui puisera dans une délégation de ce genre l'autorité suffisante pour venir implanter nos idées dans ces régions qui sont, par définition, les plus difficiles, et là où les militants du pays y ont échoué ? (*Applaudissements.*)

Mes chers collègues, vous savez que je n'abuse jamais de la tribune ; c'est la première et la dernière fois que je parle dans ce Congrès ; cependant je désire simplement, pour en terminer, vous faire remarquer que nous nous hypnotisons d'une façon excessive sur l'exemple que nous donne sur le point qui nous occupe à présent, le Parti socialiste avec ses délégués permanents.

Permettez-moi de vous le dire, moi qui compte beaucoup de camarades dans les rangs du parti socialiste, qu'au sein même du parti unifié l'organisme des délégués permanents a toujours fait l'objet et fait encore, à l'heure actuelle, l'objet de vives protestations. Le grand danger qu'ils présentent, ces délégués, c'est de prendre sur eux-mêmes d'aller faire dans diverses circonscriptions une politique personnelle, une politique parfois même contraire aux intérêts du parti et qui risque d'engager tout le Parti dans de singulières directions, ainsi que vous avez pu vous en souvenir par les exemples que Bonnet citait précisément tout à l'heure. Le plus célèbre des délégués permanents du parti socialiste unifié, c'est Compère-Morel. Il était maire de Breteuil, dans l'Oise ; il faisait une tournée de conférence dans le Gard à titre de délégué permanent ; il rencontra dans ce département des groupements socialistes très faibles et des groupements royalistes très forts : il y vit le « mauvais coup à faire », et il entraîna son parti dans une aventure dont le parti socialiste tout entier est obligé de rougir aujourd'hui. (*Bruyants applaudissements.*)

Eh bien, je n'ajouterai rien de plus aujourd'hui. Persévérez énergiquement dans la ligne de conduite que vous avez indiquée au Congrès de Nantes et manifestez-le en votant notre proposition, cette fois, de telle sorte que, l'an prochain, à quelque endroit que le Congrès se tienne, notre ami Bonnet nous fasse la grâce de ne pas venir, une troisième fois, fait perdre au Congrès sur cette sempiternelle question, le plus clair de son temps. (*Applaudissements. Cris : aux voix, la clôture.*)

LE PRÉSIDENT. — M. J.-L. Bonnet demande la parole contre la clôture.

(*On crie à M. Bonnet : Parlez ! Parlez !*)

LE PRÉSIDENT. — Je mets la clôture aux voix.

(*Quelques mains seulement se lèvent pour. La clôture n'est pas prononcée.*)

M. J.-L. BONNET. — Quelles sont les questions les plus importantes que le Parti est appelé à examiner et à résoudre ? Ce sont ses œuvres positives, ses œuvres d'organisation. En ce moment, vous avez à délibérer sur une proposition qui intéresse l'existence même du Parti.

Quand nous votons des motions de principe, des conclusions doctrinales, nous fournissons des indications dépourvues de sanction. Si des citoyens ne veulent pas traiter les affaires du Parti, qu'est-ce qu'ils viennent faire ici ? (*Nombreux applaudissements.*)

M. Lévy-Ullmann a commis une erreur au sujet des grandes manifestations dont j'ai proposé l'organisation. Je n'ai pas dit que les délégués permanent y seraient exclusivement employés ; j'ai demandé que le Comité Exécutif organisât ces manifestations annuelles avec le concours de l'élite de nos militants, parlementaires et non parlementaires : le Parti ne les connaît pas assez, les voit de trop loin et il désirerait les connaître davantage et les voir de plus près. (*Applaudissements.*)

J'ai spécifié quelle serait la tâche des délégués permanents et je n'y reviens pas. J'ai toujours écouté vos réclamations, beaucoup d'entre vous me font l'honneur de m'en entretenir ; souvent, vous vous plaignez de ne pas rencontrer de concours : c'est qu'on ne peut mettre personne à votre disposition. Les délégués permanents combleront une lacune ; leur rôle sera de poursuivre la formation des groupements là où il n'en existe pas, de vous aider à réaliser ce que seuls vous ne pouvez pas faire. (*Très bien.*)

On nous disait tout à l'heure : « Mais il y a de jeunes avocats à Toulouse, à Montpellier, à Nîmes, à Paris, qui accompliront cette besogne. » Il s'agit de savoir s'ils sont à la disposition du Parti. Comment voulez-vous que le Comité Exécutif puisse créer des comités dans l'Ille-et-Vilaine, par exemple, où il n'y a qu'un ou deux comités adhérents ; dans le Gers, dans le Gard ou ailleurs, s'il ne dispose pas du personnel nécessaire ?

Les militants des départements nous tiennent ce langage : « Aidez-nous à former des fédérations départementales ; **envoyez-nous un** délégué qui passera plusieurs jours parmi nous, nous n'avons personne. » On ne peut pas demander à nos amis de faire un séjour prolongé sur un point ou sur un autre ; certes, ils sont remplis de dévouement et se mettent volontiers à la disposition du Parti. Mais comment voulez-vous qu'on les arrache continuellement à leurs occupations et que, toute l'année pour ainsi dire, ils soient au service du Parti ? Pourtant, ce serait utile, indispensable même en certains cas.

Les délégués permanents nous permettraient d'agir, alors que, trop souvent, nous sommes réduits à l'inaction. Le bureau du Comité les chargerait d'une enquête sur la situation d'une circonscription, d'un département, ou leur donnerait mandat de se rendre sur place pour concilier un différend et réunir dans une action commune les membres du Parti. La collectivité radicale et radicale-socialiste en retirerait un grand bénéfice. (*Très bien.*)

M. Lévy-Ullmann a dit qu'il espérait que, l'année prochaine, le citoyen Bonnet ne viendrait plus insister pour la nomination de délégués permanents. Non, parce que j'espère que le Congrès va maintenant les voter. (*Applaudissements. Cris : Non ! Non !*) Mais je vous en préviens, vous connaissez ma ténacité (*Rires.*), quand les intérêts du Parti sont en jeu ; je reviendrai à la charge, si cela est nécessaire.

En terminant, je renouvelle pour M. Lévy-Ullmann et pour vous tous cet avertissement : si vous repoussez la création de délégués permanents, vous serez, l'année prochaine, dans la situation où vous êtes aujourd'hui, où vous vous trouvez depuis cinq ans. Vous ne l'aurez pas améliorée, vous n'aurez pas fait un pas en avant, tandis que tous les autres partis redoublent d'activité et progressent : c'est vous dire que vous aurez reculé. Une fois de plus, les intérêts du Parti auront été alors sacrifiés et vous me verrez recommencer la lutte contre vos préjugés et contre vos erreurs. Citoyens, ne songez qu'à votre Parti, organisez-le et fournissez-lui enfin les moyens de défense et d'action. (*Vifs applaudissements.*)

LE PRÉSIDENT. — Je mets aux voix la motion de MM. Debierre et Lévy-Ullmann, modifiée par MM. Lafferre et Buisson. (*Très bien. Applaudissements. Plusieurs délégués demandent la division.*)

(*On met aux voix la première partie jusqu'à :* « permanents appointés ».)

(*Adopté à une grosse majorité.*)

(*Le complément de l'amendement est adopté à l'unanimité.*)

LA REFORME ELECTORALE

Rapport présenté par M. J.-L. Bonnet au nom de la « Commission de la Réforme électorale » du Comité Exécutif du Parti.

Citoyens,

Notre Congrès annuel est appelé à discuter de nouveau la réforme électorale. La question est posée au Parlement et devant l'opinion. Nous n'aborderons utilement le débat qu'en évitant le parti pris et en nous préoccupant exclusivement des intérêts de notre Parti et de la République.

Votre « Commission de la réforme électorale » comprenait des partisans du scrutin de liste simple et des partisans du scrutin de liste avec Représentation Proportionnelle. Elle a voulu que chaque thèse puisse être hardiment formulée et que vous connaissiez exactement les arguments et les objections des deux parties. A l'unanimité, elle a confié à M. Bouillart le rapport sur le scrutin de liste simple et m'a chargé du rapport sur le scrutin de liste avec Représentation Proportionnelle. Tous ses membres ont condamné le scrutin d'arrondissement et aucun d'eux n'a accepté d'en être le rapporteur et le défenseur d'office.

Mon rapport au Congrès de Nancy (1907) a exposé le principe et les avantages de la représentation proportionnelle, en abrégé la R. P., et me dispense de recommencer une explication théorique. La réforme électorale et l'application de la R. P. se présentent aujourd'hui sous un aspect qu'elles n'avaient pas il y a trois ans.

La Réforme électorale votée et ajournée
par la précédente législature

Par un concours spécial de circonstances et par la volonté formelle du pays, la réforme électorale est posée au début de la législature actuelle et exige une prompte solution. Ses adversaires s'en alarment et le nient. Ces hommes à courte mémoire oublient que la législature précédente, autant et mieux que la propagande des partis, a créé cette situation.

Dans la déclaration ministérielle du 5 novembre 1906, M. Clemenceau avait promis « l'élargissement du mode de scrutin dans les élections législatives » et avait constamment manœuvré pour ne pas le réaliser. Aux demandes de la Commission parlementaire qui le pressait de donner son avis, l'ancien président du Conseil répondait par le silence et, quand on le mettait au pied du mur, par une échappatoire ou une calembredaine : le gouvernement n'en avait pas délibéré, le gouvernement avait d'autres chats à fouetter, le gouvernement réservait son opinion et verrait plus tard.

Cette comédie a duré près de trois ans. La majorité murmurait, mais n'osait regimber. Ce n'est qu'à la séance du 11 juillet 1909, qu'interpellé sur la politique générale, M. Clemenceau déclarait gravement que « la suppression du scrutin d'arrondissement était inutile, car ce mode de scrutin avait permis d'accomplir les grandes réformes et notamment la séparation des Eglises et de l'Etat ». Langage au moins singulier dans la bouche d'un homme qui se vantait de rester fidèle à ses convictions et qui, depuis son entrée dans la vie politique, n'avait cessé d'inscrire à son programme le scrutin de liste.

Dix jours après, M. Clemenceau était renversé. M. Briand lui succédait, se proclamait partisan de la réforme électorale et se disait prêt à la discuter après les vacances parlementaires.

Ce débat s'est ouvert en octobre dernier et s'est terminé à la séance du 8 novembre. Ce jour-là, la Chambre a commencé par écarter, à quatre scrutins, des motions d'ajournement de la réforme.

Puis, elle a adopté le scrutin de liste par 379 voix contre 142 et la Représentation Proportionnelle par 281 voix contre 235. A un septième scrutin, pour ne pas déterminer une crise ministérielle, elle a rejeté l'ensemble par 291 voix contre 225, repoussant en bloc ce qu'elle avait accepté en détail.

Conséquences de cet ajournement

La presse a fait ressortir les conséquences de ces contradictions. La Chambre ajournait à la prochaine législature la réforme électorale qu'elle affirmait nécessaire et urgente. La majorité maintenait le scrutin d'arrondissement qu'elle avait condamné en deux votes solennels. La nouvelle Assemblée serait élue par un système de votation frappé à l'avance de discrédit.

Les arrondissementiers n'avaient pas prévu un autre résultat. La majorité qui s'était prononcée pour la réforme électorale et ne l'avait pas operée, a dû l'inscrire en tête de son programme ; la plupart des candidats ont été interrogés à cet égard et ont pris des engagement précis ; le gouvernement qui en avait préconisé l'application, est tenu de la réaliser. La question a pris ainsi une importance exceptionnelle, et c'est d'abord sur elle que les électeurs ont donné leur avis. Leur verdict est sans appel.

La Nation a réclamé la réforme

Au scrutin du 24 avril dernier, sur 8.476.000 suffrages exprimés, la nation en a accordé 4 millions 442.000 aux partisans du scrutin de liste avec représentation proportionnelle ; 1.938.000 aux partisans du principe de la réforme électorale avec représentation des minorités ou aux partisans du scrutin de liste simple ; 520.000 aux partisans du scrutin d'arrondissement avec péréquation des circonscriptions ; 355.000 seulement aux partisans du *statu quo*. Enfin, 1.259.000 voix se sont portées sur des candidats n'ayant pas fait allusion à la réforme électorale.

Vous en dégagerez la conclusion. Une infime minorité reste attachée au scrutin uninominal.

La grande majorité des électeurs demande la réforme électorale et la majorité des votants stipule qu'il faut l'accomplir par le scrutin de liste avec representation proportionnelle.

Il n'y a dès lors qu'à s'incliner. Le mandataire n'a qu'à exécuter les ordres du mandant. Le pays a envoyé au Palais-Bourbon une majorité pour opérer la réforme électorale, le premier devoir de la majorité est d'entreprendre la réforme.

Voilà comment la question se pose à la Chambre.

L'opinion des partis sur la réforme

Le scrutin d'arrondissement a survécu pour assister à ses funérailles. Nos amis de la Chambre qui le soutenaient sont revenus décimés. Sur les 142 députés qui avaient voté pour lui, le 8 novembre 1909, 54 seulement étaient adhérents au Comité Exécutif du Parti ; ce n'était donc que la minorité des élus de notre Parti qui demeurait attachée à un mode de scrutin répudié par nos Congrès. Cette minorité a perdu plus du tiers de son effectif. Sur ces 54 parlementaires, 32 ont été réélus, 20 ont été battus, 2 ne se sont pas représentés.

Les autres partis ont manifesté vigoureusement leurs sentiments avant et depuis les élections. Tous les groupements de droite et le parti progressiste disent qu'ils poursuivront la réalisation de la Représentation Proportionnelle. Les socialistes unifiés ont maintenu la motion de leur congrès de Limoges (1906) : « Le congrès décide que le parti socialiste fera campagne pour la R. P. et pour le scrutin de liste à titre de condition de la proportionnelle. » La majorité du Comité directeur de l'Alliance républicaine démocratique, son président et ses membres les plus notoires, sont ardemment proportionnalistes. Seule, une importante fraction du Parti radical et radical-socialiste boude, hésite, s'effare, gémit : des sénateurs l'incitent à résister.

L'heure a sonné d'écouter les conseils de la raison, de sortir des généralités et des fictions, de s'abstraire des personnalités, de prendre résolument position.

La majorité parlementaire
pour la Représentation Proportionnelle

La majorité parlementaire est mise au pied du mur et son sentiment n'est pas douteux. Le 11 juillet, la Chambre a nommé, au scrutin de liste, avec application des règles de la proportionnelle la « Commission du suffrage universel », composée de 44 membres et chargée d'examiner les projets de réforme électorale.

Ont été élus : 25 membres de la « liste de la Représentation Proportionnelle », ce qui correspond à une majorité de 80 voix dans l'assemblée ; 6 membres de la « liste républicaine de réforme électorale » comprenant des partisans du scrutin de liste avec représentation des minorités ; 3 membres de la « liste républicaine antiproportionnaliste » ; 5 membres de la « liste républicaine du scrutin uninominal avec péréquation des circonscriptions et diminution du nombre des députés » ; 5 membres de la « liste républicaine de réforme électorale sans la Représentation Proportionnelle ».

La majorité de la commission est donc franchement proportionnaliste. Son premier acte a été d'affirmer son opinion en choisissant pour président notre éminent ami Ferdinand Buisson, proportionnaliste de vieille date et de grande notoriété. Elle commencera ses travaux à la fin du mois.

La commission est composée à l'image de la Chambre. Les adversaires de la réforme niaient l'existence d'une majorité proportionnaliste. A la séance du 4 juillet, M. Charles Benoist, président du « groupe de la Représentation Proportionnelle et de la réforme électorale », leur a répondu en lisant la liste des adhérents qui compte aujourd'hui 328 membres.

En réalité, le nombre des députés proportionnalistes est plus élevé. J'en pourrais citer appartenant au Comité Exécutif de notre Parti, qui, pour des raisons particulières, n'ont pas adhéré au groupe parlementaire de la R. P. D'autres ont déclaré qu'ils acceptaient le principe et attendaient de connaître le système pour s'y rallier.

Comment la Réforme est proposée à la Chambre

Le Parlement est saisi de la question par le gouvernement, par divers députés et par les électeurs eux-mêmes.

Le cabinet Briand a déposé un projet de loi qui établit le scrutin de liste avec représentation des minorités et réunit à un département voisin le département ne nommant que trois députés. Des représentants ont repris les propositions étudiées par les commissions de la dernière législature relativement à la Représentation Proportionnelle, à la liberté et à la sincérité du vote, à la diminution du nombre des députés, au vote par correspondance, etc.

Le gouvernement et ces députés n'ont fait qu'obéir aux vœux de la nation, dont j'ai indiqué plus haut le sentiment. La réforme électorale a joué un rôle prépondérant aux scrutins du 24 avril et du 8 mai 1910, et tant qu'elle ne sera pas réalisée, fera dévier les délibérations parlementaires et les préoccupations des partis.

Les républicains prétendent suivre les inspirations du suffrage universel, la voie leur est nettement tracée. Le pays a parlé. Sa volonté est précise et catégorique. Opérons la réforme.

Les décisions de nos Congrès

Prononçons-nous d'abord contre le scrutin d'arrondissement. Des préjugés, des appréhensions injustifiées et l'ignorance des décisions de nos congrès lui conservent une clientèle parmi nos comités et fédérations. Au moment où notre Parti va exprimer son avis, je dois vous rappeler ses opinions et ses résolutions antérieures.

Le scrutin de liste est le scrutin théorique du parti républicain. Le scrutin de liste incarne un passé, une tradition et une doctrine.

Aux temps héroïques, les républicains célébraient l'excellence du scrutin de liste, « scrutin des idées », « scrutin des grands courants démocratiques et populaires », et vouaient aux gémonies le scrutin d'arrondissement, « le petit scrutin », « scrutin de clocher », « scrutin des personnes », « miroir brisé où la France ne reconnaît plus son image », « vase d'élection des sous-vétérinaires. »

Gambetta s'écriait éloquemment qu'en fractionnant le pays en petites circonscriptions, « l'élu n'est pas le mandataire de la France, mais il est le procureur, fondé de pouvoirs, nommé par un nombre infime et intéressé d'électeurs dans une circonscription. » Notre regretté ami René Goblet résumait en ces termes notre pensée commune : « Le scrutin uninominal est la guerre des personnes, le scrutin de liste celle des idées. »

Les radicaux et radicaux-socialistes n'ont cessé de préconiser le scrutin de liste, quand ils formaient des groupements épars et sans lien entre eux, et l'ont revendiqué quand ils ont fondé une organisation nationale. En juin 1901, a lieu à Paris le premier Congrès du Parti qui est consacré exclusivement à jeter les bases de l'organisation et de la propagande du Parti. Néanmoins, le Congrès ne se sépare pas sans avoir émis un vœu en faveur du rétablissement du scrutin de liste et réclamé les mesures propres à limiter les frais d'élection et à assurer la liberté et la sincérité du vote.

Au Congrès de Lyon (1902), M. Klotz, député, présente le rapport au nom de la commission du scrutin de liste et fait voter les conclusions suivantes :

Le Congrès, affirmant la tradition républicaine, invite le Parlement à substituer, avant le 1ᵉʳ janvier 1904, le scrutin de liste au scrutin d'arrondissement et à voter toutes mesures destinées à assurer la liberté du vote et la sincérité des opérations électorales.

Il invite, en particulier, le Sénat à ratifier, dans le plus bref délai, la proposition de loi votée par la Chambre, en mars dernier, qui tend à réprimer sévèrement la corruption électorale.

M. Lockroy évoque le passé, retrace les luttes des républicains qui revendiquaient le scrutin de liste sous l'Empire dont le premier acte avait été de rétablir le scrutin uninominal, supprimé par la République de 1848, et l'éloquent orateur adjure le Congrès de voter contre le scrutin d'arrondissement, scrutin d'oppression et de corruption, et pour le scrutin de liste.

MM. Réveillaud et Vazeille, députés, défendent une motion préjudicielle en faveur de la proportionnelle.

Au Congrès de Marseille (1903), le rapport présenté par M. Hector Depasse, au nom de la Commission des réformes électorales et administratives, déclare « que la réforme du mode de scrutin est indispensable à la rénovation de la vie politique de la démocratie, et que le mode de scrutin d'arrondissement est épuisé et se montrera de plus en plus stérile ».

La Commission « invite de la manière la plus expresse le gouvernement à user de la robuste volonté qui l'anime pour faire voter, avant l'ouverture de la période électorale municipale, les garanties nécessaires au secret du vote, à la liberté et à la sécurité des électeurs et à l'égalité de tous les citoyens devant le suffrage universel, et renouvelle le vœu des Congrès de Paris et de Lyon en faveur du scrutin de liste. »

Le Congrès adopte ces conclusions et renvoie « l'étude du système de la Représentation Proportionnelle à l'examen du Comité exécutif ».

Au Congrès de Toulouse (1904), au nom de la Commission des réformes électorales, M. Hector Depasse présente cet ordre du jour :

Le Congrès de Toulouse, uni dans une même pensée de réforme politique et sociale, renouvelant les résolutions déjà votées par les Congrès de Paris, de Lyon et de Marseille en faveur du scrutin de liste et pour le redressement des abus qui tendraient à vicier dans sa source la souveraineté nationale elle-même et la vie politique de la démocratie, invite la majorité républicaine, radicale et socialiste et le gouvernement à s'entendre pour la mise à l'ordre du jour de la réforme électorale, dans le plus bref délai, et à repousser toute proposition d'ajournement qui viendrait encore à se produire.

Le Congrès adopte cet ordre du jour et approuve mon rapport présenté au nom de la même Commission et tendant à porter à six ans la durée du mandat de député, avec renouvellement par tiers tous les deux ans, à augmenter l'indemnité parlementaire et à diminuer le nombre des députés, à assurer le secret et la sincérité du vote, à restreindre les dépenses électorales et à réprimer la corruption.

M. Louis Martin, député du Var, demande incidemment qu'on examine la question de la Représentation Proportionnelle.

Le Congrès de Paris (1905) maintient les résolutions des précédents Congrès en faveur du scrutin de liste, ajourne la discussion sur un vœu de M. Louis Martin tendant à établir le scrutin de liste avec Représentation Proportionnelle.

Le Congrès de Lille (1906) renvoie aux Fédérations départementales l'étude des vœux présentés par divers Comités relativement à la réforme électorale et ajourne au prochain Congrès l'examen de la Représentation Proportionnelle.

Mon rapport au Congrès de Nancy (1907) tendant à établir le scrutin de liste avec Représentation proportionnelle, rencontre une vive opposition. Le Congrès le repousse et adopte le scrutin de liste simple.

Le Congrès de Dijon (1908), sur le rapport de M. Herriot, maire de Lyon, se prononce contre le scrutin d'arrondissement et pour le scrutin de liste, pour l'élection des délégués sénatoriaux par le suffrage universel, pour la réforme administrative, et vote la motion suivante que je lui présente au nom de la Commission des réformes électorales du Comité exécutif du Parti :

Le Congrès radical et radical-socialiste de Dijon proclame l'urgence de la réforme électorale et demande que le Parlement la discute prochainement.

Le Congrès approuve le principe admis par un groupe important de députés républicains, qui accorde à chaque département autant de députés qu'il a de fois 75.000 habitants, défalcation faite des étrangers, toute fraction complémentaire valant pour le nombre entier lorsqu'elle dépasse 37.500.

Le Congrès émet également le vœu que la Chambre des députés soit élue pour six ans et renouvelable par tiers tous les deux ans.

Le Congrès approuve aussi ma motion réclamant le vote de projets de loi de nature à assurer la liberté et la sincérité du vote, la réglementation de l'affichage, la limitation des dépenses électorales et la ratification de la loi sur la corruption publique, amendée et votée par le Sénat le 26 janvier 1906.

Après une épreuve douteuse, le Congrès de Nantes (1909) a adopté cet ordre du jour de sa Commission de la réforme électorale :

Le Parti radical, fidèle à la vieille doctrine du Parti républicain, *respectant les décisions des précédents Congrès*, estime que le scrutin de liste ou le scrutin d'arrondissement sont des modalités politiques, non pas de « principe », mais de « circonstances », et il pense qu'à la veille de la consultation électorale de 1910, il n'y a pas lieu de modifier un mode de scrutin qui a assuré, non seulement la défense de la République contre la réaction, mais encore le vote des plus grandes lois laïques et sociales.

Ainsi, le dernier Congrès a maintenu les décisions des précédents Congrès sur le scrutin de liste et voulu seulement conserver le scrutin d'arrondissement pour les élections de 1910. Ces élections ont eu lieu, la nation a réclamé la réforme électorale : choisissons un mode de scrutin qui garantisse la justice, les droits des citoyens et le progrès social.

L'iniquité du système majoritaire

Ni le scrutin de liste, ni le scrutin d'arrondissement ne nous fournissent cette garantie. M. Courmeaux, député radical-socialiste, a fait justement remarquer à la Chambre, en 1885, que « le défaut du scrutin de liste est de manquer de proportionnalité. » Le scrutin d'arrondissement mérite le même reproche. L'un et l'autre émanent du système majoritaire et en ont le vice originel.

Au scrutin d'arrondissement, le candidat l'emporte sur son concurrent à la majorité *des* suffrages ; au scrutin de liste, la liste l'emporte également sur la concurrente à la majorité.

La moitié des voix, plus une, est tout ; la moitié des voix, moins une, n'est rien.

La moitié des électeurs, plus un, est représentée ; la moitié, moins un, ne l'est pas.

C'est l'élimination brutale du faible par le fort, le dépouillement systématique des droits d'une catégorie de citoyens par une autre catégorie.

C'est dans la circonscription d'arrondissement ou départementale l'écrasement de la majorité moins un par la majorité plus un. C'est le partage de la nation en deux camps, le vainqueur et le vaincu.

C'est l'inégalité et l'injustice.

Le scrutin de liste qui opère par masses exagère cette tare du système majoritaire.

La R. P. garantit les droits des citoyens

Les républicains s'honorent d'appliquer les principes de la *Déclaration des Droits de l'Homme et du Citoyen* et l'ont fait afficher dans les mairies et les écoles ; le système majoritaire du scrutin de liste et d'arrondissement en est la négation.

Cette mémorable *Déclaration*, qui est la charte de la République, proclame « *le droit, pour chaque citoyen, de concourir, personnellement ou par son représentant, à la formation de la loi et à la détermination de la contribution publique.* » Le système majoritaire supprime ce droit.

La puissance publique convoque l'universalité des citoyens à déposer leurs bulletins dans l'urne. Le dépouillement du scrutin a lieu. N'est élu que celui qui a la moitié des voix plus une ; n'est pas élu celui qui a la moitié des voix moins une. C'est injustice et dérision.

La Constitution d'une démocratie doit consacrer le droit de chaque parti à une représentation proportionnelle à son importance. Est foulé aux pieds le droit du citoyen qui n'obtient pas de représentant, parce que celui-ci n'a pas réuni la majorité des suffrages. La Représentation Proportionnelle seule garantit à chaque parti, à chaque citoyen, l'exercice du droit primordial que leur a reconnu la *Déclaration des Droits de l'Homme*.

Le vote représentatif et le vote délibératif

L'application de ce principe soulève les inquiétudes d'amis qui nous disent : — « Si vous admettez le droit des minorités à une part de représentation nationale, vous devrez leur concéder une participation au pouvoir. Chaque fraction réclamera une place au gouvernement. Le ministère comprendra des membres de la majorité et de la minorité, des monarchistes, des cléricaux, des modérés, des libres penseurs, des radicaux, des radicaux-socialistes, des socialistes. Ce sera une cacophonie, et il n'y aura pas de gouvernement possible. »

Ce raisonnement est sophisme. Nos contradicteurs confondent le vote représentatif avec le vote délibératif ; tous les légistes en ont fait la distinction.

Le vote représentatif est un vote d'élection, c'est-à-dire de choix, et ne peut relever que du principe de proportionnalité. Les citoyens désignent des délégués pour veiller à la gestion des affaires publiques, et la désignation n'est équitable que si la délégation représente exactement les commettants et ne se compose pas de mandataires de la majorité à l'exclusion de la minorité.

Le vote délibératif est un vote de décision et relève naturellement du principe de majorité. Les délégués des fractions du peuple se réunissent, leur assemblée discute, vote ; la majorité appuie le ministère qui partage son opinion et le charge d'exécuter sa volonté.

La minorité contrôle, la majorité décide, le gouvernement agit.

La formation d'une majorité par la R. P.

Aucun proportionnaliste n'a proposé de faire représenter les partis au gouvernement en proportion du nombre de leurs députés. Les proportionnalistes demandent seulement que les partis soient représentés à la Chambre en proportion du nombre de leurs adhérents dans la nation.

L'existence d'une majorité de gouvernement dépend des citoyens. Avec n'importe quel mode de scrutin, s'il n'y a pas de majorité dans le pays, il n'y en aura pas au Parlement.

Mieux que les autres systèmes, la Représentation Proportionnelle favorise l'action gouvernementale. Sa conséquence directe, immédiate, certaine, sera d'obliger les partis à s'organiser solidement et à préciser leur politique. Les électeurs se prononceront sur des programmes et non sur des individualités. Le suffrage universel enfantra une majorité qui gouvernera avec ses doctrines et avec ses hommes.

Pourquoi les autres partis réclament la R. P.

Toute innovation suscite des alarmes, se heurte à des préjugés. L'esprit humain est imbu de misonéisme et rebelle à la nouveauté. Les adversaires républicains de la Représentation Proportionnelle flattent ce penchant. Leur grand argument, que j'entends constamment développer, est simple, ingénieux, et influence des sincères radicaux et radicaux-socialistes. Je le résume en ces termes :

— « Pourquoi les socialistes unifiés sont-ils si ardents à défendre la Représentation Proportionnelle qui leur ferait perdre des sièges, de l'aveu de leurs chefs ?

« Et pourquoi les partis de droite prônent-ils cette réforme, ce qui la rend suspecte aux yeux de nombreux républicains ? »

Des raisons de principe et de tactique les déterminent. Les partis d'opposition désirent subsister et se développer. Le scrutin d'arrondissement menace leur existence et ronge leur doctrine.

Tout le monde reconnaît que le scrutin uninominal est le scrutin des personnes. D'une manière générale, la majorité du représentant comprend une fraction qui vote pour l'idée et une fraction qui vote pour l'homme. Dans beaucoup de circonscriptions se produit un phénomène singulier sur lequel j'attire votre attention.

Au fur et à mesure que le député étend ses relations, rend des services et prolonge son man dat, sa clientèle de personnes augmente et sa clientèle de parti diminue. Des citoyens d'une opinion différente en arrivent à le soutenir, parce qu'ils deviennent son obligé. Des amis politiques qui ont recouru à son intervention lui pardonnent des déviations, légitiment son accentuation ou son recul.

Vingt années de scrutin d'arrondissement ont accéléré cette dépression, abaissé la moralité publique. Nous avons dégringolé la pente, nous versons au marécage, nous y croupirons si le système continue.

Ici, un modéré se radicalise, un radical oblique à droite, un réactionnaire se teinte en rose, un républicain de gauche oscille de tous les côtés. Là, un socialiste indépendant s'unifie et un unifié se désunifie. Et tous ces représentants obtiennent le renouvellement de leur mandat. On ne sait plus au juste et ils ne savent pas eux-mêmes quelle est leur véritable couleur et celle de leurs électeurs.

Ces mandataires, pleins de zèle pour les intérêts privés, gardent la confiance de leurs mandants qui la mesurent et la retirent si ce zèle se ralentit et s'éteint. Le détachement des doctrines et de l'idéal et cet attachement aux hommes et aux profits caractérisent de plus en plus nos mœurs politiques.

A travers la nation circule un courant d'induction dont je définirai ainsi la loi : *le scrutin d'arrondissement tend à la dissociation permanente des principes et des partis et à la substitution constante des majorités de personnes aux majorités de programmes.*

Les partis s'en inquiètent. La droite qui veut vivre et l'extrême-gauche qui veut grandir trouvent dans un large scrutin de liste avec Représentation Proportionnelle un moyen certain de sauvegarder leurs traditions et leurs droits, de maintenir la dignité de leur attitude et l'intégrité de leur doctrine. C'est leur raison de principe. MM. Jaurès et Piou l'ont noté en traits vigoureux.

Un motif impérieux de tactique dicte également leur conduite. Les représentants de droite et d'extrème-gauche détiennent des sièges dont une coalition peut s'emparer. Leur succès au second tour dépend de leur appoint ; une ligue des autres partis prendrait ces mandats.

La Représentation Proportionnelle conjure ce péril, dispense de recourir à un appoint hypothétique. En assurant à chaque parti une représentation en rapport avec son importance réelle, elle apporte à tous l'indépendance et la sécurité.

Autres raisons des socialistes

Avant le congrès de Limoges (*Humanité du* 14 juillet 1906), M. Bracke, théoricien distingué du Parti socialiste unifié, a spécifié que la Représentation Proportionnelle avec scrutin régional offrait à son parti ces autres avantages :

1° Elle soustrairait les élus aux besognes de sollicitations et de démarches auxquelles a fini par les soumettre le scrutin uninominal... Le scrutin d'arrondissement a fini, progressivement, par faire des députés des sortes de factotums ou de domestiques, appelés à faire des commissions et à quémander des faveurs. Ce mal va grandissant depuis 1889.

2° Elle ferait des élus, dans une mesure bien plus stricte, ce qu'ils doivent être : des délégués du Parti socialiste. C'est du Parti qu'ils dépendraient avant tout et pour leur candidature et pour leur réélection. Ils se sentiraient donc bien plus à lui. En ce sens, si le scrutin de liste par lui-même est déjà un scrutin de parti, avec la proportionnelle il deviendrait nécessairement, entre nos mains, un scrutin de classe. Et rien n'est plus désirable.

3° En obligeant nos militants à donner une nouvelle forme à leurs efforts, à trouver le moyen d'élargir le terrain de leur propagande, à se créer des ressources d'hommes et d'argent pour ne laisser en friche aucun point du champ électoral, le changement du mode de scrutin renouvellerait l'ardeur et le zèle du Parti. Il faudrait partout « donner comme un seul homme » et par conséquent la cohésion et l'unité de la campagne, au lieu d'être des caractères difficiles à réaliser et faciles à oublier, seraient les conditions naturelles et indispensables de la lutte.

4° Elle apporte de grands obstacles à la corruption, ainsi qu'à la pression cléricale, patronale et administrative. Il saute aux yeux que plus nombreux est le corps électoral, plus il est malaisé de l'intimider ou de l'acheter.

5° Elle fait la part plus grande, dans le choix des candidats et dans la campagne de propagande, à la collectivité de la Fédération, le rouage le plus important du Parti.

6° Elle supprime forcément le deuxième tour de scrutin. Si, dans cette seconde phase de sa bataille, le Parti arrive en somme à prendre une attitude conforme à l'intérêt général de la classe ouvrière à organiser, ce n'est qu'au prix de sacrifices, de difficultés et d'obscurités qu'il n'est pas besoin de rappeler longuement.

Avec un seul tour de scrutin, le Parti va seul au combat, remporte seul sa victoire plus ou moins grande, mais sûrement nette.

Dans l'*Humanité* du 9 décembre 1909, M. Jaurès a précisé en ces termes les vues de son parti :

Au lieu de se scandaliser de l'effort fait par des hommes de tous les partis pour préparer une réforme qui assurera le droit de tous les partis, le Parti radical ne devrait-il pas voir dans ce vaste mouvement le signe des volontés désormais irrésistibles de la démocratie ?

Pour nous, une des raisons les plus pressantes d'adhérer à la proportionnelle, c'est qu'elle enlèvera aux luttes nécessaires du Parti socialiste et du Parti radical leur acuité locale et leur venin personnel et qu'elle permettra une libre et large coopération des forces populaires pour une œuvre réformatrice.

... On ne nous intimidera pas. On ne nous arrêtera pas. Nous avons conscience de servir le plus haut intérêt républicain, démocratique et national, et nous sommes certains que ceux qui s'agitent à cette heure contre la réforme électorale, font une déplorable besogne.

Notre Parti doit se prononcer pour la R. P.

MM. Poincaré, Deschanel, J. Reinach et nos collègues et amis MM. F. Buisson, Messimy et Réveillaud ont notamment insisté sur l'idéal de justice qu'incarne la Représentation Proportionnelle. Les partis qui la défendent échappent au reproche d'égoïsme et d'aveuglement et conquièrent la faveur publique.

Pour les mêmes raisons de principe et de tactique qui guident les autres partis, le Parti radical et radical-socialiste devrait voter la réforme. Ses persévérants efforts à faire prévaloir l'équité dans le domaine fiscal, scolaire, militaire, politique et social lui ont acquis les suffrages populaires :

sa résistance à changer un système électoral d'iniquité est illogique et périlleuse.

Les minorités réclament la sauvegarde de leurs intérêts et de leurs droits ; écoutons leur demande. Minorité hier, majorité apparente aujourd'hui, nous pouvons redevenir demain minorité. La garantie légale des droits d'autrui est notre meilleure garantie personnelle.

Les illusions des majorités et la R. P.

Je réponds ici à cette objection d'ordre utilitaire : — « Le Parti radical et radical-socialiste, qui forme la majorité parlementaire, a-t-il un intérêt personnel, immédiat, à modifier le mode de scrutin et à adopter la Représentation Proportionnelle ?»

Les partis au pouvoir oublient les difficultés et les leçons du passé, et ne songent qu'aux avantages de l'heure présente. Leur force numérique les remplit de confiance et d'illusion. La majorité s'imagine qu'elle conservera la majorité ; la Représentation Proportionnelle lui semble une diminution de son importance, un aveu d'inquiétude, le commencement du déclin. Elle n'aperçoit pas l'utilité de contracter une prime d'assurances contre les risques de l'avenir.

Moins qu'un autre, le Parti radical et radical-socialiste ne devrait s'abandonner à ce sentiment de quiétude et d'imprévoyance. L'exemple de la France et de l'étranger lui apprend l'inconsistance de la faveur populaire et la fragilité de la victoire.

Les libéraux belges s'opposaient à la Représentation Proportionnelle. Le parti catholique les renverse du ministère en 1884, et ils ne cessent de perdre des sièges jusqu'en 1900, où la Belgique établit la R. P. ; en ces dix dernières années, nous les avons vus reprendre lentement le terrain, marcher à la conquête, et ils sont à la veille de former, avec les socialistes, une majorité de gauche, qui remplacera la majorité cléricale.

La majorité catholique belge, qui était de 58 voix en 1898 au scrutin majoritaire, est tombée à 28 en 1900 avec la Représentation Proportionnelle : à 26 en 1902 : à 20 en 1904 : à 12 en 1906 ; à 8 en 1908 : à 6 en 1910.

Au temps du Kulturkampf, les nationaux-libéraux d'Allemagne formaient la majorité du Reichstag. Leur étoile a pâli, leurs alliés électoraux les ont délaissés et combattus, et ils en sont réduits à n'être plus qu'un faible appoint dans l'assemblée qu'ils dominaient.

En France, les adversaires des radicaux et radicaux-socialistes ont connu ces revers. Les opportunistes ont lutté longtemps pour garder la prédominance ; notre Parti a pris la plupart de leurs sièges, des concurrents le menacent à son tour. Ses défaites partielles d'hier lui donnent un grave avertissement. Les majorités sont éphémères ; la Représentation Proportionnelle est le meilleur refuge au jour de la défaite.

Ne nous berçons pas d'illusion. La majorité électorale de notre Parti est très relative. En de multiples circonscriptions, nos candidats ont besoin d'un appoint et mordront la poussière, s'il est accordé à d'autres. En de trop nombreuses circonscriptions, nos candidats n'ont pas été réélus ou n'ont pas été élus aux dernières élections, parce qu'une coalition s'est formée contre eux.

Les élections législatives de 1910

Les scrutins du 24 avril et du 8 mai dernier ont aggravé la crise des partis. Il n'y avait eu que 156 ballottages en 1906, il y en a eu 229 en 1910. Sur ces 229 candidats en ballottage, il y avait 175 radicaux et radicaux-socialistes ; soit, pour les radicaux, une proportion de 70 % par rapport au nombre des ballottés.

Pour 229 ballottages contre 368 élections au premier tour, la proportion est de 62 % de ballottés, par rapport aux élus du premier tour, ou plus de 38 % par rapport au nombre total des députés, qui est de 597.

Beaucoup de candidats n'ont été nommés qu'à d'infimes minorités et beaucoup de sortants ont vu leur majorité décroître ou presque disparaître.

Pour que vous puissiez apprécier avec exactitude cette situation anormale, j'ai dressé un tableau qui indique la majorité de 1906 et de 1910 pour certains députés réélus et la majorité de divers nouveaux élus.

Réactionnaires

	Majorité en	
	1906	1910
Legendre (Eure)	»	21
Dansette (Nord)	1.426	54
Cassadou (Gironde)	»	57
De Gontaut-Biron (Hautes-Pyrénées)	»	60
Crolard (Haute-Savoie)	»	70
Flayelle (Vosges)	517	75
Ménard (Seine)	»	75
Roche (Seine)	»	96
Delafosse (Calvados)	3.945	128
Daniélou (Finistère)	»	140
Massabuau (Aveyron)	1.507	172
Leroy-Beaulieu (Hérault)	909	181
Desjardins (Aisne)	1.737	218
Heuzé (Oise)	»	221
Driant (Meurthe-et-Moselle)	»	243
Ferd. Bougère (Maine-et-Loire)	12.613	249
Forgemol (Seine-et-Marne)	»	251
Monsservin (Aveyron)	1.149	275
Jean Hennessy (Charente)	»	275
Poitou-Duplessy (Charente)	»	277
D'Argenson (Vienne)	»	342
Fournier-Sarlovèze (Oise)	»	307
De Ramel (Gard)	725	405
Groussau (Nord)	938	405
Dumont (Nord)	»	423
Lefebvre du Pray (Pas-de-Calais)	325	538
Lamy (Morbihan)	1.279	646
De Lanjuinais (Morbihan)	7.067	687
De Hercé (Moyenne)	3.268	710
Limon (Côtes-du-Nord)	4.029	712
Piou (Lozère)	2.924	787

Progressistes

	Majorité en	
	1906	1910
Chialvo (Loire)	»	16
De Montebello (Marne)	»	81
Bonniard (Hautes-Alpes)	618	81
Toy-Riont (Hautes-Alpes)	»	159
Leblond (Seine-Inférieure)	»	163
Auriol (Haute-Garonne)	4.369	190
Bienaimé (Seine)	639	263
Guesnier (Seine-et-Oise)	»	268
Bouge (Bouches-du-Rhône)	»	281
Fleury-Ravarin (Rhône)	»	316
Delachenal (Savoie)	»	405

	1.504	406
De Moustier (Doubs)	1.504	406
Bansard des Bois (Orne)	6.882	406
Chanot (Bouches-du-Rhône)	»	460
Boudoint (Loire)	»	490
Arbel (Loire)	»	490
Cornudet (Seine-et-Oise)	541	508
Lacour (Vaucluse)	»	523
Hucher (Oise)	»	669

Républicains de gauche

	Majorité en 1906	1910
Clament (Dordogne)	1.807	14
Babaud-Lacroze (Charente)	6.037	75
Fournol (Aveyron)	288	147
Lacombe (Vendée)	55	149
Bussat (Seine)	535	155
Dariac (Orne)	»	226
Chaumet (Gironde)	»	241
Grandjean (Meurthe-et-Moselle)	»	314
Fesq (Cantal)	»	334
Patureau-Mirand (Indre)	»	442
Haguenin (Marne)	868	465
Bory (Cantal)	»	535
Maginot (Meuse)	»	540
Gallois (Ardennes)	»	547
Boissel (Mayenne)	»	573
J. Reinach (Basses-Alpes)	670	574

Radicaux et radicaux-socialistes

	Majorité en 1906	1910
Veillat (Vendée)	»	9
Paté (Seine)	»	12
Brun (Cantal)	452	14
Ferry (Vosges)	500	16
Samalens (Gers)	»	19
Braibant (Ardennes)	»	20
Réveillaud (Charente-Inférieure)	1.307	21
Bouttié (Sarthe)	»	39
Gallot (Yonne)	299	44
Honorat (Basses-Alpes)	»	52
Balési (Corse)	»	53
Arrimondy (Alpes-Maritimes)	»	53
Lauraine (Charente-Inférieure)	3.581	64
Picard (Vosges)	»	92
Cosnier (Indre)	70	98
Nouhaud (Haute-Vienne)	»	107

Chenal (Seine)	»	112
Abel (Var)	»	122
Simonet (Creuse)	7.082	127
Paris (Cochinchine)	»	132
Ponsot (Jura)	2.629	143
Chailley (Vendée)	32	144
Roy (Loiret)	979	152
Dalbiez (Pyrénées-Orientales)	3.614	157
Adriani (Corse)	»	166
Borderie (Gironde)	»	168
Beauquier (Doubs)	964	178
Dessoye (Haute-Marne)	1.291	185
Sarraut (Aude)	3.158	196
Dreyt (Hautes-Pyrénées)	1.625	198
Pujade (Pyrénées-Orientales)	452	204
Perchot (Basses-Alpes)	»	213
Andrieu (Tarn)	1.782	250
Sauzet (Ardèche)	»	259
Th. Reinach (Savoie)	522	260
Delcassé (Ariège)	2.221	284
Garat (Basses-Pyrénées)	»	286
Besnard (Indre-et-Loire)	727	291
Drivet (Loire)	»	301
Deléglise (Savoie)	»	308
Razimbaud (Hérault)	5.759	309
Ceccaldi (Aisne)	86	313
Grandjean (Meurthe-et-Moselle)	»	318
Pelisse (Hérault)	55	319
Ch. Dumont (Jura)	936	320
Pédoya (Ariège)	7.505	333
Héritier (Ain)	»	355
Steeg (Seine)	192	358
Bouvier (Nord)	»	385
Long (Drôme)	»	397
Bender (Rhône)	951	406
Renard (Nièvre)	964	412
Chopinet (Oise)	1.404	416
Pelletan (Bouches-du-Rhône)	2.109	424
Bougues (Haute-Garonne)	3.118	434
Tarradé (Haute-Vienne)	1.661	435
Brard (Morbihan)	»	441
Ganault (Aisne)	»	446
Fayssat (Alpes-Maritimes)	»	449
Balitrand (Aveyron)	20	461
Mons (Corrèze)	1.223	470
Cruppi (Haute-Garonne)	1.370	498
Nicolle (Charente-Inférieure)	2.672	504
Godart (Rhône)	1.035	548
Loth (Pas-de-Calais)	»	565
Bureau (Seine-Inférieure)	»	567
Voyer (Charente-Inférieure)	»	575
Bouffandeau (Oise)	329	578

Schneider (Haut-Rhin)	492	582
Dupuy (Tarn-et-Garonne)	»	592
Duffau (Gers)	»	604
Dunaime (Ardennes)	»	607
Lachaud (Corrèze)	1.418	621
Laroche (Sarthe)	377	627
Vian (Seine-et-Oise)	»	631
Couesnon (Aisne)	1.733	643

Socialistes indépendants

	Majorité en	
	1906	1910
Devèze (Gard)	5.270	5
Fournier (Gard)	670	26
Painlevé (Seine)	»	229
Colliard (Rhône)	1.795	288
Grodet (Guyane)	»	289
Laguerre (Vaucluse)	»	354
Tournau (Gers)	»	530
Corcil (Var)	»	581
Augagneur (Rhône)	»	614
Frayssinet (Tarn-et-Garonne)	»	637

Socialistes unifiés

	Majorité en	
	1906	1910
Nectoux (Seine)	»	18
Boulsson (Bouches-du-Rhône)	»	50
Rozier (Seine)	2.289	86
Lhoste (Seine-et-Marne)	»	92
Rouanet (Seine)	2.956	128
Marietton (Rhône)	315	181
Groussier (Seine)	420	203
Vigne (Var)	3.253	238
Colly (Seine)	»	257
Voilin (Seine)	»	281
Vaillant (Seine)	3.062	423
Poulain (Ardennes)	»	451
Manus (Rhône)	»	454
Guesde (Nord)	327	475
Goniaux (Nord)	587	578
Veber (Seine)	2.745	605
Ghesquière (Nord)	1.408	620
Lavaud (Seine)	»	630
Thivrier (Allier)	6.224	677

Elus à la majorité relative

Vingt-cinq députés ont été élus au deuxième tour à la majorité relative.

Réactionnaire. — M. Dubarle (Isère), 6.350 voix contre 6.224 à Chenavaz, dép. sort. rad. soc. et 6.198 à Buisset, soc. u.

Indépendant. — M. Andrieux (Basses-Alpes), 2.926 contre 2.900 à Isoard, dép. sort. soc. ind. et 1.092 à Bron, soc. u.

Progressiste. — M. Dubois (Seine), 5.865 contre 5.516 à Ducos de la Haille, soc. u. et 1.736 à Féron, dép. sort. rad. soc.

Républicain de gauche. — M. Brunet (Dordogne), 8.216 contre 4.842 à Eymery, rad. ind. et 3.904 à Pourteyron, dép. sort. rad.

Radicaux et radicaux-socialistes. — M. Carpot (Sénégal), 1.784 contre 1.531 à Marsat, rad. ind. et 1.344 à Couchard, rad. ind.
M. Chanal (Ain), 5.660 contre 5.013 à Boccard, rad. ind. et 960 à Nicod, soc. u.
M. Guichard (Vaucluse), 5.404 contre 4.763 à des Isnards, réact. et 1.772 à Maigre, soc. u.
M. Manaut (Pyrénées-Orientales), 5.770 contre 5.229 à Deslinières, soc. u. et 1.593 à Bertrand, réact.
M. Naïl (Morbihan), 5.366 contre 4.666 à Guieysse, dép. sort. rad. soc. et 3.889 à Sévène, réact.
M. Python (Puy-de-Dôme), 10.007 contre 7.219 à Vigier, dép. sort. rad. soc. et 4.508 à Giraud, rad. ind.
M. Tavé (Corrèze), 7.473 contre 5.596 à Combastet, rad. ind. et 2.860 à Bussières, rad. ind.
M. Vazeille (Loiret), 8.950 contre 8.205 à Weill, rad. ind. et 3.265 à Proppe, réact.

Socialistes indépendants. — M. Delcluze (Pas-de-Calais), 8.184 contre 4.818 à Degay, soc. u. ; 1.996 à Vincent, rép. de g. et 1.629 à Cadart, réact.
M. Joly (Basses-Alpes), 1.950 contre 1.802 à Peytral, rad. et 950 à Massot, réact.
M. Millerand (Seine), 5.245 contre 4.571 à Péchin, réact. et 919 à Musy, soc. u.
M. Péronnet (Allier), 7.047 contre 6.653 à Desfretières, rad. ind. et 2.368 à Ranc, soc. u.

Socialistes unifiés. — M. Bedouce (Haute-Garonne), 7.694 contre 6.738 à Feuga, rad. soc. et 3.737 à Deffés, réact.

M. Briquet (Pas-de-Calais), 9.521 contre 9.371 à Rose, dép. sort. progr. et 3.977 à Caron, rép. de g.

M. Dufour (Indre), 5.675 contre 4.485 à Guilpin, rép. de g. et 2.392 à Dumont, soc. ind.

M. Meslier (Seine), 7.978 contre 6.870 à Bokanowski, rad. soc. et 1.691 à Gautherot, réact.

M. Nicolas (Aube), 5.299 contre 5.110 à Lacotte et 1.075 à Tollin, rad. ind.

M. Roux-Costadeau (Drôme), 7.985 contre 6.637 à Chalamet, rad. soc. et 4.969 à Bruyère, réact.

M. Sabin (Tarn), 6.964 contre 4.779 à Favarel, rad. soc. et 3.693 à Cavallé, réact.

M. Thomas (Seine), 7.286 contre 5.400 à Chéron, rad. soc. et 2.277 à Daboncourt, réact.

M. Walter (Seine), 8.901 contre 8.458 à Adam, rad. et 676 à Salat, soc. ind.

L'âpreté de la lutte

Cette colonne de chiffres raconte la violence de la lutte dans les circonscriptions et explique le nouvel état d'esprit d'un grand nombre d'électeurs et d'élus.

Combien de députés républicains sortants nourrissaient d'agréables illusions ! Ces honorables escomptaient la fidélité de leur forte majorité précédente ou s'imaginaient avoir gagné des suffrages par la multiplicité des services rendus. Le dépouillement du scrutin a fait écrouler leurs rêves. Les concurrents les serrent du plus près, leur majorité tombe à rien du tout.

D'étranges coalitions se sont nouées qui ont profité à des candidats sans surface ou qui ont failli emporter à la fosse commune des roitelets d'arrondissement.

Une meute d'héritiers avides s'est précipitée à la curée. La légitime augmentation de l'indemnité parlementaire a servi de tremplin à des démagogues qui simulaient le désintéressement pour prendre le mandat et l'argent. On s'est surpassé en surenchère, on a exploité les plus bas instincts et fait appel à toutes les passions de clocher. Jamais le scrutin uninominal n'avait déchaîné à ce point les égoïsmes et les appétits et révélé avec tant de force le péril des maquignonnages et des compromissions.

La plupart des représentants, l'unanimité de nos

comités et fédérations comprennent l'urgence d'y remédier. La conviction et la justice, l'intérêt et la résignation amènent à la réforme électorale un énorme contingent de partisans.

La R. P. protège la majorité

Le scrutin d'arrondissement nous vaut deux catégories particulières d'élus : les élus à une petite majorité absolue et les élus à une majorité relative qui obtiennent le tiers ou moins de la moitié des votants.

Il est évident que le système majoritaire qui aboutit à ce résultat est déplorable. Le député qui représente seul la circonscription manque d'autorité s'il ne réunit que quelques voix de majorité. L'absence ou la maladie d'une douzaine, d'une cinquantaine d'électeurs aurait pu modifier le scrutin et faire passer la majorité de droite à gauche ou inversement. Et, comme avec ce système, la moitié plus un des votants est tout et la moitié moins un rien, le déplacement de quelques centaines de voix dans une centaine de circonscriptions serait de nature à déplacer la majorité au Parlement. Le régime reste en perpétuelle menace et instabilité.

Ce danger s'accroît au scrutin de liste simple. La possession de la moitié plus un des suffrages conférera la totalité des mandats du département et il suffira d'une saute de vent ou d'un défaut d'entente pour décimer la majorité républicaine et paralyser le fonctionnement du gouvernement.

La Représentation Proportionnelle obvie à ces inconvénients. Elle fait à chaque parti sa part et empêche l'un de prendre tout, quand il n'a droit qu'à la moitié. La majorité parlementaire augmentera ou diminuera suivant les variations réelles de l'opinion dans l'ensemble du pays ; pour la renverser, il faudra un mouvement profond et général des esprits.

Le Parti radical et radical-socialiste est celui qui gagnera le plus à ce mode de votation. La Représentation Proportionnelle le libère de la recherche et du joug des appoints et le met à l'abri des coalitions.

La prépondérance des minorités
avec le système majoritaire

Nos contradicteurs n'ont pas même la ressource d'alléguer que le scrutin majoritaire facilite la création, l'autonomie et l'indépendance des majorités ; la réalité dissipe cette fiction.

Dans la majorité des circonscriptions, des citoyens d'une opinion différente et d'un parti opposé forment la majorité de l'élu au scrutin uninominal.

Dans la majorité des circonscriptions, un parti n'obtient la majorité des suffrages qu'en réunissant au premier ou au second tour les voix d'un autre parti. Cette nécessité détermine la tactique électorale et adultère les programmes.

Les candidats sont à la recherche de leur appoint et consentent de fâcheuses concessions pour l'acquérir. Beaucoup biaisent, louvoient, évitent les déclarations catégoriques, se colorent ou se décolorent suivant les circonstances et les milieux. Leur principale préoccupation est de se concilier la fraction voisine, concurrente ou adverse, qui leur procurera la moitié plus une des voix et sans laquelle ils seraient distancés et battus.

Trop souvent, l'élu est à la remorque de cet appoint. La crainte de le perdre et de compromettre sa réélection, dicte sa conduite. Le scrutin de liste simple ne le soustrairait pas à cette dépendance.

Et ce n'est pas un paradoxe de dire qu'avec le système majoritaire l'influence des minorités est prépondérante. Elle est décisive à la nomination du député et elle en inspire généralement le vote à la Chambre.

Pour que le représentant soit et demeure l'homme de son opinion et de son parti, il faut qu'il ne puisse compter que sur les suffrages de son parti. La Représentation Proportionnelle l'y oblige.

Avec la R. P. les individualités ne feront liste, ne se présenteront devant le corps électoral que comme les représentants d'un parti. Le Parti radical et radical-socialiste imposera à tous ses candidats un programme uniforme et précis. Ses élus

n'obtiendront que des suffrages radicaux et radicaux-socialistes et devront rester des radicaux et
radicaux-socialistes pour être réélus. Ce sera la
fin de la compromission des personnes et de la
confusion des doctrines.

La R. P. change la tactique électorale
modifie la politique générale

A cette tactique nouvelle qui dirigera les combats du suffrage universel correspondra une nouvelle orientation que mon rapport au Congrès de
Nancy définit ainsi :

« *Avec le système majoritaire, les partis font la
politique générale de leur politique électorale* ;
c'est-à-dire qu'ils sont tenus constamment à ne
pas mécontenter et à satisfaire l'appoint qui a assuré la nomination de leurs candidats.

« *Avec la R. P. les partis feront la politique électorale de leur politique générale* ; ils ne seront pas
enclins à sacrifier un principe à un appoint dont
ils n'ont pas besoin ; ils seront libres d'éviter ces
deux redoutables écueils, la surenchère et le
recul. »

Le danger des coalitions. — La R. P. le supprime

Les dernières élections législatives ont fait ressortir la fréquence et le danger des coalitions. Des
écrivains et des orateurs ont décompté les suffrages des candidats, une séance du Comité Exécutif
du Parti a été consacrée à cet examen.

Nous avons montré que, dans plus de vingt circonscriptions, les réactionnaires avaient fait élire
le socialiste unifié contre le radical. Les socialistes
unifiés ont répliqué en citant des circonscriptions
où le clérical avait assuré la nomination du radical. Ici, la fraction réactionnaire s'est portée sur
le républicain de gauche ; là, l'appoint socialiste a
donné le siège au réactionnaire. Les radicaux dissidents ont pullulé, les radicaux de rechange nous
ont débordés. Des lamentations et des objurgations
ne nous guériront pas ; le mal exerce ses ravages
au scrutin d'arrondissement qu'il faut abolir pour
nous sauver.

M. Sembat, député socialiste unifié, écrivait le 17 mai dans *l'Humanité* : « La vérité, il faut oser la voir toute crue ! La vérité, c'est que partout où, au second tour, radicaux et socialistes seront en bataille, c'est la réaction cléricale qui fera l'appoint. » Tous les républicains de gauche ont un intérêt majeur à empêcher ce scandale et cette adultération.

Il est intolérable que l'appoint de droite départage les candidats de gauche et fasse élire ceux qui le recueillent. L'abandon de la discipline républicaine généralise cette tactique de déformation.

Les candidats sont tentés de solliciter le concours de la minorité réactionnaire qui leur assure la victoire et ils le paient de concessions partielles, de complaisances, de connivences, d'une dilution de leur programme, d'une défiguration de leur individualité. La volonté de la majorité est faussée, la possession du siège dépend d'une intrigue et d'un calcul.

La manœuvre cléricale est enveloppante et destructive. Elle fait de son effectif l'arbitre des luttes démocratiques et le destine à en être le gagnant. Elle divise les éléments du bloc de gauche et rend leur rapprochement de plus en plus difficile ; elle leur enlève leur personnalité propre et les discrédite. Son jeu de bascule dégrade les convictions et sème la confusion dans les esprits. La majorité républicaine est menacée dans son existence même, dans sa doctrine et dans son organisation.

Il est urgent d'y remédier et, bon gré, mal gré, il faut bien nous convaincre qu'il n'est qu'un remède : le remplacement du scrutin d'arrondissement qui produit ces coalitions et l'établissement de la Représentation Proportionnelle qui les supprime.

Comment pourrions-nous nous plaindre de l'effet, si nous maintenions la cause ? Nous vouerions nos candidats à la défaite, notre Parti à la ruine.

Le barrage du scrutin d'arrondissement

Le scrutin d'arrondissement a fait son temps et épuisé son œuvre. Outil d'apprentissage à l'avènement de la République, instrument de propagande, de combat et de conquête, nous lui devons la solide fondation du régime, la lente adhésion d'une partie timorée de la démocratie rurale, de la petite et de la moyenne bourgeoisie. Cette masse, hésitante et flottante, a choisi pour représentants des républicains de raison et de foi qui vivaient dans son intimité et lui inspiraient confiance par leur situation sociale, leur clientèle, leur influence et leur passé. Elle a adopté ensuite les idées qu'ils incarnaient, au fur et à mesure que se développait la prospérité nationale dans le tranquille fonctionnement de nos institutions.

A cette période de prise de possession et de consolidation a succédé une ère de croissance et de transformation. La République a opéré une série de réformes politiques, scolaires, fiscales, militaires, économiques et sociales, qui ont satisfait les aspirations et les intérêts du plus grand nombre et aboli le prestige et la prépotence des privilégiés de la naissance et de la fortune. Deux obstacles se dressent sur sa route : les fractions du Parti républicain ne s'entendent plus sur l'orientation politique, se querellent, se neutralisent ; le long usage du scrutin uninominal a fait surgir, s'épanouir un particularisme local, un esprit de clocher qui mettent le représentant en servitude.

Pour renverser ce barrage, il faut qu'un large scrutin de liste emporte la cloison étanche de l'arrondissement et renouvelle l'inspiration et l'action des électeurs et des partis ; la Représentation Proportionnelle amortit leur choc et les ramène au souci de l'équité.

Les iniquités du scrutin d'arrondissement en 1910

Je vous ai signalé à Nancy les anomalies du scrutin d'arrondissement, l'absurde découpage des circonscriptions, les inégalités de la base électorale et les injustices qui en découlent : les élections législatives de 1910 ne m'en fourniraient que trop d'exemples, je me borne à quelques-uns.

Dans la Seine, le Parti radical et radical-socialiste passe de 188.699 voix en 1906 à 216.249 en 1910 : il avait 16 députés, il en a 10 ; il gagne 27.250 voix et perd **6 sièges.**

Le parti socialiste unifié passe de 197.579 voix en 1906 à 190.401 en 1910 ; il avait 15 députés, il en a 18 ; il perd 7.178 voix et gagne 3 sièges.

Le bloc de droite passe de 249.236 voix en 1906 à 188.168 en 1910 ; il avait 15 députés, il en a 17 ; il perd 61.068 voix et gagne 2 sièges.

Tel est le résultat, invraisemblable, extravagant, du scrutin uninominal. Notre Parti réalise un gain sensible de suffrages et perd plus du tiers de ses sièges. Avec la Représentation Proportionnelle, il aurait eu 16 sièges au lieu de 10 ; les socialistes unifiés 15 au lieu de 18 ; le bloc de droite 15 au lieu de 17.

J'ajoute que, pour des raisons diverses, le Parti radical et radical-socialiste n'a pas eu de candidat dans 9 circonscriptions de la Seine sur 50. Un contingent assez élevé de suffrages lui a ainsi manqué et lui serait venu au scrutin de liste avec Représentation Proportionnelle. Sa masse électorale aurait été augmentée et lui aurait probablement valu 2 sièges de plus.

Dans le Nord, le Parti radical et radical-socialiste passe de 108.038 voix en 1906 à 116,773 en 1910 ; il avait 7 députés, il en a 9 ; il gagne 8.735 voix et 2 sièges.

Le parti socialiste unifié passe de 105.887 voix en 1906 à 129.198 en 1910 ; il avait 8 députés, il en a 6 ; il gagne 23.311 voix et perd 2 sièges.

Le bloc de droite passe de 180.965 voix en 1906 à 147.325 en 1910 ; il avait 8 députés, il en a 7 : il perd 33.640 voix et 1 siège.

L'iniquité de ce résultat saute aux yeux. Notre Parti gagne deux sièges avec un gain de 8.735 suffrages, tandis que les socialistes unifiés ont deux sièges de moins avec 23.311 voix en plus et que le bloc de droite, qui perd 33.640 voix, ne perd qu'un siège.

Dans l'Eure, les républicains de gauche réunissent 38.932 voix et obtiennent deux sièges, alors que le bloc de droite avec 35.810 voix a quatre sièges. La minorité des électeurs possède les deux tiers des mandats.

Il en est de même, *dans la Manche*, où le bloc de droite a 47.166 voix et 4 sièges, et les républicains de gauche 55.476 voix et 2 sièges seulement.

Dans Maine-et-Loire, 46.351 républicains n'ont qu'un représentant ; 78.249 voix de droite ont 6 députés.

Dans la Charente-Inférieure, les 70.296 suffrages de gauche détiennent les 7 mandats, les 36.909 voix de droite n'ont pas de représentant.

L'injustice est flagrante. Le scrutin d'arrondissement lèse les droits des majorités et des minorités.

Les inconvénients du scrutin de liste simple

« — Votons le scrutin de liste simple, nous disent ses partisans : nous rétablirons la vérité mathématique en proportionnant le nombre des députés au nombre des habitants et nous réaliserons dans chaque département l'unité de la représentation et l'homogénéité des partis. »

Le scrutin de liste simple, plus encore que le scrutin uninominal, confisque les droits de la minorité. La moitié plus un des votants emporte tous les mandats à l'exclusion de la moitié moins un.

La liste sera une juxtaposition d'arrondissements. Chaque arrondissement réclamera son représentant sur la liste, chaque député restera l'homme d'une circonscription avec la même clientèle et les mêmes sujétions.

En cas de vacance d'un siège, la circonscription de l'élu à remplacer demandera impérieusement la succession. La tradition d'arrondissement continuera sous le couvert de la liste.

Un gros obstacle s'élève auquel nous ne saurions trop réfléchir. Une élection partielle s'étendra au département entier et coûtera les yeux de la tête. Notre Parti compte une légion d'hommes de talent, de dévouement et de modeste fortune, nos comités et fédérations disposent de ressources médiocres. Contre le candidat de droite, riche industriel ou grand propriétaire, nos amis seront souvent embarrassés de trouver un candidat qui puisse supporter les frais énormes du scrutin départemental.

La Représentation Proportionnelle qui supprime le ballottage et les élections partielles nous rend un service inestimable.

Le scrutin de liste en 1885

Examinons maintenant les résultats. Le scrutin de liste a fonctionné en 1885, chaque département formait une circonscription. Les souvenirs sont lointains et effacés et il ne sera pas inutile de les remémorer pour en tirer un enseignement.

Au premier tour du 4 octobre 1885, sur les 574 députés de là France, de la Corse et de l'Algérie, 308 ont été nommés, dont 177 réactionnaires et 131 républicains ; soit 266 ballottages.

Les droitiers avaient concentré leurs efforts sur une seule liste, ce qui leur avait permis d'enlever nombre de sièges. Les républicains s'étaient éparpillés sur deux et même trois listes dans divers départements, ce qui avait causé leur insuccès relatif.

Au second tour étaient élus 241 républicains et 25 réactionnaires seulement.

Les colonies ont voté le 11 octobre et nommé 10 députés républicains.

Au total, la Chambre de 1885 comptait 382 républicains et 202 réactionnaires, soit une majorité républicaine de 180 voix.

233 députés républicains sortants ont été réélus et 186 ont été battus.

Les 202 élus réactionnaires comprenaient 65 bonapartistes, 73 monarchistes et 64 cléricaux.

La Chambre nommée en 1881 ne comptait que 94 réactionnaires. Les réactionnaires ont donc gagné 108 sièges aux élections de 1885.

Au premier tour, la réaction a conquis la totalité des mandats dans 20 départements comprenant 148 députés : Ardèche, 6 députés ; Aveyron, 6 ; Calvados, 7 ; Charente, 6 ; Côtes-du-Nord, 9 ; Finistère, 10 ; Gers, 4 ; Indre, 5 ; Landes, 5 ; Loire-Inférieure, 9 ; Maine-et-Loire, 8 ; Manche, 8 ; Mayenne, 5 ; Morbihan, 8 ; Nord, 20 ; Pas-de-Calais, 12 ; Hautes-Pyrénées, 4 ; Tarn-et-Garonne, 4 ; Vendée, 7 ; Vienne, 5.

Les républicains ont obtenu la totalité des mandats dans 14 départements comprenant 73 députés : Ain, 6 ; Allier, 6 ; Dordogne, 8 : Doubs, 5 ; Drôme, 5 ; Hérault, 7 ; Meurthe-et-Moselle, 6 ;

Savoie, 4 ; Haute-Savoie, 4 ; Seine-et-Marne, 5 ; Seine-Inférieure, 12 ; Vosges, 6 ; Alger, 2 ; Constantine, 2.

Au premier tour, les réactionnaires ont présenté une liste dans tous les départements, sauf 5 : Hautes-Alpes, Alpes-Maritimes, Cantal, Corrèze, Oran. Au second tour, ils n'ont pas eu de liste dans quatre de ces départements, et ils en ont présenté une dans la Corrèze, ainsi que dans les 51 autres départements où il y avait des ballottages.

Au second tour, les réactionnaires ont conquis tous les mandats restant en ballottage dans 6 départements qui ont eu une représentation exclusivement réactionnaire : Corse, Lot, Lozère, Oise, Basses-Pyrénées, Haut-Rhin. Soit, avec les résultats du premier tour, 26 départements ayant eu une députation réactionnaire.

Sept départements ont eu une représentation mixte : Charente-Inférieure, Eure, Haute-Garonne, . Orne, Sarthe, Somme, Tarn.

Cinquante-six départements ont eu une représentation entièrement républicaine. J'ai indiqué les quatorze du premier tour ; les quarante-deux autres sont : Aisne, Basses-Alpes, Hautes-Alpes, Alpes-Maritimes, Ardennes, Aube, Aude, Bouches-du-Rhône, Cantal, Cher, Corrèze, Côte-d'Or, Creuse, Eure-et-Loir, Gard, Gironde, Ille-et-Vilaine, Indre-et-Loire, Isère, Jura, Loir-et-Chèr, Loire, Haute-Loire, Loiret, Lot-et-Garonne, Marne, Haute-Marne, Meuse, Nièvre, Puy-de-Dôme, Pyrénées-Orientales, Rhône, Haute-Saône, Saône-et-Loire, Seine, Seine-et-Oise, Deux-Sèvres, Var, Vaucluse. Haute-Vienne, Yonne, Oran.

Les indications du Scrutin de Liste

Il est incontestable que la situation n'est plus la même qu'en 1885. La République a conquis la majorité dans des départements où elle était alors en minorité, l'opposition inconstitutionelle est découragée et sans crédit. Mais n'en concluons pas imprudemment que nous devons désarmer et que la victoire serait aisée et éclatante : le parti clérical reste puissant et les divisions des républicains de gauche sont plus profondes qu'il y a vingt-cinq ans.

Ne nous fions pas aux apparences. N'affirmons pas *a priori* que, parce que nous avons, dans un département, la presque totalité ou la majorité des sièges au scrutin d'arrondissement, nous aurons la totalité au scrutin de liste simple. On a tenu ce raisonnement en 1885 et on a expié l'erreur.

La Mayenne a élu 5 réactionnaires par 41.000 voix contre 31.000 aux républicains qui perdent 4 sièges.

Finistère : 10 réactionnaires élus par 61.500 voix contre 58.000 aux républicains qui perdent 7 sièges.

Calvados : 7 réactionnaires élus par 53.000 voix contre 35.000 aux républicains qui perdent 4 sièges.

Manche : 8 réactionnaires élus par 59.500 voix contre 53.000 aux républicains qui perdent 6 sièges.

Pas-de-Calais : 12 réactionnaires élus par 101.000 voix contre 75.000 aux républicains qui perdent 7 sièges.

Nord : 20 réactionnaires élus par 164.000 voix contre 128.000 aux républicains qui perdent 13 sièges.

Ardèche : 6 réactionnaires élus par 45.000 voix contre 41.000 aux républicains qui perdent 5 sièges.

Indre : 5 réactionnaires élus par 35.000 voix contre 33.000 aux républicains qui perdent 3 sièges.

Aveyron : 6 réactionanirés élus par 53.000 voix contre 40.000 aux républicains qui perdent 5 sièges.

Vienne : 5 réactionnaires élus par 42.000 voix contre 39.000 aux républicains qui perdent 3 sièges.

Hautes-Pyrénées : 4 réactionnaires élus par 30.000 voix contre 19.000 aux républicains qui perdent 3 sièges.

Basses-Pyrénées : 6 réactionnaires élus par 45.000 voix contre 40.000 aux républicains qui perdent 4 sièges.

Tarn-et-Garonne : 4 réactionnaires élus par 31.000 voix contre 28.000 aux républicains qui perdent 3 sièges.

Landes : 5 réactionanires élus par 37.000 voix contre 33.000 aux républicains qui perdent 4 sièges.

La R. P. respecte les droits des minorités écrasées au Scrutin de Liste

Ces chiffres ont leur éloquence. Les républicains peuvent-ils accepter d'être privés de toute représentation dans un département ou une vaste région ? L'équité et la solidarité le leur interdisent.

Le scrutin de liste simple dépouille, écrase les minorités. A consulter simplement les élections de 1910, nous perdrions en un jour le bénéfice de quarante années de lutte dans la Loire-Inférieure, le Maine-et-Loire, le Morbihan, le Calvados, la Vienne, etc... Les minorités républicaines n'auraient pas de représentants dans les départements où elles en ont le plus besoin et où elles montrent un courage et une abnégation héroïques. La République se conduirait en marâtre à leur égard : le scrutin de liste simple serait un acte de noire ingratitude et une faute politique inexcusable.

La Représentation Proportionnelle empêche cette iniquité. Elle assure à nos minorités de l'Ouest et d'ailleurs leur part de représentation ; elle les protège et les stimule.

Mais ce qui est bon et juste pour les uns est bon et juste pour les autres. Les minorités de droite et d'extrême-gauche se composent de citoyens français comme nous, assujettis aux mêmes devoirs et possédant les mêmes droits que nous : la Représentation Proportionnelle leur donnera leurs représentants comme elle les donnera aux minorités radicales et radicales-socialistes. La Représentation Proportionnelle, c'est la justice pour tous.

La résistance des intérêts particuliers

Les égoïsmes opposent une résistance tenace.

Des députés et des candidats tiennent un raisonnement très humain. Voici un département dont la représentation est exclusivement radicale et radicale-socialiste. La Représentation Proportionnelle éliminera un de ces députés. Chacun d'eux pense : « Ce sera peut-être moi », et n'est pas tenté de courir cet aléa.

Ailleurs, un candidat a jeté son dévolu sur une circonscription où il croit avoir des chances de l'emporter. Sa sympathie n'est pas acquise à la Représentation Proportionnelle, qui dérange ses desseins.

Nous nous trouvons ainsi placés dans cette situation anormale, absurde : l'intérêt du Parti radical et radical-socialiste est d'obtenir la Représentation Proportionnelle, qui conservera sûrement et augmentera probablement le nombre de ses représentants et les maintiendra longtemps au gouvernement ; l'intérêt de députés et de candidats du Parti est de repousser ce mode de votation, qui rendrait leur réélection ou leur élection problématique.

Notre choix ne saurait être douteux. Nous ne devons considérer les choses qu'au point de vue de la justice et de l'intérêt général. La Représentation Proportionnelle sauvegarde, avantage notre Parti, nous apporte garantie et sécurité. N'hésitons pas à l'établir.

La Représentation Proportionnelle met nos députés à l'abri des coalitions qui les ramèneraient au néant.

La Représentation Proportionnelle soustrait nos candidats à la nécessité de contracter des alliances qui font disparaître l'intégrité des programmes et la dignité des partis.

La Représentation Proportionnelle fait à chacun sa part équitable. Votons la réforme.

La R. P. n'affaiblit pas la majorité républicaine

Les préjugés se hérissent et murmurent : « La Représentation Proportionnelle « affaiblira la ma- « jorité républicaine » ; elle « renforcera les « extrêmes » et sera « un saut dans l'inconnu. »

Ces clichés impressionnent les militants républicains qui redoutent une aventure électorale et une diminution de leur Parti. Ces formules alarmistes sont inventées pour la circonstances, ne reposent sur rien ; leurs auteurs seraient fort embarrassés de les justifier.

Les radicaux et radicaux-socialistes qui condamnent la Représentation Proportionnelle, parce qu'elle réduirait le nombre de leurs députés, condamnent, du même coup, leur Parti. Ou notre majorité est factice et illusoire, et notre possession est illégitime ; ou notre majorité est l'expression du Suffrage Universel, et nous n'avons rien à craindre de la Représentation Proportionnelle, qui inscrit au bilan de chaque parti les suffrages du parti et répartit les sièges entre les candidats en proportion de leur chiffre de voix.

Le Français non inférieur aux autres peuples

Faut-il s'attarder à cet autre reproche des anti-proportionnalistes : — « Les opérations et les résultats du vote déconcerteront le Suffrage Universel qui est simpliste. L'électeur ne comprendra pas qu'on proclame élu un candidat ayant obtenu moins de voix qu'un non élu d'une autre liste. »

Le Belge, le Suisse, le Finnois, l'Argentin comprennent très bien ; le Français fera comme eux. Il me paraît plus que téméraire de célébrer la supériorité du Flamand et du Finnois sur le Gascon et le Normand. Nos paysans et nos ouvriers sauront aussi aisément pratiquer la R. P. qu'en Belgique, où elle est encore compliquée du vote plural, et qu'en Finlande, où le tsar y a ajouté l'électoral et l'éligibilité de la femme.

Ces peuples étrangers admettent que la moitié plus un des votants ne désigne pas tous les représentants, et que la minorité ait sa part. Nos concitoyens ne possèdent pas une mentalité inférieure et ne répudient pas la notion d'équité.

La R. P. préconisée par les meilleurs républicains

Les adversaires de la réforme la combattent par cet autre argument : — « La R. P. est d'origine cléricale et les réactionnaires la prônent pour diviser les républicains ». C'est une erreur. Des libres penseurs illustres ont, les premiers, étudié et recommandé la Représentation Proportionnelle qui a été propagée en France par les meilleurs républicains.

Mirabeau a formulé, en ces termes, à la Constituante, l'idée de justice : « Les assemblées représentatives doivent contenir tous les éléments du pays avec leur proportion, sans que les éléments les plus considérables puissent faire disparaître les moindres ».

Condorcet a posé le problème et entrevu la solution. Victor Considérant a préconisé la Représentation Proportionnelle dans sa Lettre mémorable au Grand Conseil constituant de Genève, en 1846. Edgard Quinet lui a prêté l'appui de sa haute autorité ; Louis Blanc a été son ardent propagateur et écrivait en 1864 : « J'admire ceux qui définissent le régime absolu de la majorité, gouvernement du peuple par lui-même, et qui, cela fait, se croient de grands démocrates... Prétendra-t-on qu'il suffit d'une voix de différence pour que l'une des fractions soit le peuple et que l'autre soit le « néant ? »

M. Cantagrel, député radical-socialiste de Paris, proscrit de l'Empire, a été le défenseur opiniâtre de la Proportionnelle, et c'est M. Courmeaux, également proscrit de l'Empire, député radical-socialiste de la Marne, qui a proposé en 1885, à la Chambre, d'établir le scrutin de liste avec représentation proportionnelle ; son amendement rallia 58 députés, parmi lesquels MM. Barodet, Anatole de la Forge, Duportal, Cantagrel, Franconie, Leydet, Gagneur, Beauquier, etc... de l'Extrême-Gauche. Mais c'est à la franc-maçonnerie française que revient surtout l'honneur d'avoir été l'initiatrice et l'éducatrice de ce pays.

Dès 1881, des Loges de province ont entrepris, en faveur de la Représentation Proportionnelle, une vigoureuse propagande qui a été poursuivie activement dans les divers ateliers. La Loge de Montpellier en 1896, le Congrès des Loges du Midi à Montpellier en 1897, le Congrès des Loges du Sud-Ouest à Toulouse et le Congrès des Loges de la Région Parisienne en 1898 ont demandé l'élection de la Chambre au scrutin de liste avec Représentation Proportionnelle.

Puis, au Convent de septembre 1898, après un débat approfondi, l'assemblée générale des Loges du Grand-Orient de France a voté à l'unanimité un ordre du jour fortement motivé en faveur de la

Représentation Proportionnelle. En voici le dernier paragraphe : « Le Convent du Grand-Orient de France déclare que l'application du principe de proportionnelle en matière électorale doit être mis en tête de tous les programmes de réformes républicaines ».

A l'unanimité également, et après une discussion complète, le Convent maçonnique de 1906 a voté le même ordre du jour. Telles sont les origines de la Représentation Proportionnelle en France. L'initiative est venue des assemblées de la franc-maçonnrie qui se composent des hommes les plus détachés des préjugés confessionnels, les plus imbus de l'esprit laïque, les plus fermes dans leurs convictions républicaines.

Stuart Mill en Angleterre, Paul Janson en Belgique se sont fait les théoriciens de la Représentation Proportionnelle, dont Stuart Mill a défini ainsi le principe : « Homme pour homme, la minorité doit être représentée aussi exactement que la majorité ».

L'idée a fait du chemin dans le monde. La Représentation Proportionnelle fonctionne, sous des formes diverses, en Belgique, en Suisse, en Danemark, en Suède, en Finlande, au Wurtemberg, en Bavière, dans certains Etats de l'Union américaine, en Argentine, au Chili, etc... Un groupe important de parlementaires anglais et de députés italiens propose de l'introduire dans leur pays. Elle apparaît aux meilleurs esprits comme le seul mode capable d'arbitrer les partis et de trancher les conflits électoraux. Elle a fait, dans les rangs radicaux et radicaux-socialistes de la France, une multitude de recrues nouvelles.

La R. P. nécessaire à l'entente des partis de gauche

Nous supplions tous nos amis politiques de bien se rendre compte de l'évolution de la démocratie, des difficultés et des dangers de la situation actuelle. Le progrès n'est réalisable que dans la légalité et par l'entente des républicains de gauche : le système majoritaire du scrutin uninominal ou du scrutin de liste simple brise leur accord.

La moitié, plus un, possédant tous les mandats et la moitié, moins un, n'en obtenant aucun, il s'agit, avant tout de conquérir cette voix en plus. La préoccupation de l'emporter fait taire les scrupules, justifie les équivoques, et les partis emploient des procédés dolosifs pour écraser les concurrents.

Les anciens frères d'armes se dévorent aujourd'hui au scrutin d'arrondissement, et se déchireraient demain au scrutin de liste simple. Comme au scrutin majoritaire, la majorité seule existe, et être en minorité d'une voix, c'est ne pas être. la lutte revêt un caractère d'atrocité au premier tour et continue implacable au ballottage. Le fossé se creuse ainsi entre rivaux et particulièrement entre radicaux et socialistes. La fusillade de la bataille a sa répercussion au Parlement, où les adversaires d'hier apportent les ressentiments du combat sans merci de la veille, et savent qu'ils s'entr'égorgeront au prochain renouvellement.

La Représentation Proportionnelle, qui accorde à chaque parti sa part de représentation, apaiserait la fureur des combattants. Elle concilie leur intérêt électoral et favorise leur action parlementaire commune pour le vote des réformes.

La Représentation Proportionnelle satisfait ainsi à la volonté de la démocratie, dont les enfants pourront poursuivre la réalisation méthodique d'une politique claire et grande. Elle unit et pacifie ; elle sert de barrière et de frein à des forces que le scrutin majoritaire entre-choque et annihile. Sans elle, les républicains de gauche consommeront le fratricide et manqueront à leur tâche.

Autres avantages de la R. P.

Mon rapport au Congrès de Nancy vous a exposé les autres avantages de la Représentation Proportionnelle ; il me suffira de rappeler l'entête des chapitres pour résumer les bienfaits du système :

« La Libération par la R. P. » ; « La R. P.

est le scrutin moralisateur » ; « Les injustices ne constituent pas la Justice » ; « La cohésion des partis par la R. P. » ; « La R. P. et l'organisation des partis » ; « La R. P., c'est la sécurité » ; « La R. P. diminue les abstentions » ; « L'exclusion des minorités » ; « Les minorités fortes dans l'intérêt général » ; « La R. P. facilite les réformes » ; « La R. P. stimule la propagande » ; « La R. P. désagrège le bloc de droite »; « La R. P. évite une aventure et un désastre » ; « La R. P., c'est l'exercice de la souveraineté nationale ».

La R. P. est la condition de la réforme administrative et de la réforme judiciaire

Tout le monde demande des économies, des réformes, la suppression des emplois inutiles et une large décentralisation ; mais on met encore plus de zèle à les empêcher. La Chambre a voté des motions de principe enjoignant de faire disparaître les sous-préfets, les petits tribunaux, un certain nombre de percepteurs et de receveurs d'enregistrement. Dès qu'un ministre a fait mine de prendre ces propositions au sérieux, les députés qui s'y étaient associés l'ont harcelé, assailli, assiégé, menacé. Chacun d'eux offrait généreusement de commencer par un autre département et ne tolérait pas pareille mesure dans le sien.

Il est advenu ce que vous savez. Les ministres n'aiment guère augmenter la variété de leurs ennuis et la collection de leurs ennemis. Les auteurs et les votants ne tenant aucun compte de leurs « projets de résolution », nos gouvernants en ont montré le même souci. Et c'est ainsi que nous conservons un tas de fonctions qui grèvent le budget et multiplient la paperasserie officielle.

L'obstacle, c'est le scrutin d'arrondissement, qui développe l'esprit de clocher et déchaîne l'intérêt privé. Avec ce système, la notion d'intérêt général disparaît. Notre pays garde un appareil administratif, judiciaire et fiscal qui ne répond plus aux conditions de la vie économique et sociale. Nous répétons à l'envi que nous suivons la loi du progrès et nous restons emprisonnés dans le vieux moule coulé par le Premier Consul.

Nos représentants n'auront la faculté de rénover que si un scrutin plus large les émancipe. Le scrutin d'arrondissement fausse l'esprit public. Le député devient de plus en plus le chargé d'affaires privées de ses électeurs, un démarcheur qui emploie une bonne partie de la journée à une besogne de solliciteur et de commissionnaire. Nous proposons de l'affranchir par la réforme électorale qui permettra d'opérer la réforme administrative et la réforme judiciaire.

En avril dernier, le « groupe républicain parlementaire de la réforme électorale et de la réforme administrative », présidé par M. F. Buisson, et composé de partisans du scrutin de liste avec ou sans représentation proportionnelle, a formulé en ces termes son programme, auquel votre commission donne un entier assentiment :

Une réfection complète de l'organisation administrative de ce pays s'impose, comme la condition nécessaire d'une politique méthodique d'économies budgétaires.

Il faut briser la centralisation bureaucratique, legs de l'empire, incompatible avec les institutions de la démocratie.

Il faut simplifier les rouages de la plupart de nos services publics, rendre aux assemblées locales, communales, départementales, non pas l'indépendance absolue qu'elles ne réclament point, mais le droit de régler elles-mêmes ce nombre considérable de questions dont elles sont les meilleurs juges, et que l'intervention du pouvoir central, pour l'exercice apparent d'une tutelle de pure forme, surcharge inutilement d'onéreuses complications.

Il faut donner par la loi aux fonctionnaires un statut qui reconnaisse franchement leurs droits individuels et corporatifs en fixant leurs obligations professionnelles, un statut qui les mette à l'abri de l'arbitraire administratif et de l'arbitraire politique.

Il faut réformer profondément notre organisation judiciaire, assurer une administration de la justice plus rapide et moins coûteuse, et en garantissant la pleine indépendance du magistrat, réaliser cette séparation des pouvoirs placée par la Révolution française à la base même des gouvernements libres.

De si profondes réformes organiques dans un pays de suffrage universel peuvent-elles se faire tant que le scrutin d'arrondissement y opposera une sorte d'impossibilité morale ? L'étroitesse du cadre, l'influence excessive des intérêts particuliers empêchent trop souvent les électeurs et les élus de s'élever librement à de hautes considérations de politique générale.

Il est donc nécessaire de restituer à la lutte électorale le plein caractère d'une lutte d'idées politiques. Il faut élargir le scrutin pour élargir le programme.

Oui, il faut élargir le scrutin pour élargir le programme et il faut remplacer le scrutin d'arrondissement par le scrutin de liste pour réaliser la réforme administrative et la réforme judiciaire inscrites au programme de notre Parti. Mais il faut corriger la brutalité et l'injustice du scrutin de liste par la Représentation Proportionnelle, sans laquelle notre Parti irait à une aventure électorale.

Les périls du scrutin de liste simple

La République a subi l'assaut ininterrompu de la réaction. Aux élections de 1876, de 1877, de 1885, de 1889, de 1902, elle a résisté au Vingt-quatre Mai, au Seize-Mai, au cléricalisme, au boulangisme, au nationalisme. Sa vie n'a été qu'un long combat pour l'existence. Tous les hommes de droite votaient pour la supprimer, tous les hommes de gauche pour la conserver.

Le système majoritaire, qui remet le choix du représentant à la moitié plus un, et l'enlève à la moitié moins un, imposait aux partis une sévère discipline. Il s'agissait d'avoir, dans chaque circonscription, cette voix en plus de qui dépendait la nomination du député et peut-être le maintien du régime. Les républicains sonnaient au drapeau au second tour, se comptaient sur le nom d'un seul candidat ; l'appel était entendu, la majorité acquise, la République sauvée du danger.

Les conditions du renouvellement de la Chambre ont changé. Le principe des institutions est incontesté. Une infime minorité caresse le rêve de restaurer l'Empire ou la Royauté. La lutte est engagée pour l'organisation politique et sociale et l'accord des éléments de gauche a cessé pour cette nouvelle action. Leurs divisions deviennent si profondes que la vieille méthode de concentration au ballottage, qui leur a valu tant de victoires, est délaissée. Nous l'avons appris à nos dépens, il y a quatre mois.

Le bloc de gauche comprenait trois éléments : l'Alliance républicaine démocratique, le Parti radical et radical-socialiste, le Parti socialiste. Leur union au second tour faisait leur force, garantissait leur succès. Ce temps n'est plus. L'Alliance républicaine démocratique refuse son concours aux collectivistes. Le parti socialiste unifié nous a signifié qu'il reprenait sa liberté d'action et n'entendait consulter que ses propres intérêts. Le bloc de gauche est tombé en poussière et sa chute entraîne la disparition du scrutin d'arrondissement et du scrutin de liste simple.

Le système majoritaire ne pourrait être conservé qu'à la condition formelle, absolue, que les trois éléments constitutifs de la majorité continueraient à observer la discipline républicaine. La méconaissance de cette règle emporte à la dérive un principe. La nécessité, plus forte que toutes les théories, nous oblige à remplacer un mode de scrutin qui n'assure plus la nomination de nos candidats, et à en chercher un autre qui nous apporte la sécurité. Avec le scrutin uninominal ou le scrutin de liste simple, nous avons besoin d'un appoint, et comme cet appoint est hypothétique, nous sommes contraints d'adopter la Représentation Proportionnelle qui nous dispense d'y recourir.

Les partisans du scrutin de liste simple espèrent conjurer le danger en sectionnant les grands départements en tranches qui éliraient chacune sept à huit députés. C'est chimérique.

Nos amis ne modifieront pas la tactique des autres partis. L'Action libérale, le Parti progressiste, le Parti socialiste unifié ne cesseront pas de réclamer la Représentation Proportionnelle. L'Action libérale et le Parti progressiste continueront à en faire la base et l'objet d'une coalition qui sera plus dangereuse au scrutin de liste simple qu'au scrutin d'arrondissement. Voyons, par exemple, ce qui se passerait dans la Seine.

La Seine a cinquante députés. D'après les élections de 1910, on y compte 216.000 radicaux et radicaux-socialistes, 197.000 socialistes unifiés

188.000 progressistes, nationalistes et cléricaux. Etablissons 8 sections. Dans l'une, la majorité absolue appartiendra à la droite, dans une autre aux socialistes unifiés. Dans les six autres, il y aura ballottage, et les partis se trouveront à peu près dans les proportions suivantes : 28.000 radicaux et radicaux-socialistes, 20.000 socialistes unifiés. 16.000 réactionnaires.

Au second tour, les socialistes unifiés et les réactionnaires, nous tiendront ce langage : — « Les 28.000 radicaux ne sauraient avoir la prétention d'accaparer tous les mandats, à l'exclusion des 20.000 socialistes et des 16.000 droitiers qui ont réuni ensemble 36.000 suffrages. Nous proposons aux radicaux d'appliquer la justice et de partager les mandats selon la volonté des électeurs ; nous les invitons à faire une liste de Représentation Proportionnelle ».

Si notre Parti refuse, on trouvera des radicaux de réchange, pour accepter avec empressement l'offre. Ou bien, on s'en passera, et on dressera une liste de coalition qui aura bien des chances de l'emporter.

Ce sera la même situation dans d'autres départements, où la même opération sera accomplie. On aura beau tourner et retourner la question : le scrutin de liste, sans la Proportionnelle, ne nous offre qu'incertitude et péril.

L'intérêt évident, majeur, du Parti radical et radical-socialiste est de mettre les chances de son côté et de ne pas laisser ses candidats à la merci du hasard. Seule, la Représentation Proportionnelle nous dispense de recourir à qui que ce soit, protège notre doctrine, garantit notre indépendance, fonde notre sécurité. Ses adversaires sont incapables de dire comment, sans elle, nous nous tirerons honorablement d'affaire.

Une prompte résolution est indispensable

Entre les divers procédés de Représentation Proportionnelle, nous n'avons que l'embarras du choix. Il serait oiseux d'en discuter maintenant les détails : avant de passer au crible les modes d'application, mettons-nous d'accord sur le principe.

Le législateur établira un projet de loi et saura corriger les imperfections que révèle le fonctionnement du système à l'étranger, par exemple la création de petites circonscriptions. Bornons-nous à spécifier que ce projet devra « *conserver à la majorité la force indispensable pour gouverner* » et « *donner aux minorités leur part légitime de représentation et de contrôle* ».

Disons ensuite qu'il est de l'intérêt public que le projet de loi soit voté à bref délai. Le fonctionnement du scrutin de liste avec Représentation Proportionnelle exige une préparation minutieuse des opérations de vote et une formation méthodique des groupements.

Ajoutons que le Parlement doit en même temps édicter les mesures propres à assurer la liberté et la sincérité du vote, à réglementer l'affichage, à restreindre les dépenses électorales, à réprimer la corruption. Nos congrès ont réclamé ces garanties avec persévérance et le suffrage universel les attend depuis trop longtemps.

La R. P. instrument de progrès et de pacification

L'action collective est la forme supérieure de la vie individuelle et sociale et elle s'impose aux citoyens comme aux nations. Les associations et syndicats la réalisent dans l'ordre économique, la Représentation Proportionnelle la réalisera dans l'ordre politique.

La Représentation Proportionnelle fait succéder le groupement à l'éparpillement des hommes, la clarté à la confusion des principes, et élève la lutte des partis et la concurrence des doctrines. Le parti qui gagnera le plus en nombre, en cohésion, en discipline et solidarité, sera le Parti radical et radical-socialiste, et il en a grand besoin.

Nous ne verrons plus figurer à l'actif nominal de notre Parti ni des représentants qui lui refusent leur adhésion officielle, ni des radicaux d'occasion qui prennent abusivement notre étiquette.

Pour être le candidat et l'élu du Parti, il faudra

lui appartenir, avoir été régulièrement désigné par lui, après avoir signé son programme, s'être engagé à accepter sa discipline et à servir sa propagande.

Avec la Représentation Proportionnelle, dont l'application s'étend à la région ou à un vaste département, l'idée domine la personne, le parti se substitue à la clientèle. Le député échappe à la servitude de l'intérêt local, à l'étreinte du potentat de clocher, est restitué à son rôle de défenseur d'une doctrine, à sa fonction de représentant de la Nation.

La Représentation Proportionnelle fera surgir un nouveau personnel politique et déterminera une nouvelle orientation de la politique générale. Par elle, nous obtiendrons l'établissement d'un gouvernement stable, la constitution normale des partis, le triomphe de la tolérance et de la liberté.

La Représentation Proportionnelle associera tous les citoyens français à l'exercice réel de la souveraineté nationale, et elle assurera le gouvernement du peuple par tout le peuple également représenté.

En conséquence, j'ai l'honneur de vous proposer la motion suivante :

« Le Congrès du Parti radical et radical-socialiste siégeant à Rouen émet le vœu que la Chambre discute prochainement la Réforme électorale et remplace le scrutin d'arrondissement par le scrutin de liste avec Représentation Proportionnelle ».

Rapport présenté par M. Bouillard au nom de la « Commission de la Réforme électorale » du Comité Exécutif du Parti.

I. — Le vote. — Il doit être libre

Citoyens,

La réforme électorale est une question qui, non seulement s'impose aux méditations des citoyens, mais qui exige une prompte solution. Le vote, en effet, est le seul moyen qu'ait le peuple d'exercer sa souveraineté, puisque aussi bien, dans nos modernes démocraties, les lois ne peuvent plus se faire sur la place publique et les magistrats chargés de gouverner ne sauraient être désignés par l'acclamation populaire, comme jadis sur l'*agora* des petites républiques de la Grèce ou sur le *Forum* tumultueux des Romains.

Les diverses constitutions des pays libres ont, avec plus ou moins de sagesse, organisé, au moins dans ses grandes lignes, la représentation du véritable souverain, le peuple. Des lois particulières ont, dans chaque contrée, fixé les règles qui doivent présider aux consultations du corps électoral. Ces lois ne sont pas immuables ; leur application peut révéler des imperfections que l'électeur doit s'efforcer de corriger afin d'entourer de garanties toujours plus grandes les manifestations de la volonté souveraine. « Une représentation nationale « imparfaite, disait Mme de Staël, n'est qu'un « instrument de plus pour la tyrannie. » Les dix-huit années du régime qui s'est effondré à Sedan ont cruellement justifié l'affirmation de la fille de Necker.

Sans doute, il serait contraire à la vérité de prétendre que les pratiques électorales de l'Empire ont survécu au régime ; nous laissons ces accusations sans fondement aux éternels ennemis de la démocratie. Ceux-ci nous ont montré, au *Seize-Mai*, alors qu'ils détenaient le pouvoir, de quelles attentions respectueuses ils entouraient le suffrage universel. Mais il faut convenir que, si le Gouvernement de la République se garde avec un soin jaloux de peser sur le vote de l'électeur, d'autres puissances, territoriales ou d'argent, n'hésitent pas à supprimer en fait la liberté du citoyen. Des actes de pression, véritablement scandaleux, sont trop souvent commis dans les petites communes, où les opinions de chacun arrivent parfois à être connues et où les partisans des institutions établies sont impitoyablement boycottés ou privés de travail par le hobereau propriétaire du sol ou, spectacle plus affligeant, par le gros industriel, oublieux de ses origines. Des lois destinées à sauvegarder l'indépendance de l'électeur sont soumises au Parlement et depuis dix ans font la navette entre le Sénat et la Chambre : nul doute que nos amis des deux assemblées ne jugent urgent de donner enfin au pays les satisfactions qu'il attend.

II. — Le scrutin uninominal. — Ses services

Ces entreprises contre la souveraineté du peuple, ces tentatives de subordination du suffrage universel aux intérêts, aux passions, même aux caprices de quelques privilégiés sont singulièrement favorisées par le mode de votation en usage aujourd'hui. Les circonscriptions trop étroites facilitent la pression audacieuse des gros terriens et les abus de pouvoir patronaux.

Certes, si l'on méconnaissait les signalés services que les trois dernières législatures, pour ne parler que de celles-ci, ont rendus à la République, je serais l'un des premiers à m'indigner contre cette criante injustice. Il n'est pas un citoyen qui ne rende hommage aux parlementaires à qui la France est redevable des lois sur les Associations, sur le Recrutement de l'Armée, sur la Séparation des Eglises et de l'Etat, sur la Dévolution des biens d'Eglises, et des nombreuses lois sociales qui, toutes, apportant des améliorations au sort de nos concitoyens les moins favorisés, ont affirmé la constante sollicitude de notre Parti pour ceux dont l'existence est difficile, notre amour éclairé pour le peuple, à qui chacun de nous, du plus humble au plus illustre, consacre chaque jour toutes les forces de son esprit, toute l'énergie de son cerveau. Nous nous acheminons ainsi d'un pas assuré, sans jamais craindre d'être ramenés en arrière, de progrès en progrès, vers le but que Ledru-Rollin assignait au suffrage universel, à savoir, la transformation sociale. Certains politiciens, spéculant sur les situations malheureuses et sur la crédulité publique prétendent pouvoir réaliser, comme d'un coup de baguette magique, cette transformation, sans qu'ils soient jamais parvenus à esquisser, même dans ses grandes lignes seulement, l'organisation de leur société future.

Il est bien évident que, dans l'accomplissement de leur tâche, Gouvernements et Parlementaires ont été soutenus par l'opinion — édifier sans son appui serait bâtir sur le sable — mais cette œuvre généreuse et patriotique ne fait pas moins le plus grand honneur à ceux qui en ont été les artisans.

III. — Ses imperfections. — Ses dangers

Ce nécessaire et légitime tribut étant rendu aux dernières majorités radicales, n'avons-nous pas le devoir d'examiner si l'instrument de vote qui a servi jusqu'ici répond aux besoins de notre grande démocratie, si cet émiettement de la représentation nationale n'est pas préjudiciable aux intérêts généraux du pays ?

Evidemment, chaque député a le sentiment très net qu'il a charge des intérêts de la France entière, et il se promet, en arrivant au Palais-Bourbon, de se consacrer intégralement à ses besoins. Mais pourrait-on affirmer que, dans l'arrondissement d'où il vient, tous les électeurs ont cette conception du mandat qu'ils ont confié ? Tout d'abord, et peut-être même pour un trop grand nombre, l'élu se doit à la défense des intérêts immédiats de sa circonscription. Toutes affaires cessantes, il devra faire modifier le tracé d'un chemin de fer en construction, exiger l'établissement d'une gare non prévue, obtenir la création de bureaux de poste, la rectification d'une route, l'édification d'une école, d'un collège, d'un lycée, avec subvention de l'Etat, bien entendu ; il devra réclamer, avec insistance, ici l'installation, là le déplacement d'un bureau d'enregistrement, etc., etc...

Et alors, commence l'odyssée de l'élu : il court, sur les deux rives de la Seine, dans tous les ministères, perd son temps dans les antichambres, expose au ministre, très attentif, mais excédé, pourquoi les électeurs de tel canton repoussent ce que réclament ceux de tel autre canton ; il donne les raisons — toujours excellentes, qui en douterait ? — de ses préférences, à lui, député. Muni d'une promesse d'examen bienveillant, il repart vers un autre ministère. Sa matinée se passe en courses, en attentes.

Il rentre harassé. Les lettres pleuvent sur son bureau. Quelques-unes lui rappellent les questions d'ordre général qui déjà ont fait ou qui feront demain l'objet de ses démarches, mais le plus grand nombre entretiennent l'élu des affaires personnelles de celui qui écrit. C'est un fonctionnaire, un employé qui demande de l'avancement, un changement ; c'est un candidat qui sollicite l'appui de M. le Député, qui ne peut ignorer le dévouement de tous les membres de la famille ; c'est une plainte contre un agent qu'il faut à tout prix tout au moins déplacer, parfois même révoquer, et l'électeur influent reviendra à la charge cinq fois, dix fois. Et le malheureux député, pour le plus grand préjudice de notre Parti, assumera la responsabilité de toutes les injustices commises dans l'arrondissement, dont on prétend qu'il soit le maître. Cette lettre, à orthographe indépendante, réclame pour son auteur les palmes académiques ; cette autre confie au député le grand désir d'un électeur, tout à fait étranger aux choses de l'agriculture, de pouvoir parer sa boutonnière du ruban vert à lisérés rouges. Bourses, faveurs de toutes sortes, le . député devra s'entremettre pour les faire obtenir.

Il y a plus, certains électeurs, sans souci de la dignité de l'élu, le transforment en simple commissionnaire et, chose plus lamentable, des députés se résignent à ce rôle. Je n'invente rien. Un journal de la banlieue parisienne publiait, en première page et en gros caractères, le 21 juillet 1910, la note suivante :

« M. (*ici le nom du député*) a reçu de nombreu-
« ses demandes de cartes pour la Revue du 14
« Juillet. Malgré plusieurs démarches au Ministère
« de la Guerre et bien qu'ayant fortement insisté...
« ... il ne lui a été attribué que trois cartes. Dans
« la circonstance, bien qu'ayant fait tout son pos-
« sible, il regrette de n'avoir pu donner satisfac-
« tion aux personnes qui s'étaient adressées à lui. »

J'ai respecté le texte de cet avis, dû à la plume d'un publiciste français qu'on m'assure être distingué, mais j'ai peine à croire cette publicité très

heureuse, nos adversaires en ayant pris prétexte
pour tourner en ridicule ce législateur qui s'imposait pareille besogne.

Et pendant que les élus se dépensent en courses, en démarches, pendant qu'ils lisent leurs
lettres innombrables, pendant qu'ils répondent à
leurs correspondants ; pendant qu'ils reçoivent les
solliciteurs, chez eux ou à la Chambre, où pren-
nent-ils le temps d'étudier les questions qui sont
soumises aux délibérations du Parlement ? J'entends bien que lorsque viendra en discussion un
projet intéressant sa circonscription, le député sera
là et je m'assure que, grâce au talent de l'orateur, ce projet prendra une importance considérable et la discussion aura, au chef-lieu, un énorme retentissement : les électeurs de l'arrondissement seront satisfaits.

IV. — La tâche à accomplir

Mais les autres ?... Quand donc a-t-on porté à
la tribune des questions pleines d'intérêt pour la
France entière ? A part la discussion du budget,
qui sert trop souvent d'occasion à réclame électorale, quand envisage-t-on les problèmes dont la
solution mettrait en valeur les immenses richesses
naturelles de notre sol ? A voir le rapide et formidable développement de l'industrie et du commerce en Allemagne, colosses dont les pieds, à
la vérité, pourraient bien être simplement d'argile,
on demeure profondément attristé de la lenteur
avec laquelle s'accroissent nos productions et nos
échanges.

L'initiative, dira-t-on, fait défaut à nos industriels et à nos commerçants. Mais n'est-il pas du
devoir des pouvoirs publics de stimuler leur zèle
en mettant à leur disposition un outillage sans
rival ? Anvers, Hambourg, Londres sont des ports
admirablement aménagés dans l'intérieur des terres ; leur énorme trafic contribue pour une très
large part à l'augmentation de la richesse nationale ; demain Bruxelles va suivre leur exemple :
quand donc Paris deviendra-t-il port de mer ?
Est-ce qu'un étroit particularisme pourrait empêcher la nation de satisfaire ses intérêts généraux ?

La nature a comblé notre terre privilégiée : de trois côtés la mer baigne ses rivages et semble appeler au dehors les produits de notre sol et de notre industrie. Qu'avons-nous fait pour utiliser cette position géographique, unique, merveilleuse ? Le port extrême à l'occident de l'Europe continentale, Brest, notre grand arsenal maritime, n'est relié à Paris et aux pays voisins que par une ligne de fer à voie unique sur une grande partie de son parcours. Les paquebots allemands viennent embarquer en rade de Cherbourg voyageurs et marchandises.

Est-ce que les élus du scrutin uninominal se sont préoccupés de mettre fin à cette intolérable situation ?

Un fleuve incomparable, désert, hélas ! et inutile, parcourt de nombreux départements au milieu des contrées les-plus riches de la France, arrose les terres si fertiles de la Touraine et de l'Anjou, traverse les cités, industrieuses, malgré tout, d'Orléans, Tours et Nantes : la Loire n'est pas navigable, et seuls semblent avoir souci d'améliorer le cours de ce grand fleuve et en parlent dans de passagères réunions de groupements locaux quelques représentants des circonscriptions directement intéressées. Mais la Chambre des Députés n'a pas, depuis plus de trente ans, eu le temps de résoudre une question d'un intérêt capital pour la nation tout entière.

De même elle n'a pu s'intéresser à la navigabilité du Rhône, qu'un écrivain, naguère, qualifiait avec raison de « providentiel », qui ferait, s'il devenait navigable, « de Marseille la métropole la plus importante du monde et de la France le couloir nécessaire par où toute l'Europe ferait circuler ses richesses ».

Pourquoi le projet du canal des Deux-Mers, si consciencieusement étudié par de savants ingénieurs, n'est-il pas encore parvenu à l'ordre du jour ? Est-ce que ce ne serait pas une œuvre d'utilité pour tous et spécialement pour nos départements du Sud-Ouest, et un élément puissant de notre défense nationale ?

Il faut bien rechercher les causes de cet abandon où les esprits les mieux intentionnés laissent les richesses naturelles du pays. Ce n'est ni par ignorance, encore moins par indifférence que nos Chambres n'appellent pas à leur ordre du jour ces graves problèmes dont une solution satisfaisante accroîtrait nos ressouces nationales dans une proportion que chacun aperçoit et que je n'aurai pas la témérité d'évaluer.

Divertis de leurs fonctions essentielles pour se consacrer à des tâches le plus souvent inférieures, amenant, quoi qu'ils en aient, une véritable confusion des pouvoirs, puisque dans maintes régions les électeurs sont tentés de les substituer au pouvoir exécutif, quand ils ne les prient pas de peser sur le pouvoir judiciaire, nos députés peuvent-ils opérer en toute liberté leur contrôle légitime sur les actes du gouvernement et ne se rencontrerait-il pas parfois des ministres capables de faire payer aux électeurs les velléités d'indépendance de leur élu ?

Je n'ignore pas — et j'ai le devoir de l'écrire — que c'est aux citoyens eux-mêmes à entreprendre la réforme des mœurs publiques : le Parlement doit faciliter leur tâche en mettant en leurs mains un instrument de vote qui, soustrayant les élus à toute préoccupation étrangère à leur mandat, fera enfin une réalité du principe de la séparation des pouvoirs.

V. — Le scrutin de liste

Comment le législateur, obligé de gaspiller le meilleur de son temps, constamment éperonné par certains électeurs pour qu'il serve leurs intérêts personnels, pourrait-il se consacrer aux études ardues que lui imposerait l'examen de toutes ces hautes questions si étroitement unies au développement de la prospérité nationale ?

Que de fois avons-nous regretté que ces magnifiques talents, légitime orgueil de la tribune française, la première du monde, soient dépensés en des luttes sans profit pour le pays ou en tournois oratoires qui, l'heure de l'admiration passée, n'ajoutent rien à la grandeur matérielle de la France !

Un tel état de choses, il faut bien le reconnaître sans parti pris, est la conséquence du scrutin uninominal. Ce n'est pas d'aujourd'hui que ses inconvénients ont ému le Parti républicain : nos hommes d'Etat les plus considérables en ont signalé les dangers et aussi en ont indiqué le remède. Gambetta et Goblet, pour ne citer que deux noms illustres, nous ont recommandé le rétablissement du scrutin de liste. Le Parti radical et radical-socialiste a, dans chacun de ses Congrès, affirmé ses préférences pour ce mode de votation. C'est en faveur de ce système, si favorable à déterminer les grands courants d'opinion et par lequel peut se manifester si clairement la volonté de la nation, que je sollicite les suffrages des congressistes de 1910.

Que nos amis, si soucieux de la conservation de nos institutions démocratiques, n'aient nulle inquiétude sur les résultats de cette innovation. Le travail de statistique auquel je me suis livré, d'après les chiffres des élections au premier tour de scrutin du 24 avril dernier, le seul qui indique nettement les positions de chaque parti, établit avec précision que si ces élections s'étaient faites avec le scrutin de liste nous aurions conservé la majorité dans la Chambre.

Sans que je prétende fatiguer ou simplement retenir votre attention par l'exposé détaillé des chiffres qui résultent de ce premier tour de scrutin, souffrez cependant que je mette sous vos yeux les totaux qui me permettent de vous prouver qu'en recourant au nouveau système la République ne fera pas un saut dans l'inconnu.

Le 24 avril 1910 les électeurs de la France métropolitaine ont émis HUIT MILLIONS TROIS CENT QUARANTE MILLE HUIT CENT CINQUANTE-SEPT suffrages (8.340.857). Sur ce nombre les radicaux-socialistes en ont obtenu *un million huit cent quarante-huit mille six cent quatre-vingt-six* (1.848.686) et les radicaux *un million quatre cent quatre-vingt-dix-huit mille huit cent quatre-vingt-treize* (1.498.893), soit ensemble TROIS MILLIONS TROIS CENT QUARANTE-SEPT MILLE CINQ CENT SOIXANTE-DIX-NEUF (3.347.579), c'est-à-dire beaucoup plus du tiers de la totalité des suffrages exprimés. Si à ce dernier chiffre on ajoute le nombre des voix obtenues par les élus qui se sont fait inscrire au groupe de la Gauche démocratique de la Chambre, (lesquels presque toujours votent avec nos amis), soit *un million quarante-quatre mille neuf cent cinquante-sept* suffrages (1.044.957), nous obtenons un total général de QUATRE MILLIONS TROIS CENT QUATRE-VINGT-DOUZE MILLE CINQ CENT TRENTE-SIX (4.392.536), c'est-à-dire beaucoup plus de la moitié des votes émis le 24 avril dernier. (1).

Mais ce qu'il importe de connaître en vue de l'élection au scrutin ? liste, c'est la répartition de ces suffrages entre les départements. Dans cette attribution notre Parti garde encore la majorité dans *cinquante-huit* (58) départements. Unis avec la Gauche démocratique, nous l'avons aussi dans *seize* (16) autres départements, et comme ces derniers sont les plus peuplés, il est bon d'observer que, réduits à nos propres forces dans ces circonscriptions, nous restons en état de minorité, de même que, sans notre concours, les candidats de la Gauche démocratique sont voués à un échec certain. Seuls, ces derniers l'emporteraient dans *six* (6) départements, comme nous dans 58 si nous restons isolés.

Avec le scrutin de liste, tel qu'il est ici proposé et en se basant sur le résultats des élections du 24 avril 1910, les groupes républicains de gauche, sur 400 sièges environ, en occuperaient 317, ainsi répartis : *Radicaux* et *Radicaux-Socialistes* seuls, 185 ; *ces derniers* unis à la *Gauche Démocratique*, 110 ; *celle-ci* seule, 22. Ainsi, notre majorité comprendrait un peu plus des trois quarts des membres de la Chambre.

Ces chiffres ont une réelle éloquence, surtout à l'heure où des intéressés, auxquels se sont joints par aventure quelques Cassandres sortis de nos rangs, vont proclamant que notre grand Parti est abandonné par le corps électoral. Il n'en est rien, vous le voyez : le pays nous garde sa confiance et reste trop averti pour oublier que nous avons été

---

(1) Le reste des suffrages s'est ainsi réparti entre les six autres groupes de la Chambre : *Socialistes unifiés*, 1.123.742 ; *Action libérale*, 906.039 ; *Républicains progressistes*, 878.519 ; *Droites*, 561.147 ; *Républicains socialistes*, 327.273 et *Indépendants*, 151.600.

les bons ouvriers des réformes qui lui sont chères
et que notre programme nous fait une loi impérieuse d'accélérer la marche du progrès politique
et social.

VI. — Le nombre des sièges

Le relèvement de l'indemnité parlementaire,
conséquence des idées démocratiques qui veulent
que les mandats de député et de sénateur ne soient
pas le monopole des citoyens fortunés, aurait été
accueilli sans réserve par le pays, si cette mesure
avait été accompagnée de la diminution des sièges
dans les deux Chambres. A l'heure où a été voté ce
légitime relèvement, en présence des charges qui
pèsent si lourdement sur notre situation finan-
cière, il n'a pas paru à l'opinion qu'il était sage de
faire supporter aux contribuables cet accroissement
de la dotation des pouvoirs publics.

Et l'un de nos amis les plus fermes, un Parlementaire, aussi avisé que désintéressé, M. le sénateur Louis Blanc, demandait au Congrès de
Nancy, le 12 octobre 1907, au nom des Délégués
de la Fédération de la Drôme, « que le nombre
des sénateurs, comme celui des députés, soit diminué d'un tiers ».

Dans la même séance, nos collègues, les délégués de l'Ain, proposaient que « le Congrès radical
inscrive dans son programme le rétablissement
du scrutin de liste et la réduction du nombre des
députés à raison de un représentant par 100.000
habitants ou fraction d'au moins 25.000 ».

Les deux propositions aboutissaient, en ce qui
concerne la Chambre des Députés, à peu près au
même résultat : la France comptant 39 millions
252.000 habitants, la base électorale indiquée par
la Délégation de l'Ain donnerait au pays environ
400 députés ; la réduction du tiers proposé par
l'honorable sénateur ramènerait le chiffre de nos
représentants à 398.

Observons — pour mémoire seulement — que
même avec cette réduction du tiers des membres
du Parlement, celui-ci coûterait encore au pays
environ huit cent mille francs de plus (exactement

795.000 francs) qu'avant le relèvement de l'indemnité.

Je sais bien que cette considération, si sérieuse qu'elle soit, ne saurait prévaloir contre les intérêts bien compris de la nation et, s'il était démontré qu'il est nécessaire au bon fonctionnement du pouvoir législatif d'avoir une Chambre très nombreuse, je n'insisterais pas sur les charges qui en résulteraient pour les contribuables. Mais je crois que la démonstration contraire est faite depuis longtemps : les assemblées nombreuses, grégaires, comme on dit aujourd'hui, sont peu propices à l'élaboration mûrement réfléchie des dispositions législatives. Sans parler de l'impossibilité matérielle pour tous les députés d'intervenir utilement, soit dans les commissions, soit dans les débats des séances publiques, il est bien évident que ces Chambres surpeuplées sont, comme toutes les foules, exposées aux entraînements, parfois inconsidérés, et cela est si vrai que l'œuvre législative sortie des délibérations de la première Chambre est fréquemment refondue, modifiée par la seconde assemblée. D'ailleurs — et sans que cet exemple doive nous servir de guide, sa situation n'étant pas conforme à celle de notre Chambre des Députés — le Reichstag allemand ne compte pas quatre cents (400) membres, et l'empire voisin est peuplé de 65 millions d'habitants.

Je crois donc qu'un député par 100.000 habitants, français, nécessairement, répondrait à la fois aux nécessités budgétaires du pays, comme à la bonne expédition du travail législatif ; mais, pour éviter une trop grande disproportion entre ce chiffre et la fraction qui aurait aussi droit à un représentant, je propose au Congrès d'élever celle-ci à 50.000.

Me référant à une décision que vous avez prise en 1907, et aux motifs de cette décision consignés dans le rapport que je vous présentais alors, au nom de la Commission des Réformes électorales du Congrès, je vous demande d'émettre le vœu que les départements très peuplés soient divisés en sections, de façon à ce que chaque liste ne contienne pas plus de dix noms. Il me semble, en effet, qu'il est impossible à un électeur d'émettre un vote sagement pesé lorsque la liste présentée porte 50, 25 ou même 20 noms. L'électeur ne saurait connaître tous ces candidats, apprécier leurs mérites, juger de leur valeur. En acceptant ce sectionnement, vous rendrez à nos concitoyens plus facile l'accomplissement de leur devoir électoral.

Par contre, il y aurait lieu de grouper en une seule circonscription ceux de nos départements à population réduite. Certains d'entre eux, si l'on adoptait les bases proposées, n'auraient droit, en demeurant isolés, qu'à un seul député, et une liste ne peut se concevoir si elle ne porte qu'un seul nom. Le minimum des candidats portés sur une liste pourrait être fixé à cinq. De sorte que les électeurs des départements ainsi groupés auraient à voter sur des listes présentant de cinq à dix noms.

Ajoutons que, dans notre pensée, la loi interdisant les candidatures multiples devrait être maintenue, le plébiscite, même sous les formes le plus habilement déguisées ou le plus prudemment atténuées, ne pouvant en aucun cas être permis.

Le principe de cette double modification au scrutin de liste par département a été adopté dans le projet de loi sur la réforme électorale déposé par le Gouvernement à la Chambre des Députés. le groupement des départements peu peuplés en une circonscription unique aura pour conséquence la modification de la loi électorale sénatoriale, les députés étant électeurs sénatoriaux dans le département qui les a élus.

VII. — Renouvellement partiel

La Commission des Réformes électorales du Congrès de Nancy avait aussi admis une proposition tendant au renouvellement de la Chambre par moitié tous les trois ans et, par suite, à une prolongation à six années de la durée des législatures.

Les arguments auxquels votre Commission s'était rendue en 1907 ont gardé toute leur valeur. La période du boulangisme est encore trop près de nous pour être oubliée. Quand on se souvient de l'engoûment irraisonné auquel s'étaient abandonnées les masses électorales, aussi bien en province qu'à Paris ; quand on réfléchit que si la date du renouvellement intégral de la Chambre avait sonné sur ces entrefaites, une majorité pouvait entrer au Palais-Bourbon qui eût installé a dictature, le cœur des Patriotes, comme s'appelaient nos grand ancêtres de la Révolution, se doit serrer à la pensée des désastres qu'un tel gouvernement eût déchaînés sur la France. Ce n'eût pas été seulement l'ajournement des réformes, c'eût été l'étranglement de toutes nos libertés, la suppression sans phrase de la souveraineté nationale par l'asservissement du suffrage universel. Comment ces sombres perspectives ne nous remettraient-elles pas en mémoire les journées de décembre et les maux incalculables qui les ont suivies ?

Je sais bien que l'Assemblée Nationale, en présence des catastrophes toutes récentes déchaînées par un autre régime dictatorial, a, moins d'un an après l'écroulement de l'empire, essayé de détruire les effets d'une nouvelle dispersion des Représentants de la nation, en instituant d'office, par la loi du 10 août 1871, une autre assemblée composée de délégués des Conseils généraux ; mais je sais aussi combien peu pèse, aux yeux des fauteurs de coups d'Etat, le souci de la légalité et comment procèdent ces criminels à l'égard des défenseurs des lois.

Il est utile de rappeler à nos jeunes collègues les conséquences funestes auxquelles, dans ces heures critiques, nous exposerait un seul instant d'abandon : le droit ne sert de rien devant la force triomphante.

Depuis quarante années, la France vit sous le gouvernement de la République ; des régimes divers, opposés ont succédé les uns aux autres, sans commotion, par le jeu régulier de nos institutions qui ont facilité les manifestations de la volonté persévérante du pays. C'est à cette forme de gouvernement, garant de toutes les libertés, que la nation est redevable de son relèvement, qu'il doit sa prospérité enviée de tous les peuples ; c'est la République qui a doté la France du plus puissant empire colonial qu'elle ait jamais connu, même au XVIIIe siècle, c'est elle enfin qui lui a assuré la paix basée sur la force de son armée et sur des alliances solides et durables.

Et ces biens précieux qui favorisent l'essor de notre commerce, donnent du travail aux ouvriers de nos industries, permettent à nos cultivateurs de tirer le meilleur parti possible de leur récoltes, assurent un lendemain tranquille à tous les foyers, du plus humble au plus riche, nous les exposerions aux hasards d'une panique, d'un souvenir habilement exploité, d'une campagne de perfidies traîtreusement ourdies par les revenants du passé, exaspérés de voir leurs privilèges s'évanouir et soutenus par les cléricaux, ces éternels et irréductibles ennemis de toutes lumières, de tous progrès et de toutes libertés !

Des esprits tout dévoués aux intérêts du peuple lui ont jadis contesté le droit d'aliéner ses propres libertés, qui seront celles des citoyens de demain ; ils refusent à la nation le droit au suicide. Ce n'est pas le lieu d'instituer un débat sur cette grave question, mais je me hâte de dire que la proposition de renouvellement partiel ne découle pas de cette théorie : loin d'entreprendre sur le suffrage universel, elle lui permet de se prononcer en connaissance de cause, de se ressaisir si sa religion a été surprise ; elle est, au contraire, un hommage à la souveraineté nationale, puisqu'elle en appelle du suffrage universel mal informé ou trompé à ce même suffrage mieux informé et averti.

Nous devons songer aux futures générations, garder précieusement le dépôt que nous ont confié nos aînés et garantir l'avenir du pays. Nous devons nous donner des soins, non pas, comme dit le fabuliste, pour le plaisir d'autrui, mais pour assurer la sécurité de nos enfants. Le renouvellement partiel est un moyen de rendre intangibles nos institutions de liberté.

Un autre système propose le renouvellement par tiers tous les deux ans ; nous pensons qu'avec la réduction du nombre de députés à environ quatre cents, chaque consultation électorale manquerait de profondeur et ne serait pas suffisamment probante de l'état d'esprit du pays pris dans son ensemble : les départements formant les séries étant situés dans toutes les régions, le renouvellement permet aux citoyens sur tous les points du territoire de manifester leur volonté.

Au nom de la Commission des réformes électorales, administratives et judiciaires (du Comité Exécutif, j'ai donc l'honneur de vous proposer la motion suivante :

« Le Congrès du Parti radical et radical-socialiste, siégeant à Rouen,

« Emet le vœu :

« 1° Que le scrutin d'arrondissement soit rem
« placé par le scrutin de liste pour l'élection des
« députés, à raison d'un représentant par cent
« mille (100.000) habitants français ou fraction
« d'au moins cinquante mille (50.000) ;

« 2° Que des circonscriptions électorales soient
« établies par département, en sectionnant toute
« fois ceux dont la population est très considéra
« ble, de telle sorte que chaque liste ne puisse pas
« porter plus de dix (10) noms, et en groupant les
« départements peu peuplés de façon que chaque
« groupe puisse élire une liste d'au moins cinq
« (5) noms ;

« 3° Que la durée de la législature soit portée
« à six ans et que le renouvellement de la Cham
« bre ait lieu par moitié tous les trois ans ».

DISCUSSION

Discours de M. Bouillard

M. BOUILLARD. — C'est au nom de la commission des réformes électorales, administratives et judiciaires que je viens vous présenter ce rapport sur les délibérations qui ont eu lieu hier et avant-hier dans cette commission. La discussion a été très intéressante, et les protagonistes des divers systèmes ont été entendus à plusieurs reprises. Néanmoins, comme il fallait aboutir, à la dernière heure il a été décidé à une très impo sante majorité que tous les systèmes autres que le scrutin de liste pur et simple étaient écartés. C'est donc avec le mandat absolu de vous présenter un rapport sur le scrutin de liste pur et simple que je viens devant vous. Je vous prie de bien vouloir me faire quelque crédit pour ne pas trop épuiser mes forces, qui sont limitées.

Mes chers collègues, je commence à remettre sous vos yeux les considérations que j'ai déposées dans mon rapport, car le rapporteur de la commission du Congrès est aussi un des rapporteurs de la commission du Comité Exécutif. Au Comité Exécutif, les partisans du scrutin d'arrondissement n'ont pas voulu assumer la responsabilité de présenter un rapport au Congrès : au contraire, les partisans de la Représentation Proportionnelle, et un citoyen convaincu de l'excellence du scrutin de liste pur et simple, votre serviteur, se sont décidés à présenter des rapports dont vous avez pu prendre communication.

Vous connaissez de longue date les raisons qui militent en faveur du scrutin de liste ; ce n'est pas d'aujourd'hui que la question se présente devant nos Congrès ; en effet, c'est le scrutin qui a toujours été préconisé par tout le parti républicain. Il a été demandé dans la fameuse déclaration de 1869. Je dirais que nos amis d'alors — et j'en étais déjà, hélas ! — ont pensé, en présence d'abus scandaleux dont nous n'avons jamais vu la reproduction sous la République, même au moment du gouvernement des curés, en présence de la pression éhontée que faisaient les agents du pouvoir impérial, il ne pouvait plus être possible de conserver le scrutin uninominal, et dans le but d'assurer l'indépendance de la liberté du vote de chaque citoyen, nos amis ont inscrit dans leur programme l'établissement du scrutin de liste. Et depuis, vous avez toujours soutenu cette thèse, dans tous vos Congrès vous avez eu le soin de réclamer le rétablissement du scrutin de liste, et je vois avec surprise notre ami Bonnet revenir une fois de plus à la charge en faveur de la R. P. Toujours dans les neuf Congrès qui se sont tenus avant celui-ci, l'assemblée a été favorable au rétablissement du scrutin de liste. C'est seulement en 1907, au Congrès de Nancy, que la Représentation Proportionnelle a fait son apparition. Dans un rapport très documenté, auquel j'ai rendu hommage en son temps, M. Bonnet nous présentait le tableau des divers systèmes de la Représentation Proportionnelle. A cette époque, M. Bonnet avait une préférence marquée pour un système, le système d'Hondt, pratiqué actuellement en Belgique. Vous remarquerez qu'aujourd'hui, dans son rapport, M. Bonnet, trouvant trop dangereux pour sa thèse d'indiquer un système particulier dont on pourrait saisir facilement les défauts, se garde bien de préconiser un système. Il est plus modeste aujourd'hui qu'en 1907. Il étalait triomphalement les mérites du système d'Hondt et il vous indiquait qu'il fallait recourir sans hésitation à son adoption. Aujourd'hui, le texte de son rapport a changé, mais l'esprit en est demeuré le même : il vous propose tout simplement de voter le principe de la Représentation Proportionnelle. C'est plus simple, vous vous débrouillerez après comme vous pourrez ; vous voterez le principe, il faudra bien aller jusqu'au bout. Des rapports antérieurs nous disent comment on doit faire fonctionner cette R. P. Dans le rapport, très rapidement ébauché par moi en 1907, j'ai démontré qu'il était d'une très apparente impossibilité d'appliquer en France un pareil système. Le Congrès de Nancy a été spécialement touché par un argument considérable et qui pèse sur tout le débat. La règle était celle-ci. Vous, proportionnalistes, vous arrivez à faire entrer à la Chambre, pour un même département, des élus qui, sur une liste, n'obtiennent que 30,000 voix, alors qu'un candidat qui en a obtenu 60,000 n'est pas déclaré élu. Nous vous demandions comment on pouvait faire entrer dans l'esprit d'un citoyen français qu'une injustice aussi éclatante devait se réaliser.

Eh bien, cette thèse que j'ai soutenue alors, a impressionné le Congrès. Cet argument que je mettais en avant a, je crois, véritablement déterminé la décision de l'assemblée. Cet argument, je l'ai retrouvé sous la plume d'un confrère de « l'auteur responsable » de la R. P., le président de la commission de la réforme électorale à la Chambre, sous la plume d'un membre de l'Académie-Française, M. Gabriel Hanoteaux, qui s'oppose absolument

à la R. P. et qui, sans l'avoir lu bien entendu
dans mon rapport, a été frappé de cette impossibilité. Oui ou non allez-vous refuser l'accès de la
Chambre à un homme qui aurait obtenu 60,000
suffrages et allez-vous l'accorder à un homme qui,
dans le même département, n'en a obtenu que
30.000 ?

Je sais bien qu'avec une très grande habileté,
qu'avec une très grande loyauté aussi, vous avez
établi, messieurs les partisans du scrutin de
liste avec R. P., une distinction entre le vote
représentatif et le vote délibératif.

« Nous confondons, dit M. Ch. Benoist, la déli-
» bération et la décision, le contrôle et la direc-
» tion, la représentation et le gouvernement. »
Ah ! si cette *confusion* n'avait pas enténébré nos
esprits, nous eussions sur l'heure été touchés de
la grâce proportionnelle. Eh bien, nous avons beau
nous presser le front, nous ne parvenons pas à
comprendre que quatre est aussi élevé que six !

Dans les nombreuses représentations que la trou-
pe, pardon ! les disciples de M. Benoist ont données en province et dans la banlieue de Paris,
on a essayé de démontrer que l'opinion s'habi-
tuerait facilement à comprendre que des candidats
ayant 60,000 voix resteraient sur le carreau pour
permettre l'entrée à la Chambre de leurs adversaires qui n'en auraient obtenu que 30,000. Il
suffirait pour cela de faire entrer dans l'esprit
des citoyens que la majorité n'a droit qu'à six
élus et la minorité à deux.

Cet élégant sophisme ne parviendra pas à alté-
rer le bon sens de l'électeur français. Celui-ci se
dira : « J'ai à nommer huit députés et, quand six
de ceux-ci sont élus, je n'ai pas épuisé mon droit,
j'en ai encore deux à choisir. » Il voudra aller
jusqu'au bout de sa prérogative et si la circonscription doit être représentée par huit mandataires, les 60,000 électeurs constituant la majorité
tiendront à ce que leurs élus, les huit députés,
entrent à la Chambre. Rien ne modifiera cet heureux état d'esprit de nos concitoyens.

Nos électeurs français ont dans leurs habitudes
la franchise et la clarté ; ils veulent savoir où ils
vont, et le soir de l'élection, il faut avoir vécu
dans les petites villes ou dans les campagnes pour

s'en être bien rendu compte ; nous voulons, immédiatement à l'issue du scrutin, assister au dépouillement et connaître les résultats du vote. (*Applaudissements.*)

Avec le système d'Hondt, au contraire, le seul que je connaisse bien puisque les autres sont encore dans les limbes, chaque bureau de vote envoie son tableau de recensement à la préfecture et là, on institue encore des fonctionnaires nouveaux. Mon excellent ami Bonnet voudrait bien faire la suppression d'un grand nombre de fonctionnaires, mais vraiment il n'a pas de chance : chaque fois qu'il a l'occasion de prendre la parole, c'est pour proposer la création de nouveaux emplois ; tout à l'heure, le Congrès a repoussé l'institution de ces fonctionnaires, qui étaient appelés à devenir les délégués permanents rétribués ; et maintenant notre collègue veut établir, pour mettre en application la représentation proportionnelle, des calculateurs, des hommes spéciaux, également appointés puisqu'un arrêté préfectoral devait déterminer le payement de leur travail.

Eh bien, je dis que ce système-là n'est pas acceptable dans notre pays, avide de clarté et de sincérité. (*Applaudissements.*)

Je ne crois pas qu'on puisse retenir un pareil système : le scrutin de liste a été réclamé par tous nos Congrès ; je me demande si nous devons nous déjuger ; je ne le crois pas, il n'y a aucune raison. Il n'est pas nécessaire que nous acceptions des conceptions nébuleuses qui, quoi qu'on en ait dit, n'ont été appliquées que dans des contrées où l'obscurantisme veut étouffer la démocratie.

Je sais très bien ce qu'on reproche au scrutin de liste ; ses adversaires viennent nous dire : nous en avons fait l'expérimentation en 1871 et en 1885. Eh bien, je considère que c'est ainsi juger bien superficiellement les choses. Je demande pardon à mes collègues de la commission de réforme électorale si je répète cet argument.

J'aperçois ici quelques-uns de mes contemporains qui, malheureusement pour eux, ont assisté aux douloureuses épreuves de l'Année Terrible : ils vous diront avec moi comment s'est faite cette élection du février 1871. Elle s'est faite sur la question de la paix ou de la guerre, voilà tout ;

il n'y avait pas du tout d'idée politique. Remarquez que le chef du pouvoir exécutif, mon grand et illustre ami Gambetta, qui incarnait l'idée républicaine, et qui était en même temps l'incarnation de l'idée patriotique et de la France, voulait, avec mon compatriote Chanzy, la continuation de la guerre. Par conséquent, tous ceux qui en étaient partisans étaient voués aux gémonies, on les traînait sur la claie, et le 8 février, tous les hobereaux qui, au contraire, réclamaient la paix, sont arrivés à l'Assemblée Nationale ; mais, comme le disait hier Ferdinand Buisson, le 2 juillet 1871, moins de six mois après, les électeurs s'étaient repris et au scrutin du 2 juillet, organisé pour remplacer les députés qui avaient opté, sur 240 élections, nous avons eu plus de 220 républicains. Vous voyez donc que le scrutin de liste, en dehors de considérations locales ou particulières, ne nous a pas si mal servis. La guerre est un événement trop douloureux pour que nous puissions tabler sur son renouvellement, mais il est bien certain qu'à l'issue d'une crise pareille qui ruine le pays, il n'est pas surprenant que celui-ci soit lassé. Ce sont les élections de juillet 1871 qui ont été le vivant miroir de l'opinion d'alors. Les électeurs ont dit : nous en avons assez des monarchistes qui nous ont traînés à Sedan, nous voulons la République, nous voulons faire nos affaires nous-mêmes, et voilà comment les républicains ont triomphé aux élections de juillet.

En 1885, j'étais bien placé pour savoir comment les choses se sont passées. J'étais rédacteur en chef d'un journal républicain, et alors je faisais aussi de la propagande dans les réunions publiques. Au mois d'août 1885 eurent lieu des élections au scrutin de liste ; le premier tour fut très fâcheux, je le confesse ; au contraire, le deuxième tour fut excessivement consolant, et la preuve, c'est que grâce à ce deuxième tour, nous avons gardé la majorité à la Chambre.

Un délégué. — Ce qui n'a pas empêché l'éclosion du boulangisme.

Le Président. — N'interrompez pas.

M. Bouillard. — Vous auriez vu quand même le boulangisme surgir. Quoiqu'il en soit, il faut chercher les causes de ce revirement dans les quinze jours séparant les deux tours de scrutin, l'opinion publique avait absolument changé son fusil d'épaule. Pourquoi donc ? C'était très simple : nous avions à cette époque-là un ministre de l'Intérieur dont le souvenir est cher à tous. Alain-Targé et, à la tête du gouvernement, un homme devant lequel nous nous inclinons tous avec respect, c'était Henri Brisson. Ces honnêtes gens s'étaient dit : Il faut laisser — et c'était une idée généreuse que nous acceptons toujours — les électeurs absolument maîtres de leurs suffrages, il ne faut pas peser sur les votes des citoyens. Des instructions très sévères furent envoyées aux préfets qui laissèrent, eux, fonctionnaires de la République et fonctionnaires politiques, insulter, outrager, non seulement les républicains, mais les institutions elles-mêmes. Nulle part vous ne vîtes un préfet ou un sous-préfet, agents essentiellement politiques, non pas venir dire de voter pour telle ou telle liste, mais défendre la République, que les réactionnaires villipendaient, dire qu'elle était la meilleure forme gouvernementale pour une démocratie. Jamais aucun ne tint ce langage aussi naturel, aussi légitime. J'imagine que si un préfet ne croyait pas à l'excellence de la doctrine républicaine, il se garderait bien d'exercer ses fonctions. (*Sourires.*) J'ai d'autant plus le droit de parler ainsi que sans avoir été préfet, j'ai appartenu comme sous-préfet à l'administration, et nulle part je n'ai caché ma manière de voir, et j'ai toujours conformé mes actes à mes convictions.

Je ne trouve donc pas étonnant qu'un préfet puisse dire : Je ne veux pas servir un gouvernement qui ne soit pas républicain.

Un délégué. — A part les exceptions, c'est très joli.

M. Bouillard. — Au lendemain du premier tour, en constatant les résultats de cette tolérance, de cette abdication des fonctionnaires républicains, le gouvernement s'est dit : il faut changer et voir comment nous allons nous tirer de ce mauvais pas. Les instructions furent modifiées. Ah ! si vous aviez vu sortir de leurs préfectures et de leurs sous-préfectures tous ces fonctionnaires, à ce moment-là, véritablement, la République était une chose incomparable, et les électeurs s'en sont aperçus ; sur 220 ballotages, il y a eu plus de 200 succès pour nous. Ces deux expériences vous démontrent que le scrutin de liste en lui-même ne peut pas être le bouc émissaire de toutes les misères qu'on lui attribue. Ce n'est pas lui non plus qui est cause de la naissance du boulangisme.

Ceci dit, messieurs, j'ajoute que nous nous somme trouvés à la commission en présence de deux autres propositions, l'une en faveur du scrutin d'arrondissement, qui a gardé de nombreux partisans ; il a rendu de tels services, il a envoyé de telles assemblées au Palais-Bourbon qu'on ne saurait le méconnaître sans injustice. Je lui ai rendu moi-même hommage dans mon rapport, mais, ses mérites reconnus n'ont pas supprimé ses inconvénients et ses dangers. Ce système a été défendu avec courage par ses partisans. Puis sont venus les défenseurs de la R. P. et le vote sur son principe qui a été proposé par Bonnet, et malgré les lances rompues brillamment, bien que M. Bonnet ait été pour la Représentation Proportionnelle un fort habile défenseur, ce système a été battu de la façon la plus manifeste. Il a réuni 29 à 30 suffrages.

Une voix. — Vous avez fait une coalition, ce n'est pas difficile.

M. BOUILLARD. — Cette coalition est des plus respectables, car nous ne nous sommes alliés qu'avec des majoritaires comme nous-mêmes, et je suis convaincu, en mon âme et conscience, que le système si cher à M. Charles Benoist, mène la République à sa ruine. (*Vifs applaudissements.*) Et si, par impossible, nous n'étions pas fidèles aux décisions prises dans les derniers Congrès, si vous paraissiez disposés à voter l'établissement du scrutin de liste avec R. P., j'aimerais mieux me joindre aux partisans du scrutin d'arrondissement. (*Applaudissements, exclamations.*) Tout à l'heure Bonnet va vous parler des avantages de la R. P. ; il va vous dire toutes ses vertus, toutes ses qualités, tous les avantages qui vont en découler ; comme par l'effet d'un coup de baguette magique, les mœurs vont se transformer immédiatement, la justice et la vérité seront triomphantes, l'ombre de Montesquieu va se réjouir de voir enfin la Vertu servir d'assises à un gouvernement démocratique et ce sera à notre ami Bonnet que les mânes du grand philosophe devront ce triomphe ! (*Rires.*)

Citoyens, tout cela n'a qu'un défaut, c'est de ne pas exister, c'est de ne pas pouvoir exister. La R. P. n'est pas même à l'état embryonnaire, puisqu'elle ne figure pas dans nos lois électorales. Ce n'est pas comme le scrutin d'arrondissement, vous l'avez vu à l'œuvre, vous pouvez le juger. Vous avez vu également le scrutin de liste et vous pouvez dire quels sont ses inconvénients et ses avantages. Il est très commode pour des adversaires de préconiser et de vanter les mérites d'un système alors qu'il n'est pas mis encore en application. Bonnet vous montrera que nous sommes perdus si nous ne votons par la Représentation Proportionnelle. Et, pour justifier sa thèse, il ajoutera qu'avec elle nous récupérerons un nombre considérable de suffrages et que nous sommes sûrs d'avoir une majorité toujours grandissante. Comment se fait-il, demanderais-je, que ce système qui doit nous procurer à nous de tels avantages, passe aux yeux de nos ennemis de droite comme un système absolument profitable, et comment se fait-il que les socialistes en espèrent, eux aussi, des gains certains ? (*Applaudissements.*) Je sais bien qu'ils n'ont pas chez eux, et je m'en félicite pour mon Parti, des protagonistes aussi éclairés, aussi distingués que ceux que la R. P. compte dans notre assemblée, mais ce serait exagérer les mérites du radicalisme que de croire que seuls nous soyons capables de comprendre et que les partis rivaux n'y voient pas clair. Comment les uns et les autres trouvent-ils leur petite affaire dans cette combinaison ? J'entends bien que nous avons parmi nous des philosophes, politiques éminents, qui se sont laissé égarer par les conceptions de droit pur et de justice. C'est en vertu de cette équité, c'est en prétendant s'appuyer sur la Déclaration des Droits de l'Homme, mal interprétée qu'ils viennent dire : Vous ne pouvez pas refuser la représentation proportionnelle des minorités à la Chambre. Regardez donc à vos côtés, comment les socialistes, aussi acharnés défenseurs de la R. P. que vous-mêmes, pratiquent le respect des minorités. Eh bien, je vous le demande, la chasse aux renards, est-ce là le respect de la minorité ? et ce qui est bien plus grave encore, la majorité s'arroge le droit d'interdire le travail à un homme qui a besoin de son salaire pour nourrir sa femme et ses enfants. (*Applaudissements.*) Vous voyez de quels sentiments de justice sont animés les protagonistes de la R. P. chez vos alliés. Le grand défaut que nous puissions nous reprocher, c'est de n'avoir pas fait comme nos adversaires. Ils sont allés promener leurs idées de villes en villes ; leurs auditoires, composés en majorité d'adversaires de la démocratie, ont accueilli les orateurs avec enthousiasme ; on a fait beaucoup de tapage autour de ces réunions, les journaux, avides d'informations, se sont emparés de ces manifestations, on a voté partout des ordres du jour favorables, on a répété cette manœuvre partout et on a fini par croire, dans certains milieux, que c'était arrivé. Et M. Ch. Benoist, grisé par ses tournées, n'a pas craint de dire : « La R. P. a pris le dessus, elle cassera tout. » Eh bien, non, si elle cassait quelque chose, ce serait la République, elle ne cassera rien car l'immense majorité des électeurs ne veulent pas de ce système. (*Applaudissements.*)

Plusieurs délégués. — C'est vrai.

M. BOUILLARD. — Nous sommes restés, nous, indifférents ; je n'en fais grief à personne. Il aurait fallu que des hommes qualifiés prissent l'initiative d'une campagne analogue, dans laquelle ils auraient aisément réduit à néant les sophismes de nos contradicteurs. Il faut donner à l'expression de la souveraineté populaire toute son autorité ; il ne faut pas méconnaître cette vérité. En dehors de l'hérédité, le vote à la majorité est le seul moyen de départager les intérêts et de trancher pacifiquement les conflits sociaux. Si, à un degré quelconque, on accepte que les minorités puissent tenir en balance la majorité, on affaiblit le seul principe d'autorité subsistant, on marche droit à l'anarchie. Dans le discours très éloquent qu'a prononcé à Nancy notre ami Ferdinand Buisson, il nous a montré que dans les pays les plus libres, notamment dans la République Helvétique, on a dans certains cantons intronisé le scrutin de liste avec représentation proportionnelle, ainsi dans le canton de Genève. Est-il exact que ce que l'on peut faire dans une ville de cent mille habitants soit possible dans une nation comme la France, renfermant quarante millions d'habitants ?

M. Comtesse, président de la République Helvétique a répondu à nos amis des bords du Léman à cette objection. (*Mouvements divers.*) Je suis désolé de la fatigue que je vous fais supporter, mais la question est extrêmement importante. (*Applaudissements ; cris : parlez ! parlez !*) J'appelle ici toute votre attention ; il faut que vous soyez édifiés.

M. Comtesse, celui-là même qui recevait dernièrement avec une si touchante sympathie, le président de la République française, répondait à ses compatriotes qui demandaient l'application de la Représentation Proportionnelle pour les élections au Conseil national suisse, c'est-à-dire à la Chambre des députés de Suisse :

« Dans une démocratie bien ordonnée, l'existence d'une majorité est une condition nécessaire pour l'unité et la cohésion qui doivent constamment se manifester dans la vie politique du peuple, dans ses tendances et ses aspirations pour le bon fonctionnement du régime représentatif et la marche régulière de la démocratie.

» Dans le régime monarchique, il y a, au moins, pour sauvegarder ce principe de durée, de stabilité, d'unité, le monarque, qui est dépositaire d'une partie de la souveraineté, qui n'est pas soumis à la réélection, qui est un chef héréditaire choisissant ses ministres, investi de pouvoirs étendus dans sa sphère.

» Dans une démocratie, c'est le principe majoritaire solidement maintenu qui peut surtout sauvegarder ces intérêts vitaux, c'est une majorité, qu'elle soit fournie par un parti ou par un autre, unie par la même volonté, par les mêmes tendances, marchant à un but déterminé, et responsable devant l'opinion publique du pouvoir qu'elle exerce et de la marche qu'elle imprime à la politique générale et aux affaires du pays.

» Dans l'intérêt supérieur de la démocratie, nous ne devons donc rien faire qui vienne affaiblir, détruire peut-être, le principe majoritaire, l'existence et l'influence des grands partis politiques, qui doivent représenter les grands courants populaires, les grands mouvements d'idées, la politique des intérêts généraux, pour les remplacer par un grand nombre de petites collectivités, de petites unités électorales, qui ne pourront jamais être autorisées de l'opinion et qui risquent trop souvent de ne s'inspirer que de vues particularistes et d'intérêts de clocher.

» Ne poussons donc pas, par un système de représentation proportionnelle, à la multiplication des partis, à l'éparpillement des forces, car si nous nous laissons entraîner dans cette voie, nous arriverons fatalement, dans notre pays surtout, à morceler le corps électoral, à le couper en un grand nombre de tronçons, à briser toute unité, toute cohésion dans les efforts et à empêcher la formation d'une majorité de gouvernement, qui nous paraît indispensable au fonctionnement normal de notre régime démocratique.

» Avec une représentation ainsi morcelée, nous aurons peut-être un congrès, un concile, une académie, nous aurons une réunion de minorités, mais nous n'aurons pas une assemblée représentative capable d'assurer la marche régulière d'un gouvernement démocratique. »

Ainsi ce système, compréhensible dans des pays de monarchie, est en contradiction flagrante avec les principes de la démocratie, parce que si l'autorité permanente dans un pays monarchique réside en une personne ou dans une famille héréditaire, dans un pays de démocratie, il n'y a qu'un seul souverain, c'est le peuple *(applaudissements)* et comment ce peuple peut-il exercer sa souveraineté, sinon par le système majoritaire ? *(Vifs applaudissements.)*

Si la R. P. entrait jamais dans nos lois, vous verriez bientôt les minorités réclamer les conséquences logiques du principe triomphant. Et déjà, avant même que la victoire de MM. Benoist et consorts soit devenue un fait, les évêques réclament, exigent ce qu'ils appellent la R. P. scolaire.

Ils veulent, dit M. Eyssautier, de La Rochelle, que « l'Etat répartisse le budget scolaire entre les écoles, *proportionnellement* au nombre des élèves, sans autre considération ». Et M. Amette, de Paris, plus conciliant dans la forme, mais aussi net et volontaire dans le fonds, de dire : « Consentez à ce que les impôts payés pour l'instruction publique soient partagés, à *proportion* équitable, entre toutes les écoles qui assurent le service de l'instruction publique. »

— N'est-ce pas, ajoutait l'archevêque, l'avis de MM. les députés et sénateurs ? (C'était au dernier Congrès diocésain de Paris.)

Et M. de Las-Cases répondait : « Depuis vingt ans nous soutenons cette thèse ; mais si nous avons été malheureux jusqu'à présent, cela ne prouve pas qu'après nous nos enfants ne seront pas plus heureux. »

Le sénateur clérical compte sur l'avènement de la R. P. pour faire triompher ses revendications.

Et, après les évêques, les conseils généraux des départements où la réaction l'emporte, ont émis les mêmes prétentions ; voyez leurs vœux dans la Lozère, Maine-et-Loire, Loire-Inférieure, le Morbihan, l'Aveyron : tous concordent à l'application de cette R. P. scolaire.

C'est ainsi que, dans un important service public, le plus important peut-être, serait respectée l'unité de direction. Nos adversaires se soucient bien de cette unité ; celle-là leur suffit qui fera marcher la France sous la houlette du Souverain Pontife.

Mais nous autres, fils et continuateurs de la Révolution, nous voulons maintenir cette unité véritable qui fait notre orgueil et notre force devant l'étranger ; nous nous opposerons à toute législation qui, par elle-même, ou par ses conséquences même indirectes, pourrait porter atteinte à cette unité, car nous voulons que la République, une et indivisible, reste une réalité intangible.

Que deviendrait avec un pareil système l'unité de vue qui doit être imprimée à la politique générale et aux affaires du pays ? Vous entendez bien que les minorités entrées à la Chambre à la faveur de la R. P., se lasseraient vite de demeurer impuissantes, comme elles le sont aujourd'hui : elles réclameraient leur part du pouvoir, au nom de la logique et de la justice. Il faudrait les faire participer au gouvernement d'une manière efficace et, pour ce, leur réserver des places dans les ministères.

J'exagère, dites-vous. Eh bien ! jugez vous-mêmes. Je lisais le 6 août dernier un journal de Paris dans lequel le grand-prêtre de la R. P. a coutume de déposer ses oracles. Je parcourais une lettre de Bruxelles qui examinait la situation ministérielle du cabinet Schollaert, et qui constatait que « sa majorité n'était plus que de six voix, dont une douteuse », et le correspondant terminait par ces considérations :

« La droite n'ayant plus de majorité sérieuse en Belgique, et les gauches ne pouvant obtenir une majorité suffisamment homogène par un nouvel appel au pays, on pourrait être acculé à une situation de fait telle qu'il faudrait en venir à *examiner sérieusement l'application du principe de la représentation proportionnelle au gouvernement* comme une suite logique de son application au Parlement. » (*Le Temps*, 6 août 1910.)

Et ce gâchis est l'aboutissement normal de l'application de la R. P. pendant de nombreuses années !

C'est pour atteindre un pareil résultat que les partisans de la prétendue réforme ont condamné les plus illustres savants à résoudre des problèmes insolubles, c'est pour cela que des philosophes introduisent leurs raisons absconses dans la politique et se plongent avec joie dans les ténèbres des discussions scolastiques. Grand merci ! Nous ne les suivrons pas.

Néanmoins, je veux pour un instant supposer que vous ayez accepté ce principe. J'imagine que ce vote est acquis pour les élections des députés, il faut aller jusqu'au bout. Est-ce que dans l'exercice de son mandat vous allez voir voter par votre député des lois proportionnelles ? Est-ce que vous allez dire qu'il y aura un quart de lois socialistes, un quart réactionnaires et la moitié radicales ? Est-ce que vous allez dire : pendant six mois les radicaux feront la loi ; pendant trois mois ce seront les réactionnaires, puis pendant trois mois encore ce seront les socialistes ? (*Rires et applaudissements.*) Et alors, loin d'être rassuré, je suis bien fixé sur l'application et les conséquences du système. Le jour où les monarchistes auront vu arriver leur tour de légiférer, ils feront une loi très nette, sans ambages :

Article premier. — La République est supprimée.

Art. 2. — Le duc d'Orléans est chargé de l'exécution de la présente loi. (*Applaudissements et rires.*)

Je ne veux pas insister parce que les nécessités de la discussion ét mon devoir de rapporteur m'amèneront sans doute encore à la tribune. Je le regrette pour vous, mes chers collègues. Il faut que vous entendiez un autre son de cloche.

Revenez, comme les républicains de 1871, au grand système, qui permet la manifestation de toutes les idées, qui se prête aux grands courants d'opinions et qui empêche la stagnation des mares, pour parler comme M. Briand. Je pense donc que nous n'avons pas autre chose à faire, et avec la conviction que me donnent cinquante ans de vie publique, sans profit pour ma personne, au contraire, j'ai toujours défendu les idées républicaines et démocratiques, et, à l'heure actuelle, sans que j'en sois ému, je suis bien obligé de prévoir le moment où il faudra disparaître au terme de ma carrière, en mon âme et conscience de vieux républicain qui a payé de sa liberté ses convictions sous l'Empire, je vous demande de vouloir bien vous rallier, partisans ou adversaires de la R. P., au scrutin de liste pur et simple. (*Applaudissements prolongés.*)

Discours de M. Laurent Chat

M. LAURENT CHAT. — Citoyens, je serai extrêmement bref, mais je réclame beaucoup de silence, car j'ai une voix fatiguée, mise au service d'une cause très délicate, pour la défense de laquelle il aurait fallu un talent qui me fait défaut. Je serrerai de très près la question : nous sommes un très grand nombre de partisans résolus du scrutin uninominal, non pas, comme on pourrait le prétendre, du scrutin uninominal tel qu'il se pratique maintenant, mais considérablement amélioré. Nous voulons la péréquation des circonscriptions et c'est à l'unanimité que cela a été décidé à la commission. Nous voulons la péréquation des circonscriptions pour arriver à la diminution du nombre des députés par une proportionnalité plus logique, plus équitable dans la représentation des diverses régions. Cette déclaration de principe

faite, nous restons partisans du scrutin d'arrondissement dont je ne veux pas vanter le mérite
puisque le rapporteur a dû lui-même célébrer les
services qu'il a rendus à la République, ainsi du
reste que M. Bonnet. Nous en prenons acte.
Quels sont les reproches que nos adversaires
font au scrutin uninominal ? On dit que l'élu
ne recherche pas les intérêts du pays et ne
s'occupe à peu près que de mesquines considérations locales. Voulez-vous définir, en toute
logique, en toute honnêteté, ce que c'est que l'intérêt général du pays, sinon la réunion de tous
les intérêts locaux, régionaux ? Ce n'est pas autre
chose, et vous aurez beau employer le système
que vous voudrez, vous n'empêcherez jamais au
représentant le plus proche d'une région frappée
par un cataclysme, d'intervenir ; vous n'empêcherez pas des tendances diverses et particulièrement
intéressées dans un seul département. C'est ainsi
qu'en Saône-et-Loire, vous avez une partie du Mâ-
connais viticole qui sera nettement libre-échan-
giste, et l'autre partie, la Bresse cultivatrice, qui
sera nettement protectionniste. Vous n'empêcherez pas cette dualité, et c'est pour cela que le
scrutin uninominal permet à ce que vous appelez
des intérêts mesquins, et qui, en réalité, sont les
intérêts vitaux des régions, d'avoir des défenseurs
au sein des assemblées. On dit également qu'avec
le scrutin uninominal on vote pour l'homme plus
que pour le programme. C'est peut-être vrai. Mais
j'en appellerai au président de cette assemblée
Est-ce que sous le ministère Méline les républicains radicaux-socialistes n'ont pas triomphé en
arborant nettement leur drapeau ? Est-ce que Dubief, ainsi que tous nos amis, n'avaient pas tous
dit qu'ils feraient la loi sur la Séparation des
Eglises et de l'Etat ? Aucun n'a caché son programme. On a dit que les grands courants politiques établissent de la cohérence et de la stabilité et qu'en même temps le niveau moral s'élève.
L'histoire donne un démenti profond à une argumentation aussi audacieuse. Allez-vous dire
qu'avec le scrutin d'arrondissement les grands
courants ne se sont pas manifestés. Si les ministères Combes et Waldeck-Rousseau ont pu faire
la guerre nécessaire aux moines d'affaires ; s'ils

ont pu réaliser la séparation ; s'ils ont pu faire tout cela, n'est-ce pas à la faveur du courant immense qui a obligé certains représentants à aller plus loin qu'ils ne voulaient aller : Combes et Waldeck-Rousseau avaient galvanisé ce que Briand dédaigne en l'appelant dédaigneusement « mares stagnantes », alors que c'est là que se fait le vrai travail utile de propagande. On disait tout à l'heure que le scrutin de liste avait toujours été un scrutin républicain, c'est faux. Le véritable scrutin républicain, c'est le scrutin qu'a défini dans un texte précis la Convention Nationale. C'est dans la Convention Nationale que se sont trouvées les pensées généreuses de notre Parti, et le scrutin républicain c'est le scrutin d'arrondissement. (*Applaudissements sur quelques bancs.*) Voyez les résultats du scrutin de liste : la Chambre de 1848, « étroite d'esprit et de cœur, malgré les ardeurs généreuses qui avaient présidé à sa naissance », la Chambre de 1849, qui nous a conduits au 2 décembre, la Chambre de 1871 (n'insistons pas à cause des tristes souvenirs qu'elle évoque !) et la Chambre de 1885, qui a mis la République à deux doigts de sa perte.

D'un côté, vous invoquez la tradition pour défendre le scrutin de liste simple : d'un autre côté, vous vous abritez derrière Mirabeau, dont la pensée est douteuse, car il a si bien fait les affaires de la monarchie et ses affaires personnelles, que je trouve bizarre qu'on le prenne pour référence. Parlez de Gambetta, c'est entendu, mais le parti républicain a dit avec Floquet : Vous avez rejeté avec un dédain imprudent l'outil qui a rendu les grands services à la République, vous devez le reprendre pour constituer la majorité républicaine. (*Applaudissements.*)

Du reste, quand vous établiriez une liste, vous auriez besoin de répartir les sièges, pour intéresser toutes les parties d'un département, ce qui fait que vous auriez, selon la très heureuse expression de Lucien-Victor Meunier, des députés d'arrondissement élus au scrutin de liste ! C'est tout ce que je veux dire du scrutin de liste, parce que nos instants sont trop comptés.

Quant au système de la Représentation Proportionnelle, nous y sommes opposés pour des raisons de principe supérieures. Ici, au Congrès, on parle à cœur ouvert ; il m'est permis de dire qu'on m'a fait l'honneur et le grief d'avoir, au sein de la commission électorale, adopté une tactique que Bonnet a qualifiée d'habile. Je proteste ; je n'ai pas fait de la tactique, mais j'ai défendu jusqu'au bout un principe : le système majoritaire ; quand nous avons été battus, nous, partisans d'un système majoritaire, et voilà la véritable distinction, où sont allés nos suffrages ? Aux autres partisans du système majoritaire et, somme toute, contre la Représentation Proportionnelle. Voilà un argument de principe que vous ne détruirez pas. (*Applaudissements.*) Si la majorité, comme je ne le crois pas, se refusait à sanctionner à nouveau le scrutin d'arrondissement, quand on passerait à un autre vote, nous voterions, je ne dis pas avec élan (nous ferions un mariage de raison et non d'inclination) en apportant notre appoint à nos amis, partisans du scrutin de liste. (*Applaudissements.*) Nous voulons, d'autre part, en dehors de ces arguments que j'expose, être ardemment contre la Représentation Proportionnelle, parce que nous ne séparons pas la République et la France, qui ne font qu'un et que nous voulons faire les affaires de la République avec les seuls républicains. (*Applaudissements.*)

Là où nous avons l'intégralité de la représentation républicaine, nous ne voulons rien abandonner de nos positions, et là où la réaction ou bien nos concurrents d'extrême-gauche ont l'unanimité de représentation, nous ne voulons pas de l'aumône humiliante d'un siège : *Timeo danaos...* ils font des présents. Nous ne voulons pas, à la faveur d'un scrutin quelconque, conquérir des sièges contre l'opinion des gens ; nous voulons demeurer nous-mêmes et assurer par nos seuls efforts notre propagande et ne devoir qu'à notre activité et à l'excellence de notre cause, des conquêtes nouvelles. (*Applaudissements.*)

Discours de M. Armand Charpentier

M. ARMAND CHARPENTIER. — Notre Congrès est appelé à se prononcer, une fois de plus, sur la réforme électorale. Il a à choisir entre trois modes de scrutin : le scrutin uninominal, le scrutin de liste pur et simple, le scrutin de liste avec R. P. Vous avez entendu défendre devant vous, avec beaucoup d'éloquence, le scrutin de liste pur et simple et le scrutin uninominal. Permettez-moi d'examiner ce que valent l'un et l'autre scrutins et de voir si le moment n'est pas venu de faire un essai loyal de la représentation proportionnelle.

Je commence par reconnaître que le citoyen Laurent Chat a raison quand il prétend que le scrutin d'arrondissement a été une arme merveilleuse entre les mains du parti républicain pendant ces trente à trente-cinq dernières années. C'était un scrutin de majorité, de combat, très clair, très simple, que tout le monde a compris, que l'on a très bien pratiqué dans l'intérêt de la République. Par cela même que le scrutin uninominal est un scrutin de combat, il faut voir si les conditions actuelles sont les mêmes que celles d'il y a trente ans.

Le scrutin uninominal est merveilleux quand il y a deux partis en présence parceque, généralement, il n'y a aussi que deux candidats. Alors, au premier tour de scrutin, l'élection est terminée ; mais, lorsqu'apparaît un troisième candidat, rien ne nous assure que l'élection sera faite dès le premier tour ; il peut y avoir besoin d'un deuxième tour. Alors, fatalement, il faut que l'un des deux candidats, que l'un des deux partis, aille soit à droite, soit à gauche. Toute la question est là. Or, actuellement, la plupart du temps, il y a plus de deux candidats en présence et nous en avons vu jusqu'à vingt-cinq dans certaines circonscriptions du Midi, car le Midi, avec son merveilleux soleil, fait éclore les candidatures. (*Hilarité et exclamations.*) C'est tout à l'éloge du Midi. (*Nouveaux rires.*) Vous sentez très bien qu'il est très difficile de faire au deuxième tour la discipline, c'est-à-dire de ressouder en deux morceaux les voix qui ont été éparpillées sur plusieurs candidats.

Cette politique du bloc s'est faite très bien en 1902 ; elle s'est encore faite en 1906, et elle a donné au scrutin uninominal la clarté, la précision qu'il avait jadis ; mais, il faut bien le reconnaître, — je n'en cherche pas les causes et je m'appuie

seulement sur les réalités — à l'heure actuelle,
pour des raisons quelconques, le bloc n'existe plus
comme en 1906 et surtout comme en 1902. Il faut
bien reconnaître que parfois — je me garde de
parler d'une façon générale — nous avons été
abandonnés, tantôt par nos alliés d'extrême gauche, tantôt par nos amis de l'Alliance Républicaine
Démocratique. Le bloc devient de plus en plus
difficile à se reconstituer dans le parti républicain ; cette situation permet de plus en plus des
alliances honteuses, susceptibles de se faire cons-
ciemment et inconsciemment, car quelques-unes
de ces alliances se sont faites sans que le candidat
en soit responsable: Le scrutin d'arrondissement
n'est plus alors le rouage de précision, de justice, de vérité qu'il avait été jusqu'à présent.

Autre temps, autres mœurs ; autres mœurs politiques, autre scrutin. Rendons hommage, en
toute justice, au scrutin d'arrondissement pour les
services rendus dans le passé, et voyons si, à
l'heure actuelle, en présence des nécessités, il
n'est pas nécessaire d'apporter des modifications
à notre mode d'élections. Nous sommes d'accord
sur une modification, modification intéressante au
premier chef et urgente à voter : c'est la suppression au deuxième tour de scrutin. Toute la question est là ; trouvez-moi le moyen que vous voudrez, trouvez un scrutin quelconque qui supprime
le deuxième tour et je suis avec vous quelque soit
le mode électoral adopté. Plus de deuxième tour
dans l'intérêt du Parti radical qui est le parti de
la majorité et qui ne doit pas succomber sous les
alliances plus ou moins louches des deux extrê-
mités (*vifs applaudissements*). Voilà la vérité, elle
n'est pas ailleurs.

Notre ami Bouillard, fort éloquemment, a parlé
en faveur du scrutin de liste ; il veut le grand
scrutin rêvé par Gambetta. J'ai le regret de vous
dire, qu'ici, je ne suis pas en harmonie de pensée
avec vous. Quant à moi je préférerais garder le
scrutin d'arrondissement avec ses tares et ses défauts plutôt que d'adopter le scrutin de liste. Le
scrutin de liste est le scrutin des grands courants,
vous l'avez dit et vous avez raison : mais les
grands courants ne sont pas toujours les courants
du parti au pouvoir ; ce sont des courants d'oppo-

sition. Le scrutin de liste est fait pour servir ces courants, comme le Boulangisme, le Nationalisme, mais il ne peut pas servir un parti au pouvoir. Au pouvoir, on n'électrise pas les masses, on fait des réalisations, on fait des lois, mais on ne remue pas les foules comme lorsqu'on parle au nom d'un général populaire ou d'une opposition hypocrite. Donc, le scrutin de liste serait excessivement dangereux si nous n'y ajoutions le correctif de la représentaion proportionnelle.

J'arrive à la troisième partie de la discussion. Quel est donc le reproche que l'on adresse à la R. P. ? Si je l'adopte, c'est parce qu'elle a pour moi le mérite de supprimer le deuxième tour de scrutin ; si elle devait avoir des inconvénients supérieurs à ce mérite, je la repousserais immédiatement. On vous dit : prenez garde à la R. P. qui va soustraire le député au contrôle de ses comités et de ses électeurs.

Citoyens, il n'en est rien, c'est le contraire de la vérité, car le premier mérite du scrutin de liste avec R. P. sera d'obliger les partis à s'organiser. Or, à l'heure actuelle, il n'y a qu'un parti qui soit réellement, fortement organisé : c'est le parti socialiste unifié. Le parti socialiste unifié a une discipline, un règlement et je vous prie de croire que ses élus sont les premiers à être disciplinés. Nous, nous commençons à être organisés ; continuons, mais le jour où existerait la Représentation Proportionnelle, ce ne sont pas seulement 25 députés ou sénateurs que vous verriez dans vos congrès, ce serait l'ensemble des élus à qui vous avez donné un mandat. (*Applaudissements.*)

Parfois vous êtes sévères à l'égard de vos parlementaires ; si ceux-ci voulaient prendre la parole, ils pourraient vous dire que c'est vous qui êtes véritablement responsables des indisciplines qu'ils commettent. Il n'y a qu'un moyen pour les discipliner ; c'est de constituer des cadres à votre Parti ; c'est de lui donner un programme net et précis. Avec la Représentation Proportionnelle, c'est le premier résultat auquel vous arriverez (*nombreux applaudissements ; mouvements divers*). J'entends dire : non ; vous me permettrez bien d'essayer d'exprimer mon opinion, espérant que du choc des idées jaillira la lumière.

Avec la Représentation Proportionnelle, vous obligerez les candidats et les groupements à avoir un programme net et défini. Est-ce que vous vous figurez par exemple que le candidat de l'opposition, qui passe avec une étiquette nationaliste, pourra continuer à avoir cette étiquette vague et indéfinie? A Paris, nous avons des voix royalistes, bonapartistes et puis aussi des voix de simples imbéciles qui se croient républicains parce qu'ils sont anti-gouvernementaux. Vous sentez très bien que le jour où un candidat mettra dans son programme un projet comme la séparation des Eglises et de l'Etat, il ne pourra pas se faire élire comme député royaliste ou clérical. Chaque parti sera mieux défini, et cela se sentira bien mieux encore dans la province. Est-ce que vous croyez que dans le Midi Compère-Morel aurait pu passer avec la R. P. ? (*cris : non, non, hou ! hou !*). Il aurait pu être élu, je ne le conteste pas, mais alors il aurait été élu loyalement, clairement. Je dis qu'il n'aurait pas pu passer par la voie de l'équivoque *comme* cette fois-ci (*bruit*). L'avantage de la R. P. est donc d'obliger les partis à s'organiser, d'obliger les candidats à aller à la bataille avec un programme clair, précis, net.

Je vous dis que lorsque vous aurez obtenu ce résultat, vous aurez consolidé vos positions ; la R. P. donnera à chaque électeur les moyens de se prononcer sur un programme d'affirmation. Comment vous figurez-vous que sera choisi le député ? Il sera choisi par les comités d'arrondissement. Vous pourrez toujours choisir votre candidat en comité même si fonctionne le scrutin de liste avec R. P. Vous vous réunirez pour choisir votre candidat, puis les comités d'arrondissement se réuniront à leur tour, et la fédération départementale dressera la liste collective des candidats du parti. Vous serez donc maîtres chez vous ? Ce n'est pas d'en haut que viendrait le choix des candidats ; c'est vous, qui d'en bas, enverriez les candidats. C'est pourtant bien simple (*cris : Aux voix ! aux voix !...*) Je conclus... Ma conclusion est celle-ci ; je vous engage à vous prononcer contre tout scrutin qui nécessite un 2e tour, contre tout mode électoral ayant besoin d'un deuxième tour. Comme le scrutin de liste avec R. P. est le seul qui aboutisse à ce résultat, je vous invite à voter avec moi pour le **scrutin** de liste avec R. P. (*Applaudissements.*)

Le président. — L'Asemblée veut sans doute remettre à cet après-midi la suite de la discussion (*approbations unanimes*).

La séance est levée à 11 h. 50.

QUATRIEMÉ SEANCE

Samedi, 8 octobre, après-midi

La séance est ouverte à deux heures par M. Dubief qui invite l'assemblée à nommer son Bureau.

Le Bureau est ainsi constitué :

Président : M. Henri Michel, sénateur des Basses-Alpes, ancien président du Comité Exécutif :

Vice-Présidents : MM. G. Poulle, sénateur de la Vienne; Dalimier, député de Seine-et-Oise ; Gervais, sénateur de la Seine ; Thalamas, député de Seine-et-Oise ; Corneau, (Ardennes, Andrade (Doubs), Payan (Bouches-du-Rhône). L.-V. Meunier (Vendée) ; Gavaudan (Bouches-du-Rhône), May (Seine-Inférieure).

Secrétaires : MM. Henri Cosnier, député de l'Indre ; Schmidt, député des Vosges : Mons, député de la Corrèze ; Monestier, député de la Lozère ; Josias-Paut (Gard), Duvergé (Gironde), Deschamps (Sarthe), Forestier (Seine), Hemmerschmidt (Seine-et-Oise), Péron (Pas-de-Calais)

Le Président. — Citoyens, les travaux de notre congrès ne sont pas suffisamment avancés pour que le Président puisse se permettre de prononcer un discours, mais je tiens, avant de donner la parole aux orateurs et de reprendre le débat engagé ce matin devant vous, à remercier au nom du Bureau tout entier et en mon nom personnel, les congressistes qui nous ont fait le très grand honneur de nous appeler à diriger les travaux de cette séance.

Cette séance sera particulièrement importante ; vous allez terminer la discussion de la réforme électorale ; vous aborderez ensuite les réformes sociales. C'est dire que nous avons besoin de tous nos instants ; aussi je ne veux pas vous en faire perdre un seul et je me contente de vous dire merci.

Le Bureau compte que vous lui faciliterez l'accomplissement de sa tâche, en laissant la discussion s'engager librement sur les questions de principes qui vous sont soumises. (*Très bien! sur tous les bancs, vifs applaudissements.*)

La parole est à M. Bouillard, rapporteur de la commission de Réforme électorale.

LA REFORME ELECTORALE

(Suite de la discussion).

M. Bouillard. — Citoyens, ma qualité de rapporteur de la commission de la Réforme électorale m'oblige à venir vous demander de vous associer au vœu suivant présenté par la Fédération radicale d'Alais relativement aux lois qui sont les garanties nécessaires de la liberté du vote.

Le Congrès du Parti radical et radical-socialiste réuni à Rouen en octobre 1910, considérant que les dernières élections législatives dans certains départements, et notamment dans le département du Gard, ont donné lieu à des accusations publiques de fraude électorale, truquage de bulletins et erreur de compte des suffrages qui ont vivement ému l'opinion :

Considérant que dans un pays où la souveraineté de la nation est basée sur l'exercice du droit de vote, il est de haute et essentielle moralité de rechercher et d'employer toutes les mesures susceptibles d'assurer la sincérité du suffrage universel et le respect de ses décisions ;

Emet le vœu que le Parlement vote dans les plus brefs délais les projets de loi assurant la liberté et la sincérité du vote.

(Ce vœu est adopté à l'unanimité.)

Le Président. — Nous sommes saisis du vœu suivant :

Les délégués de la 4ᵉ circonscription de Saint-Denis (Seine), attirent l'attention du Congrès sur la nécessité de formuler les droits respectifs des candidats quant à l'affichage et d'assurer désormais, quel que soit le système électoral adopté, le libre exercice de ces droits ; d'instituer enfin, des sanctions telles que les chances d'une candidature ne puissent désormais dépendre, ni de la puissance de l'argent, ni de la force brutale.

Ils émettent ce vœu, et demandent au Congrès de renvoyer à une commission l'étude de cette question.

Ce vœu pourrait être joint au précédent. (*Assentiment.*)

L'Assemblée renvoie à la commission un vœu présenté par les délégués de Colombes.

Discours de M. J.-L. Bonnet

Le Président. — La parole est à M. J.-L. Bonnet, rapporteur de la minorité de la commission.

M. J.-L. Bonnet. — Je prie le Congrès de m'accorder sa bienveillante attention. Je vous ai présenté, citoyens, un rapport très long et je voudrais faire un discours aussi bref que possible.

Je vais de suite déblayer le terrain et répondre aux objections présentées ce matin par M. Bouillard, rapporteur de la majorité de la commission, et par M. Laurent Chat.

M. Bouillart m'a d'abord adressé une critique en quelque sorte rétrospective ; il me reproche d'avoir préconisé le système d'Hondt dans mon rapport au congrès de Nancy 1907 et de m'y attacher encore cette année. Je lui ferai simplement remarquer que mon rapport au congrès de Rouen n'en fait pas même mention. Nous ne recommandons aucun système particulier de Représentation Proportionnelle, nous vous invitons seulement à vous prononcer sur un principe. Nous aurions beaucoup à dire si nous entrions dans les détails d'un projet, mais cela nous entraînerait trop loin et n'est pas en cause aujourd'hui. (*Très bien !*)

M. Bouillart a ajouté que nous voulions créer de nouveaux fonctionnaires, et il a dit : « Vous avez donc cette maladie. Ce matin, vous invitiez le congrès à instituer de nouveaux fonctionnaires avec les délégués permanents et vous voulez maintenant créer pour la Représentation Proportionnelle une autre catégorie de fonctionnaires ». Je regrette que vous n'ayez pas voté la nomination de délégués permanents. Mais quant aux fonctionnaires qu'exigerait l'application de la R. P., ce serait de modestes répartiteurs désignés par arrêté préfectoral et fonctionnant quatre heures tous les quatre ans. Si la France n'avait que des fonctionnaires de ce genre, je crois que le budget en serait très allégé, mais aussi que les affaires publiques ne pourraient guère fonctionner.

Mon ami Bouillart a continué ses critiques en

ne tenant aucun compte des arguments de mon rapport et en n'essayant même plus de les réfuter ; le procédé est un peu trop simpliste. Je ne veux pas lasser votre patience et reprendre les termes de mon rapport ; je vous prie de vous y reporter en ce qui concerne « le vote représentatif et le vote délibératif » qu'on vient encore de confondre. J'en ai montré la différence fondamentale. (*Très bien !*)

M. Bouillart m'a objecté que les Français sont avides de clarté et ne comprendront pas le problème compliqué, obscur, hérissé de difficultés, que serait la Représentation Proportionnelle. Le dépouillement du scrutin serait, notamment, malaisé et interminable.

C'est ne pas connaître le mécanisme et les résultats du système que tenir un pareil langage. L'expérience a été faite à l'étranger et est décisive. Les adversaires les plus acharnés de la R. P., comme ses partisans, ont proclamé que le dépouillement n'offrait aucune espèce de complication. Pour vous convaincre, il me suffira de vous lire les déclarations de témoins en Belgique et en Suisse où fonctionne la R. P.

En Belgique, la première application intégrale de la Représentation Proportionnelle a eu lieu le 27 mai 1900. Voici ce qu'en a écrit M. Goblet d'Aviella, sénateur libéral :

« Personne n'oserait plus aujourd'hui incriminer la complexité du système. Les proportionnalistes n'étaient pas sans inquiétude à cet égard, étant donné la nouveauté du régime et les masses considérables d'électeurs trop souvent illettrés dont il s'agissait de recueillir et de dépouiller les suffrages... A Bruxelles, pour 170.000 électeurs, le dépouillement commencé vers trois heures, était terminé entre huit et dix heures du soir, c'est-à-dire que toutes les opérations s'étaient poursuivies avec autant de précision et plus de rapidité que sous le régime majoritaire... *Il n'y a plus guère qu'à l'étranger où l'on dénonce encore les complications de notre système électoral.* »

M. Bouillart fera bien de relire cette dernière phrase. (*Rires.*)

Passons en Suisse. *Le Genevois*, journal radical, qui avait toujours combattu la réforme, écrivait le

15 novembre 1892 : « Le dépouillement s'est fait vite et correctement. Nous ne faisons aucune difficulté de reconnaître que sous ce rapport, nous avons été trompés en bien ; la loyauté nous impose cette constatation ».

Du *Journal de Genève*, cette citation : « Au point de vue pratique, le nouveau système a fait brillamment ses preuves : dépouillement et récapitulation se sont effectués avec la plus grande facilité et *tout a été terminé plus promptement que par le passé* ».

L'objection de M. Bouillart est donc réduite à néant et ceux qu'elle avait pu ébranler seront les premiers à en reconnaître la témérité. (*Applaudissements.*)

M. Bouillart vous a dit ensuite : « Pourquoi les droitiers et les socialistes unifiés veulent-ils la Représentation Proportionnelle ? » et il ne trouve pas de raison à cette tactique qui lui inspire une grande défiance. Mon rapport vous l'indique avec clarté ; veuillez en lire ces deux chapitres : « Pourquoi les autres partis réclament la R. P. » et « Autres raisons des socialistes ». J'ai répondu par avance à la question de M. Bouillart qui ne' m'a rien répondu du tout. (*Applaudissements.*)

M. Bouillart a continué, imperturbable, s'exclamant : « Les radicaux et radicaux-socialistes qui se sont prononcés pour la Représentation Proportionnelle sont donc de grands naïfs. Que réclament-ils en la circonstance ? Ce sont des dupes ».

Citoyens, les radicaux et radicaux-socialistes qui se sont prononcés pour la Représentation Proportionnelle ne sont ni des naïfs, ni des dupes. Pour des motifs divers, nous défendons cette noble cause et nous nous en honorons. Nous respectons les principes de la *Déclaration des Droits de l'Homme* et nous servons l'idée de Justice, foulée aux pieds par le système majoritaire ; nous nous réclamons des plus illustres penseurs français qui nous ont montré la voie à suivre ; nous prétendons sauvegarder les intérêts de notre Parti que le scrutin majoritaire compromet aujourd'hui et ruinera demain. (*Très bien !*)

Beaucoup d'entre vous ajoutent foi à cette légende que la Représentation Proportionnelle est une invention cléricale d'origine belge. Je les invite à lire mon rapport où j'établis que la R. P. est d'origine française et appartient à la plus glorieuse lignée républicaine. Ses précurseurs et ses théoriciens sont Mirabeau et Condorcet, Louis Blanc et Edgard Quinet, Victor Considérant et Cantagrel. (*Interruptions.*)

Une voix. — On a écouté le rapporteur de la majorité ; écoutez celui de la minorité.

Le Président. — Vous n'ignorez pas qu'il y a des orateurs inscrits pour et contre. Je vous demande simplement de faciliter la tâche du bureau et d'écouter avec attention. (*Très bien !*)

M. J.-L. Bonnet. — Des interrupteurs contestent le fait : c'est qu'ils ignorent l'admirable lettre de Victor Considérant au grand Conseil constituant de Genève en 1846, après la révolution du Sonderbund ; et ils ne savent pas davantage le rôle qu'a joué le proscrit républicain Cantagrel dans les débats constitutionnnels de Neufchâtel, en 1848 (*Très bien.*)

Je n'insiste pas. Mais, citoyens, si un parti peut revendiquer avec fierté l'honneur d'avoir posé, le premier, la question de la Représentation Proportionnelle à la Chambre, c'est le nôtre. (*Nouvelles interruptions sur quelques bancs.*) Mais vous ne connaissez pas l'histoire de votre parti ; je vais vous la rappeler.

Un délégué. — C'est le parti réactionnaire qui s'occupe de la R. P. (*Bruit.*)

Un délégué (à M. Bonnet). — Ne répondez pas aux questions personnelles.

M. J.-L. Bonnet. — La question a été posée pour la première fois à la Chambre, le 20 mars 1885, par un proscrit de l'Empire, M. Courmeaux, député radical-socialiste de la Marne, vice-président du groupe de l'Extrême gauche qui équivalait au groupe radical-socialiste d'aujourd'hui. C'était au moment où le cabinet Brisson proposait à la Chambre de remplacer le scrutin uninominal par le scrutin de liste.

A l'article premier du projet de loi ainsi conçu : « Les membres de la Chambre des députés sont élus au scrutin de liste, par département », M. Courmeaux proposa d'ajouter «... avec Représentation Proportionnelle des majorités et des minorités. »

Cinquante-huit députés seulement votèrent cet amendement et, parmi eux, des radicaux-socialistes de grande notoriété : Barodet, Anatole de la Forge, Cantagrel, Gagneur, Peytral, Granet, Frédéric Passy, Bougues, Leydet, Beauquier. C'est bien l'un des nôtres, et des meilleurs, l'énergique radical-socialiste Courmeaux qui, le premier, a posé au Parlement la question de la Représentation Proportionnelle. J'ai donc le droit de m'étonner que des radicaux et radicaux-socialistes contestent son origine. (*Applaudissements.*)

Ce sont des radicaux et radicaux-socialistes qui ont ensuite entrepris de rallier l'opinion publique à la Représentation Proportionnelle et en ont fait connaître le mécanisme et les bienfaits. Cette généreuse initiative a été prise par la Franc-Maçonnerie française. La campagne avait été commencée dès 1881, à la Loge maçonnique de Montpellier par un citoyen dont je vais vous dire le nom ; j'aperçois cet initiateur, ce coupable ; il siège à ce congrès : c'est mon excellent ami Gariel, mon collègue au Conseil de l'Ordre du Grand-Orient de France, directeur du grand journal régional radical-socialiste, le *Petit Méridional*, dont vous appréciez tous la sincérité des opinions, le dévouement, la vaillance et le désintéressement. (*Applaudissements prolongés.*)

M. Gariel expose, en 1881, à la Loge de Montpellier, le principe et les avantages de la Représentation Proportionnelle et fait voter une motion en faveur de la Réforme ; le texte en est communiqué aux autres ateliers. En 1884, la loge maçonnique de Clermont-Ferrand, *Les Enfants de Gergovie*, discute longuement la question et adopte un ordre du jour fortement motivé que lui présente son président, M. le docteur Blatin, maire de Clermont-Ferrand, qui fut député radical-socialiste du Puy-de-Dôme de 1885 à 1889 ; je m'honore d'avoir collaboré à la rédaction de cet ordre du jour qui fut envoyé à toutes les loges de France avec invitation de le mettre à l'étude. (*Très bien.*)

Dès lors, dans chaque ville importante de France, la question est soumise à un examen approfondi. La propagande se poursuit dans chaque loge. Lentement, se forme la conviction des plus fermes républicains ; elle finit par apparaître unanime et se prononce avec vigueur. Mon rapport vous a signalé que le Congrès des Loges du Midi a Montpellier en 1897, le Congrès des Loges du Sud-Ouest à Toulouse et le Congrès des Loges de la Région Parisienne en juin 1898 ont demandé l'élection de la Chambre des Députés au scrutin de liste avec Représentation Proportionnelle. C'est au Convent de septembre 1898 qu'après un long débat, l'Assemblée générale des Loges du Grand-Orient de France a adopté, à l'unanimité, un mémorable ordre du jour déclarant que « l'application du principe de la Représentation Proportionnelle en matière électorale doit être mis en tête de tous les programmes de réformes républicaines ». *(Applaudissements.)*

Huit ans après, la question revient devant le Convent maçonnique de septembre 1906 et cette fois encore, comme conclusion des élections législatives de mai, après une discussion non moins complète, l'Assemblée générale des Loges du Grand-Orient de France réclame la Représentation Proportionnelle et vote à l'unanimité, moins cinq voix, l'ordre du jour de 1898. Plusieurs d'entre nous ont assisté à ces convents ; j'ai plaisir à restituer devant eux la vérité historique et à retracer avec exactitude, devant cette assemblée républicaine, les véritables origines de la Représentation Proportionnelle que le parti clérical essaie aujourd'hui d'accaparer. Citoyens, ce court exposé vous le démontre avec évidence : l'idée de la Représentation Proportionnelle est essentiellement française ; elle a été préconisée dans notre pays par d'illustres orateurs, philosophes, historiens et hommes politiques qui ont été les guides de la démocratie ; les premiers, des représentants radicaux et radicaux-socialistes l'ont proposée au Parlement et la Franc-maçonnerie en a été le principal initiateur et propagateur. Qu'on ne nous parle donc plus d'une invention cléricale d'origine belge ! *(Vifs applaudissements.)*

Le majorité de la commission du Congrès s'est prononcée hier pour le scrutin de liste simple. Les partisans du scrutin d'arrondissement se sont ligués avec les partisans du scrutin de liste et ont fait bloc contre les proportionnalistes. M. Laurent

Chat a invité ses amis à en faire autant au Congrès. Cette petite manœuvre permettra peut-être de réunir ici une majorité contre la Représentation Proportionnelle et quand elle aura réussi, quel but aurez-vous atteint ? Vous aurez fait voter une motion favorable au scrutin de liste simple : aurez-vous lieu de vous en féliciter et quels saraient les résultats de ce mode de votation ? Mon devoir est de vous faire connaître la vérité. (*Très bien.*)

Mon rapport a mis sous vos yeux les résultats du scrutin de liste en 1885 ; vingt-six départements ont eu une représentation exclusivement réactionnaire. La question la plus angoissante se pose à votre conscience républicaine. Les 164.000 réactionnaires du Nord ont eu les vingt sièges, les 128.000 républicains n'en ont eu aucun. Pouvez-vous admetre cette iniquité ? Estimez-vous juste que les 61.500 réactionnaires du Finistère aient accaparé les dix mandats à l'exclusion des 58.000 républicains, parce que ceux-ci avaient 3.500 voix de moins ? Trouverez-vous légitime que les 75.000 républicains de la Manche, les 40.000 républicains de l'Aveyron aient été privés de toute représentation ?

Si la Chambre rétablit le scrutin de liste simple, la même iniquité sera consommée. Dans Maine-et-Loire, par exemple, les 78.000 suffrages de droite enlèveront tous les sièges aux 46.351 républicains. Dans divers départements, vous perdrez en un jour le bénéfice de quarante années de luttes. M. Gioux, député de Beaugé, assistait à la séance d'hier et je regrette qu'il soit absent aujourd'hui. Notre ami vous aurait tracé le tableau de l'Ouest ; vous auriez appris de sa bouche quel courage héroïque déployaient les républicains, petits commerçants, modestes artisans, humbles ouvriers de l'usine et de la terre, menacés par la cure et le château, boycottés, tyrannisés par l'opulent industriel ou par le grand propriétaire foncier. Le scrutin de liste simple arracherait à ces braves gens les députés républicains qui sont leurs seuls défenseurs; le scrutin de liste disperserait les foyers d'idéal démocratique qui restent allumés au prix de sacrifices constants ; le scrutin de liste simple livrerait une légion de vaillants citoyens aux représailles d'adversaires implacables. Je déclare très haut

que le Parlement de la République n'a pas le droit
de commettre cette mauvaise action ; j'invoque le
devoir supérieur de la solidarité républicaine qui
condamne un mode de votation aussi funeste.
(*Applaudissements.*)

Citoyens, il faut vous rendre à l'évidence. Vous
ne pouvez accepter le scrutin de liste qu'avec
Représentation Proportionnelle. Le système majoritaire est caduc. La situation a changé du tout au
tout depuis 1885. Pelletan l'a écrit récemment et
l'a dit dans son discours à la Chambre : « Il y a
ceux qui veulent aller en avant et ceux qui veulent
aller en arrière. » Je suis parmi ceux qui veulent
aller en avant contre ceux qui nouent des coalitions
contre notre Parti. (*Très bien !*)

La discipline républicaine n'est plus observée et
le système majoritaire ne peut fonctionner, durer,
que si les fractions de gauche s'accordent à maintenir cette discipline. Je suis convaincu que nous
continuerons aisément à nous entendre avec l'Al-
liace Républicaine Démocratique, mais l'entente
paraît impossible avec le parti socialiste unifié qui
la repousse.

Vous savez qu'aux élections du 24 avril et du
8 mai 1910, nos candidats ont été victimes d'abo-
minables coalitions dans de nombreuses circonscriptions. Plus de vingt socialistes unifiés ont dû
leur nomination à la réaction et il en est dont l'ensemble des suffrages comprend une majorité cléricale et une minorité socialiste. Croyez-vous que
ce touchant accord va cesser ? Il a trop bien
réussi pour qu'on ne le renouvelle pas. (*Très
bien.*)

Ce qu'il y a de plus inquiétant, c'est la mentalité
nouvelle qui s'est révélée. Notre Parti ferme immédiatement la porte au candidat qui a recueilli
les suffrages de droite et se sépare de celui qui a
manqué à la discipline. Le parti socialiste unifié,
au contraire, a accueilli à bras ouverts ses candidats qui ont bénéficié de l'appoint clérical ; ces
élus d'une alliance clérico-révolutionnaire figurent
dans le groupe de l'unification, portent la parole en
son nom à la Chambre, exercent officiellement leur
apostolat dans le pays au profit de leur parti. Leurs
collègues unifiés les honorent ; leur conseil national et leurs fédérations se réjouissent de leur en-

trée au Parlement. On en arrive ainsi à ne considérer que le succès et à admettre que la fin justifie
les moyens. Cet abaissement de la moralité crée un
redoutable péril. (*Vifs applaudissements.*)

Vous n'êtes pas assez naïfs pour supposer que
le parti socialiste unifié reviendra à la tradition
républicaine et renoncera à ce petit jeu des coalitions dont il a tant profité. Examinez froidement
la situation qui vous est faite. Vous détenez un
nombre important de mandats dans les assemblées
publiques, la droite se concerte avec l'extrême
gauche pour les prendre. La réaction pratique la
politique du pire ; elle est animée d'une haine
féroce contre la République et d'une rancune inex-
tinguible contre notre Parti qui lui barre la route ;
elle apporte son concours au violent, au révolutionnaire pour renverser le premier obstacle à ses
desseins. Les deux extrêmes se touchent, leur accord s'établit sur ce point précis : vous êtes la
tranche de milieu dont chacun veut découper un
morceau et sous le couvert de la R. P. se nouent
des coalitions infâmes qui aboutissent à s'emparer des mandats. Le système majoritaire favorise
ces pactes, la Représentation Proportionnelle les
supprimerait. (*Applaudissements.*)

Un des gros inconvénients du système majoritaire, c'est qu'il fait de la réaction l'arbitre des
combats républicains. L'observation de la discipline et la formation du bloc de gauche l'empê-
chaient de jouer ce rôle ; elle a maintenant le
champ libre et elle en use avec perfidie. Sa tactique vise à adultérer les programmes et à décom-
poser la majorité. (*Sensation.*)

Voici une circonscription où deux radicaux sont
en présence et les unifiés une poignée. Nous avons
un candidat du Parti qui lutte avec un dissident.
Celui-ci est un des radicaux de rechange que nous
ne voyons surgir qu'au moment des élections ; il
se dira plus radical que son concurrent dont il
fera la critique amère et il s'efforcera de capter les
suffrages par des surenchères et des procédés de
démagogie. La réaction lui apportera son appoint
qui le fera triompher ; comment rémunérera-t-il
ce concours ? Par un abandon partiel de ses théories, par des complaisances et des connivences.
Le député portera à la Chambre une fausse éti-

quette radicale et servira, dans sa circonscription, à disloquer notre Parti et à en compromettre les doctrines. (*Très bien.*)

Ailleurs, où un socialiste unifié dispute le siège au député radical-socialiste sortant, il suffit que ce dernier appartienne à la majorité gouvernementale pour que l'opposition se dresse contre lui. Le clérical appuie instinctivement le démagogue contre le républicain de raison ; ce spectacle nous a été donné en mai dans de trop nombreuses circonscriptions.

Un délégué. — Cela s'est passé ainsi chez nous.

M. J.-L. BONNET. — Et cela recommencera de plus belle si le scrutin majoritaire est maintenu. Le langage que j'entends tenir m'en fournit la preuve. Quels regrets exprime-t-on ? D'avoir mis la main dans la main de nos adversaires traditionnels, d'avoir conclu des alliances immorales où chacun abdique ses opinions et laisse un lambeau de sa dignité ? Pas le moins du monde. Des radicaux dissidents et des socialistes unifiés ne nourrissent pas ces remords tardifs et n'affichent pas ces vains scrupules. Ils déclarent paisiblement qu'ils ont eu le tort de ne pas agir comme des camarades et de ne pas se précipiter à la curée. — « Nous ne savions pas, disent-ils. Nous ne pensions pas que la situation du député sortant était aussi amoindrie, que sa majorité serait aussi diminuée, qu'il était un colosse aux pieds d'argile. Si nous nous en étions doutés, nous nous serions jetés dans la mêlée et l'appoint de la réaction nous aurait valu le siège ».

Quantité de gens font ce cynique raisonnement et céderont à la tentation. Recevez-en l'avertissement formel : le maintien du scrutin d'arrondissement conduira à la généralisation de ces coalitions, la menace est suspendue sur la tête de nos candidats, comment y parerez-vous ? Les proportionnalistes vous fournissent un moyen, la Représentation Proportionnelle, mais vous le repoussez. Quel est donc le vôtre ? Pelletan prendra dans un instant la parole, je m'en félicite avec vous et serai heureux de l'écouter ; mais je lui demande, comme je le demande aux autres orateurs antiproportionnalistes, de ne pas se borner à des critiques, à des négations et de nous indiquer un remède à des maux certains en remplacement du remède que nous proposons et qu'ils écartent. (*Vifs applaudissements.*)

Le scrutin de liste simple aggraverait les difficultés. Plus que le scrutin uninominal, il écrase les minorités et confisque leurs droits ; je le condamne au nom de l'idée de justice et je redoute ses résultats. Je ne l'accepte qu'avec le correctif de la Représentation Proportionnelle.

M. PELLETAN. — C'est la négation du suffrage universel.

M. J.-L. BONNET. — C'est la consécration des droits égaux des citoyens et la garantie de l'équité. (*Bruit.*) Je comprends très bien vos sentiments. Si nous sommes, les uns et les autres, aussi passionnés pour la Réforme électorale, c'est que nous croyons avec une entière bonne foi que tel ou tel mode de scrutin est avantageux ou funeste à la République. Qu'est-ce que nous avons à craindre de la Représentation Proportionnelle ?

Un délégué. — Tout. (*Bruit.*)

M. J.-L. BONNET. — J'aurais préféré des précisions et je vais m'efforcer de détruire vos appréhensions.

Le Parti catholique belge occupe un peu plus de la moitié des sièges, bien qu'ayant obtenu un peu moins de la moitié des suffrages, contre les deux oppositions de gauche qui ont totalisé plus de la moitié des suffrages. Pourquoi ? Parce qu'il est le parti le plus nombreux des trois.

Quel est donc le parti qui a la situation prépondérante dans l'immense majorité des départements français et qui y compte le plus grand nombre de suffrages ? Le nôtre.

C'est notre Parti qui bénéficiera le plus du jeu de la Proportionnelle. (*Applaudissements.*)

Dans le calcul de la répartition des sièges par la Représentation Proportionnelle, deux règles invariables protègent les minorités :

1° Une liste qui a obtenu la majorité absolue des suffrages est assurée d'avoir au moins la moitié des sièges. Cet énoncé équivaut à un truisme et ne sera contesté par aucun de vous.

2° Une liste qui a obtenu la majorité relative des suffrages est assurée d'avoir au moins autant de sièges que n'importe quelle autre.

Cela n'est pas vrai, tant s'en faut, avec le système majoritaire où le candidat ayant eu la majorité relative au premier tour est battu au ballottage par la coalition des minorités. Nous l'avons appris à nos dépens le 8 mai dernier, et nous l'apprendrions à nos dépens au scrutin de liste simple. (*Très bien.*)

Appliquons ces deux règles élémentaires à nos départements. Dans presque tous, le parti radical y possède la majorité absolue ou la majorité relative.

Dans les départements où il a la majorité absolue, il aura au moins la majorité des sièges.

Dans les départements où il a la majorité relative, il aura au moins autant de sièges que n'importe quel autre parti et il sera sûr de les avoir, puisqu'une coalition ne les lui prendra pas. (*Très bien.*)

Dans les départements où il est en minorité, il sera sûr d'avoir le nombre de sièges correspondant au nombre de suffrages réunis par cette minorité.

Ces données sont incontestables. Dès lors, comment la Représentation Proportionnelle pourrait-elle être une diminution de notre Parti ? Vos inquiétudes sont chimériques. Les antiproportionnalistes se repaissent d'une légende, d'une fiction. Nous détenons la majorité, et non la totalité des mandats législatifs. Où la Représentation Proportionnelle nous fera-t-elle perdre des sièges ? Dans neuf départements où nous possédons la totalité et dans une dizaine où nous avons la presque totalité. Dans tous les autres départements, nous conserverons nos mandats ou nous en gagnerons. Tandis qu'avec le scrutin d'arrondissement la généralisation de la coalition nous amène à la défaite et le scrutin de liste simple à une aventure et à un désastre. (*Applaudissements. Bruit.*)

Les citoyens qui protestent sont hypnotisés par le souvenir du scrutin de liste en 1885 et ne se rendent pas compte du changement radical qui s'est produit. Le parti socialiste unifié n'existait pas et les minorités socialistes étaient, en quelque sorte, infinitésimales. Dans le Nord, la liste socialiste Delory-Carrette a rallié de 1.700 à 2.000 voix en 1885, tandis qu'en 1910, les candidats socialistes unifiés ont obtenu 129.143 suffrages et détiennent six sièges. Dans la Somme, la liste socialiste n'a réuni que 1.300 voix en 1885, tandis qu'en 1910, les candidats socialistes unifiés ont eu 22.462 suffrages et détiennent un siège.

En 1885, les fractions républicaines ont fait bloc au second tour contre la liste réactionnaire : en serait-il de même en 1914, au scrutin de liste simple ? J'en doute. Le parti socialiste unifié fait bande à part, refuse de se soumettre à la discipline républicaine ; sa conduite en avril et mai 1910 n'est pas de nature à nous inspirer confiance pour l'avenir. (*Très bien.*)

Choisissons un autre exemple, les Bouches-du-Rhône. Notre ami Pelletan, partisan du scrutin de liste, serait la tête de liste de notre Parti. Je suis convaincu que sa grande notoriété lui permettrait d'affronter toutes les coalitions ; mais les chances de notre liste seraient incertaines. En 1885, Pelletan, avec le regretté Leydet, a été le chef de la liste radicale-socialiste et a obtenu au premier tour 37.473 voix, la liste réactionnaire 29.000, la liste progressiste 19.000. Les socialistes avec Jules Guesde et Cadenat ont à peine compté.

M. PELLETAN. — Dans les Bouches-du-Rhône, ils n'ont pas compté.

M. J.-L. BONNET. — Cette liste n'a réuni que 800 voix. En 1910, au contraire, les socialistes unifiés ont obtenu 33.099 voix, les socialistes indépendants 22.547, les progressistes 32.191, les radicaux et radicaux-socialistes 22.006. En 1885, la députation était entièrement radicale-socialiste ; en 1910, elle comprend 3 socialistes unifiés, 2 socialistes indépendants, 3 progressistes et 2 radicaux-socialistes. Que se passerait-il au scrutin de liste simple en 1914 ? Je sais seulement qu'avec la Représentation Proportionnelle, les deux radicaux sortants seraient réélus et que nous gagnerions probablement deux sièges. (*Très bien.*)

Citoyens, mon rapport vous dit sans ambages la vérité. Le chapitre intitulé : « Les périls du scrutin de liste simple » vous montre qu'une coalition se formera contre nous au scrutin de liste simple et qu'elle sera plus dangereuse qu'au scrutin d'arrondissement.

Ne nous faisons pas d'illusions. Au scrutin

d'arrondissement, avec la généralisation des coalitions qui me paraît certaine — si quelques-uns de vous s'imaginent qu'elle ne se produira pas, qu'ils le déclarent ! — nous sommes en péril dans plus de 60 circonscriptions. Au scrutin de liste simple, ce sera dans 60 départements. Que deviendra alors notre Parti ? (*Très bien !*)

Et quand on m'objecte : « La Représentation Proportionnelle nous décimera. » Je réponds : elle nous libérera et nous sauvera. Le scrutin de liste simple, c'est la certitude de l'échec. Les meilleurs de nos amis pourront rester sur le carreau, parce que la coalition se dressera effrontément contre eux et que les deux bras de l'étau se resserreront sur notre Parti dans une soixantaine de départements. Je vous crie donc : Casse-cou ! Ne nous jetons pas dans cette aventure. Conservons nos représentants ; défendons le droit égal des majorités et des minorités à la Représentation Nationale. Affirmons les principes de liberté et de justice sans lesquels les partis n'existent pas. Nous ne vivons que pour un idéal ; s'il n'y en a plus, si on n'apporte pas du désintéressement, si on fait la politique des petits profits et si c'est celle-ci qui domine, qu'est-ce que nous ferions ici ? (*Vifs applaudissements.*)

M. SÉVERAC, délégué du quatorzième arrondissement de Paris, interrompant avec l'assentiment de M. Bonnet. — Le scrutin de liste existait en 1885, tel que vous l'avez dit ; mais il n'en est pas moins vrai qu'en 1889, en pleine période boulangiste, lorsqu'il se présenta un poste vacant de député, tout le parti républicain de la Seine avait désigné un seul candidat, le citoyen Jacques, ancien président du Conseil municipal, qui avait 18 ans de présence au Conseil général et était un radical avéré et un homme des plus méritants. Vous oubliez de dire qu'en 1889, dans la période électorale... (*Nombreuses interruptions : cris : Aux voix ! Assez !*)

LE PRÉSIDENT. — L'orateur a permis cette observation ; laissez achever M. Séverac.

M. SÉVERAC. — Le général Boulanger était seul en présence de M. Jacques. Vous vous en souvenez, vous avez de la mémoire comme moi ; tous les socialistes, tous ceux qui, à ce moment, se disaient socialistes et toute la réaction ont marché contre Jacques qui était le seul candidat désigné pour tenir le drapeau de la République ! (*Nombreuses et nouvelles interruptions ; on ne peut saisir, au milieu du bruit, un colloque qui s'engage entre MM. Séverac et Bonnet.*)

LE PRÉSIDENT. — Citoyen Bonnet, je vous invite à continuer.

M. J.-L. BONNET. — Permettez-moi de ne pas laisser sans réponse l'observation présentée par l'excellent républicain qu'est le citoyen Séverac. A Paris, la lutte contre le boulangisme montra la parfaite entente de tous les sincères républicains. J'espère que ces épreuves nous seront désormais épargnées, mais personne ici ne fera au parti socialiste unifié cette injure de dire que, s'il y avait demain un nouveau boulangisme, il hésiterait à remplir tout son devoir républicain ! (*Vifs applaudissements sur tous les bancs ; cris répétés : Non ! non !*)

M. PELLETAN. — Il l'a déjà fait contre le boulangisme !

M. J.-L. BONNET. — Il ne faut pas que la vérité soit altérée et qu'on accrédite l'erreur qu'à ce moment-là le parti socialiste n'ait pas fait tout son devoir. Qui a pris l'initiative de la lutte contre Boulanger ? C'est Ranc et Clemenceau avec le parti ouvrier conduit par Joffrin et Allemane. L'association de la rue Cadet a été formée, le Grand Orient de France a été le centre de la résistance, tous les militants socialistes, tous les bons républicains, tous les radicaux et radicaux-socialistes se sont dressés comme un seul homme contre le péril césarien. (*Applaudissements.*)

Un Délégué. — Il n'y avait que les blanquistes qui soutenaient Boulanger.

M. J.-L. BONNET. — Je n'ai fait que rétablir la vérité historique en rendant hommage aux valeureux combattants qui ont payé alors de leur personne, quels qu'ils soient, socialistes ou républicains. (*Vifs applaudissements.*) Ma voix est épuisée et j'ai hâte de terminer.

Citoyens, la réforme électorale nous évite une aventure, peut-être un désastre. La Représentation Proportionnelle nous permet d'échapper aux coalitions menaçantes qui guettent notre Parti ; elle empêche la droite d'adultérer la majorité et de faire entrer au Parlement des hommes qui, ayant sa marque de fabrique, paieront en connivences et en complaisances les suffrages qu'on leur aura donnés. (*Vifs applaudissements.*) En accordant à chaque parti d'être représenté en proportion du nombre de suffrages qu'il réunit, vous réalisez l'égalité des citoyens et vous mettez la justice au-dessus de tous les partis : c'est nécessaire, parce que notre Parti ne mériterait pas d'exister s'il n'était pas le parti de la justice et de l'équité. (*Vifs applaudissements.*)

La réforme électorale sera en même temps une réforme de nos mœurs électorales qui n'est pas moins indispensable. Hier, un excellent radical, député d'Alger, nous disait à la Commission : — « Les députés d'arrondissement jouent un rôle des plus utiles. On les fait constamment intervenir pour redresser des torts et réparer des injustices. » Il n'est que trop exact que, souvent, les nôtres sont victimes d'injustices. Mais que ne demande-t-on pas à la plupart des députés ? De prodiguer des faveurs, de faire des commissions, d'entreprendre des démarches, de servir les intérêts privés, si bien qu'il n'est pas exagéré de dire que ces 25 années de scrutin uninominal ont abaissé les mœurs politiques. (*Applaudissements sur de nombreux bancs ; protestations, bruit.*)

Mais, citoyens, je proteste précisément contre le rôle inférieur auquel on veut réduire les représentants et même les meilleurs des nôtres. Est-ce que vous, Pelletan, vous ne devriez pas être réélu chaque fois à une énorme majorité ? Dans votre circonscription, personne ne peut que rendre hommage à votre caractère et à votre talent. Et cependant, en mai, les socialistes unifiés vous ont opposé un concurrent et vous ont fait une guerre impitoyable avec le concours de tous les réactionnaires et de tous les mécontents. Ces derniers faisaient à Pelletan un grief qui est tout à son honneur ; ils se plaignaient que notre éminent ami ne stationne pas fréquemment dans les antichambres ministérielles, ne réponde pas toujours avec une parfaite exactitude aux lettres des solliciteurs et ne consente pas à être le démarcheur infatigable qui va de ministère en ministère, le quémandeur patient qui accorde son vote au gouvernement en échange des faveurs qu'il obtient. Nous ne voulons pas que nos représentants soient réduits à ce rôle. (*Vifs applaudissements.*)

Un Délégué. — Ils ne le sont pas !

M. J.-L. BONNET. — Est-ce que nous ne voyons pas ce qui se passe ? Et cela est vraiment extrêmement douloureux. Nous nous faisons une autre conception du rôle du représentant du peuple. Nous proclamons hautement que le député n'est pas un domestique ni un courtier ; il n'est pas le serviteur des intérêts privés, vous entendez ! (*Longs applaudissements sur de nombreux bancs.*)

Citoyens, il faut restituer le député à sa fonction, le soustraire aux influences de clocher ; l'intérêt national doit être notre unique préoccupation. Nous voulons affranchir l'élu par le scrutin de liste avec Représentation Proportionnelle ; nous entendons qu'il soit l'homme de son parti, le candidat désigné par le Parti, obligé de signer le programme du Parti, tenant ses engagements avec le Parti, car il ne pourra plus compter que sur les suffrages de son parti. (*Applaudissements.*)

Mais, en même temps, la Représentation Proportionnelle donnera aux citoyens une conception plus juste de ce que doit être le régime représentatif. Elle débarrassera les luttes de leur caractère personnel, les rendra moins ardentes, moins aiguës ; elle sera une école de tolérance et de loyauté. (*Très bien !*)

Les partis sauront qu'on ne leur cause aucun dommage, qu'on leur fait tout leur droit, qu'ils auront sur les affaires publiques une influence adéquate à leurs forces et qu'ils ne seront pas écrasés par la brutalité du nombre. Ils calmeront leurs colères, les résolutions extrêmes les tenteront moins. Ainsi se justifiera la juste définition de M. Ryswick, bourgmestre d'Anvers : « La Représentation Proportionnelle, au lieu de l'exagération, est la pondération ; elle vient assagir et apaiser. (*Applaudissements.*)

Enfin, citoyens, nous en recueillerons un autre avantage inappréciable. Il est mauvais, pour la République, qu'un fossé se creuse entre républicains, entre les socialistes et les radicaux. Il ne faut pas que se continuent ces luttes atroces d'arrondissement, ces duels féroces où le candidat s'efforce à égorger son concurrent. Le maintien de ce scrutin majoritaire aggraverait une situation déjà mauvaise, rendrait l'entente de plus en plus difficile... (*Bruit.*)

Le Président. — Voyons, citoyens, je vous en prie, faites silence !

M. J.-L. Bonnet. — Il arriverait un jour où cette entente serait impossible et, alors, vous devinez ce qui se passera : les républicains de gauche seront irrémédiablement divisés, quelqu'un les départagera, les arbitrera, les dominera, ce sera le réactionnaire : la majorité s'inclinera à droite, la majorité deviendra une majorité de conservation sociale, funeste à la République, contraire à notre Parti. Aussi, je recherche dans le scrutin de liste avec Représentation Proportionnelle, le moyen de faire à chaque parti sa part, de permettre qu'un député radical et radical-socialiste ne soit plus élu que par des radicaux et radicaux-socialistes et ne dépende plus d'un appoint de droite et de gauche, d'opérer l'union indispensable entre radicaux et socialistes. Des coalitions inavouables détruisent aujourd'hui cette union qui est nécessaire au vote des réformes et qui serait demain une condition de salut si la République, au lieu d'être démocratique, devenait une République de réaction mettant toutes les réformes en péril. (*Salves répétées d'applaudissements ; l'assemblée fait une ovation à l'orateur qui est chaudement félicité par les membres du bureau.*)

Le Président. — Voici un télégramme que me communique M. Dalimier :

Retenu encore à la maison à la suite crise appendicite, dans l'attente de l'opération qui va me rendre toute liberté de travail et d'action, vous prie de dire à nos amis mes très vifs regrets de ne pouvoir être au milieu d'eux. Je fais des vœux ardents pour que les délibérations de notre Congrès fortifient et étendent encore l'action de notre Parti et servent ainsi utilement la cause de la République démocratique et sociale, notre commun idéal.

Maurice Berteaux.

Je vous demande, citoyens, de vouloir bien prier M. Dalimier d'envoyer les vœux du Congrès pour le-

rétablissement de notre ami Maurice Berteaux. (*Vifs applaudissements.*)

La parole est à M. Georges Robert.

Discours de M. Georges Robert

M. GEORGES ROBERT. — Citoyens, notre ami Bonnet a eu raison de dire qu'il n'y a pas pour le Parti républicain et pour la République de question plus angoissante que celle qui est posée devant vous ; non pas seulement en elle-même, mais parce que les républicains sont divisés en ce qui la concerne, parce que nous avons devant nous les partisans du scrutin de liste pur et simple, le vieux scrutin républicain auquel nous sommes restés attachés, et, en face d'eux, des amis que nous aimons, que nous respectons et qui défendent un autre et nouveau système avec la même conviction, avec la même loyauté que nous soutenons nous-mêmes le scrutin de liste (*appl.*). C'est pourquoi je crois que ce débat doit avoir la plus grande ampleur et que nous devons y apporter la plus grande tolérance et le plus grand respect pour toutes les opinions qui seront exposées ici. Je crois que ceux de nos camarades qui manifestent très naturellement de l'impatience de la longueur des débats doivent s'armer d'un peu de courage devant l'importante question posée et dire avec nous qu'il n'y aura pas trop d'opinions exprimées et développées afin que nous tous, qui arrivons ici sans parti pris aucun, avec le seul désir de défendre les intérêts de la République et de notre Parti, nous puissions nous convaincre en toute sincérité et en toute loyauté. (*Applaudissements.*)

Je ne referai pas longuement le procès de la R. P. Il a été fait avec plus d'autorité que je ne saurais le faire, et par des orateurs comme Pelletan, et par l'admirable discours de Combes au banquet Mascuraud, que beaucoup d'entre vous ont entendu et que ceux qui n'étaient pas présents ont certainement lu. Ce que nous reprochons à la R. P., je le dirai en quelques mots, c'est d'abord de soustraire les candidats, les élections, à la prépondérance, à l'autorité du suffrage universel pour les remettre entre les mains des comités. (*Applaudissements.*)

A ce reproche que nous adressons à la R. P.,
nous ajoutons encore celui-ci : sous le prétexte de
justice et d'équité, car c'est sur ces grands mots
que l'on a fait dans le pays toute cette campagne
proportionnaliste que vous connaissez, sous la
présidence de M. Ch. Benoist, sous prétexte d'é-
quité et de justice on veut aboutir avec la Proportionnelle, à faire nommer des députés par un nombre infime de voix. On pourrait même arriver avec
le système des masses électorales, ce qui ne se
produira sans doute pas dans la pratique, à faire
élire un député sans qu'il ait obtenu une seule
voix, sans même qu'il se soit présenté. (*Mouvements divers.*) Evidemment, dans la pratique cela
ne pourrait guère se réaliser, mais c'est théorique-
ment possible.

Nous ajoutons que la R. P. aurait sur les partis
une influence malsaine en ce sens qu'elle établi-
rait des compétitions entre les candidats d'un
même parti. Sur les listes préparées, on saura à
peu près quel sera le nombre des élus. Quand on
connaît, comme Bonnet, la géographie électorale de
son pays, on sait à l'avance combien il y aura
d'élus à un près ; on le sait par les forces électorales dont on dispose. Si vous avez, par exemple,
une liste de dix candidats et que vous sachiez à
l'avance que vous aurez 5 élus, quel sera le but
des candidats ? Ce sera d'arriver dans les 5 premiers. Malgré toute la solidarité républicaine qui
peut exister, vous n'empêcherez pas ces compétitions de se produire. (*Applaudissements.*) C'est un
sentiment très humain et c'est celui de beaucoup
de candidats. Ce ne sont pas nos amis comme
Buisson, comme Messimy, comme Steeg, comme les
proportionnalistes de nos amis qui sont ici, ce
ne sont pas eux qui s'emploieront à de sournoises
manœuvres, mais il y aura des candidats moins
scrupuleux qu'eux qui n'hésiteront pas à se four-
voyer dans certaines combinaisons. Peut-on empêcher des compromissions, soit à droite, soit à
gauche, pour arriver dans les 5 premiers et laisser
les camarades sur le carreau. (*Applaudissements.*) Il
y a encore un danger à la R. P., c'est qu'elle déca-
pite le Parlement, c'est que les hommes de valeur
sont le plus souvent battus par les médiocres. On
me dit avec raison que ce fait se produit avec le

scrutin de liste pur et simple. Entendons-nous : dans les élections municipales la liste est entière, elle n'est pas tronquée, et toute la liste passe généralement. (*Exclamations sur divers bancs.*)

M. FERDINAND BUISSON. — C'est très rare.

M. GEORGES ROBERT. — C'est une exception quand elle ne passe pas tout entière. Or, dans nos élections municipales, au scrutin de liste, ce sont rarement les hommes de valeur, qui ont travaillé et qui ont inévitablement fait des mécontents, qui arrivent en tête de liste. Avec la R. P. quels seront les élus ? Ce seront les médiocres, les intrigants, les arrivistes. (*Très bien ! applaudissements sur divers bancs ; exclamations sur d'autres.*)

Et puis, croyez-vous que l'institution des députés suppléants soit une innovation heureuse ? Croyez-vous qu'on comprendra très bien dans le pays, qu'un député républicain radical-socialiste vienne à mourir soit remplacé par un clérical. (*Nombreuses contestations ; cris : Mais non ! Pas du tout !*)

M. FERDINAND BUISSON. — C'est tout le contraire de ce que vous dites qui se produira. Le suppléant est choisi dans la même liste que le disparu.

M. GEORGES ROBERT. — M. F. Buisson me dit qu'il sera pris dans la même liste ; je croyais que c'était le candidat qui avait obtenu le plus grand nombre de suffrages après le dernier élu qui était désigné comme suppléant. Puisque je me suis trompé, je m'incline et n'insiste pas. Néanmoins, vous me permettrez de trouver que cette institution nouvelle sera difficilement admise. Mais alors puisque notre ami Buisson me fait cette rectification, je me tourne vers lui et vers nos amis proportionnalistes et, rappelant ce que Bonnet nous disait :

« Nous n'apportons pas un système précis, nous n'apportons qu'un principe », je dis que s'il s'agit purement et simplement d'un principe, s'il s'agit de dire que nous voulons l'équité et la justice et même la représentation des minorités, mon Dieu ! nous ne sommes pas loin de nous entendre.

M. FERDINAND BUISSON. — Ah ! très bien ! c'est tout ce qu'il faut !

M. GEORGES ROBERT. — J'attends précisément que nos amis et même nos adversaires proportionnalistes se mettent d'accord sur un système qu'ils viendront exposer à un Congrès comme ce-

lui-ci et devant le pays, et cela d'une façon claire
et précise. Avant-hier en sortant de la commission de l'enseignement où Buisson venait d'être
battu après avoir parlé très éloquemment pour la
liberté de l'enseignement, j'ai même voté pour lui.
en sortant M. Buisson m'a dit : « On a voté le
monopole de l'enseignement... »

M. FERDINAND BUISSON. — C'est un vilain nom,
ne le prononcez pas.

M. GEORGES ROBERT. — « On a voté le monopole
de l'enseignement mais enfin il faudrait bien préciser, dire comme il sera appliqué, comment cela se
passera, quelles seront les conditions qui seront
fixées. » Il avait raison, mais aujourd'hui, je lui
pose la même question. Je lui dis : Apportez-nous
un projet, car enfin depuis qu'on nous parle de
la R. P. nous assistons aux plus invraisemblables
variations et de la part de M. Ch. Benoist, et de
la part de la commission de la Chambre. Etes-vous
pour le panachage ? Etes-vous contre ? Etes-vous
pour le vote cumulatif ? Etes-vous contre ?
Etes-vous pour le vote de préférence ? Etes
vous contre ? Et encore je constate des divergences même au sein de cette asemblée. Hier à
la commission de la Réforme électorale, notre
ami Armand Charpentier nous a dit : « Nous voulons la R. P. pour les élections municipales prochaines...

M. CHARPENTIER. — Jai dit à Paris, à titre d'expérience.

M. GEORGES ROBERT. — Je demande à M. Buisson : Etes-vous partisan de la R. P. pour les élections municipales ?

M. FERDINAND BUISSON. — Non.

M. GEORGES ROBERT. — C'est ce que je voulais
vous faire dire. (Bravos.) Par conséquent, vous
voyez, citoyens, même parmi nos meilleurs amis,
parmi nos collègues au Congrès, il n'y a pas d'accord sur les systèmes de la R. P., soit avec ou
sans panachage, avec ou sans cumulatif, pour ou
contre son application aux élections municipales.
Je crains que l'application de cette R. P., soi-
disant équitable, aux élections d'assemblées législatives, ne nous donne des Chambres tellement
divisées, tellement bigarrées, qu'il soit impossible

à un ministère de trouver une majorité, et qu'au lieu d'avoir des gouvernements s'appuyant sur une majorité, nos gouvernants soient constamment à la merci des coalitions de minorités. (*Applaudissements.*) On vous a dit : Mais puisque la R. P. est appliquée déjà dans beaucoup de pays, la Belgique, la Suisse, le Danemark, pourquoi n'aurait-elle pas le même succès en France ?

Eh bien, j'ai eu l'occasion de me trouver au Congrès international de la presse et, en bon journaliste, j'en ai profité pour interviewer tous mes confrères présents de Suisse, de Belgique et du Danemark sur la R. P. Je leur ai demandé quels résultats elle donnait dans leur pays. Je puis vous assurer que l'enthousiasme dont on nous parle à distance n'est pas aussi grand que vous le croyez; il existe de nombreuses divergences d'appréciation, même en Belgique. En Suisse, la R. P. n'est appliquée que dans un petit nombre de cantons ; les cantons, on le sait, sont autonomes, ils forment chacun un Etat ; une minorité de cantons ont adopté la R. P. et nous pouvons nous étonner que si cette R. P. avait tous les mérites et toutes les vertus qu'on veut bien lui accorder, les cantons voisins qui la voient pratiquer à côté d'eux ne l'aient pas encore appliquée.

M. PELLETAN. — Cela n'a aucun rapport avec la question.

M. GEORGES ROBERT. — A Genève, il y a 3 partis : les radicaux, les indépendants qui sont les catholiques et les socialistes. Les socialistes et les radicaux sont bien supérieurs en nombre aux catholiques, aux indépendants, et cependant dans le grand Conseil, l'assemblée législative des cantons suisses, les indépendants avec leur minorité sont les maîtres de la situation ; les radicaux et les socialistes sont obligés de subir leur domination. Chacun des deux partis de gauche a une grosse majorité sur les catholiques et cependant ils sont paralysés ; il n'y a pas d'administration possible parce qu'il faut toujours compter avec ce petit groupe. (*Applaudissements.*)

M. FERDINAND BUISSON. — C'est la même chose avec tous les systèmes électoraux.

M. PELLETAN. — Je répondrai à l'observation de

Buisson que le conseil qui sert de gouvernement exécutif n'est pas nommé avec la R. P. et il y a toujours une réelle majorité

M. F. BUISSON. — Nous n'avons jamais entendu que le conseil des ministres soit nommé avec la Proportionnelle. (*Très bien !*)

M. FRANKLIN-BOUILLON. — Ce serait cependant la seule chance que courraient des députés radicaux-socialistes de devenir ministres. (*Bruit, applaudissements sur certains bancs.*)

Un délégué. — Il faudrait limiter le temps de durée des orateurs.

M. GEORGES ROBERT. — Je n'en ai pas pour longtemps ; je comprends très bien l'observation qui m'est faite ; je la comprends si bien que je voudrais que la règle de la Proportionnelle soit appliquée à tous les orateurs. J'arrive pour terminer à la question que Bonnet a soulevée avec son autorité particulière, avec son expérience et sa documentation indiscutable. Bonnet a dit : « Prenez garde ! vous savez que la défaveur s'attaque au scrutin d'arrondissement, dans l'opinion publique, et le scrutin de liste vous sera dangereux grâce à des coalitions déjà commencées et qui se continueront contre vous ». Évidemment, c'est là une observation très juste et c'est pourquoi je vous disais en commençant que la question était angoissante pour le parti républicain. Quand un homme comme Bonnet donne cet avertissement, nous avons le devoir d'y prêter attention et de nous demander si nous sommes vraiment dans la vraie voie et lui dans l'erreur. Mais enfin, citoyens, il faut bien que nous nous demandions aussi qui se trompe dans ce débat quand nous voyons tous les réactionnaires, et les plus caractérisés, marcher pour la R. P. avec une ardeur, avec une violence inouïes. (*Applaudissements.*) Ah ! je sais bien, ils nous disent qu'ils marchent surtout, eux, pour l'équité et pour la justice. (*Exclamations.*) Ce sont les raisons qu'ils invoquent, mais enfin ce ne sont pas des gens inintelligents et peu éclairés : ils ont aussi leurs documentations et s'ils mènent une campagne si ardente, c'est qu'ils espèrent bien en recueillir quelque profit.

Et nous nous demandons si ce ne sont pas les

cléricaux qui bénéficieront de la R. P. et si elle ne sera pas préjudiciable aux républicains.

Plusieurs délégués. — Elle servira aux intrigants, à la réaction ! (*Bruit.*)

M. GEORGES ROBERT. — On m'a demandé d'être bref ; je dirai donc simplement que je ne crois pas que depuis notre dernier Congrès de Nancy on nous ait apporté, à nous partisans du scrutin de liste pur et simple, la preuve que la R. P. sera plus favorable à notre Parti. Nous ne demandons qu'à être éclairés et en ce qui me concerne je n'apporte ici aucun parti pris. Nous ne devons envisager que l'intérêt de notre Parti. Je suis allé dans une réunion de M. Charles Benoist pour connaître ses arguments et j'ai constaté que dans ces réunions, il y avait toujours une majorité immense, pour ne pas dire l'unanimité, d'adversaires de la République. Je souffrais même, je ne vous le cache pas, de la situation de ceux de nos camarades qui se trouvaient à ce moment-là sur l'estrade aux côtés de M. Charles Benoist. (*Applaudissemnts.*) Je crois, citoyens, que nous ne sommes pas encore éclairés suffisamment sur cette question de la R. P. pour faire, suivant l'expression que Bonnet a employée, un saut dans l'inconnu. Je crois sans parti pris que nous devons plus mûrement l'étudier, l'examiner. Qu'on nous apporte un projet précis sur lequel tous les proportionnalistes se seront mis d'accord, alors nous pourrons discuter. En dehors du projet du gouvernement, il ya celui de notre ami Dauthy, il y a le projet Breton qui est comme vous le savez adversaire acharné de la R. P. Il a cependant présenté un projet comme pis-aller ; il vous semblera peut-être bizarre, mais il n'est pas plus compliqué que la Proportionnelle; aux termes de ce projet, le scrutin établi serait le scrutin de liste ; le premier candidat de la liste aurait une voix, le 2ᵉ une demi-voix, le 3ᵉ un quart de voix, et ainsi de suite. Cela peut vous faire sourire, mais, je le répète, ce n'est pas plus compliqué que la proportionnelle. Quoi qu'il en soit, je crois que nous devons maintenir nos décisions du Congrès de Nancy et poursuivre une étude contradictoire loyale entre républicains. poursuivre les discussions, les controverses jusqu'à ce que nous soyons convaincus les uns et les autres. En terminant je me permets d'adresser à nos amis proportionnalistes un amical appel et de dire que ce qui nous a le plus profondément émus dans la campagne pour la R. P., ce n'est pas cette origine dont parlait tout à l'heure Bonnet et sur laquelle il est inutile et oiseux d'égarer la discussion, ce qui nous a émus c'est qu'alors que le parti républicain a besoin de l'union de tous ses membres, nombre de nos camarades faisaient non seulement campagne dans les milieux républicains, mais s'associaient aux pires adversaires de la République. (*Vifs applaudissements.*) C'est pourquoi je répète : Entre républicains, continuons les controverses ; la discusion est ouverte, elle n'est pas terminée, mais nous demandons à ceux de nos collègues qui ont avec nous sur ce sujet des divergences d'opinions, qui sont guidés par les mêmes sentiments d'amour de notre Parti et de la République, de marcher qu'avec les républicains et d'affirmer, comme le disait Bonnet, en dehors des cléricaux et des unifiés, la solidarité de tous les républicains. (*Longs applaudissements.*)

Le Président. — Tout à l'heure an a demandé que les orateurs aient leur temps de parole limité, à un quart d'heure, par exemple. Je vous demande si vous voulez faire crédit à vos orateurs en leur demandant simplement dans la mesure du possible d'abréger leurs discours sans que le président soit obligé d'intervenir, la montre à la main, pour faire observer qu'il y a un quart d'heure de passé.

Un délégué. — La question de la R. P. est grave et doit être étudiée.

Discours de M. Lucien-Victor Meunier

M. LUCIEN-VICTOR MEUNIER. — Je n'aurai pas besoin même d'un quart d'heure pour les très brèves observations que je me propose d'apporter ici. Je pensais, tout à l'heure, en écoutant la discussion qui se poursuit en ce moment, à ce personnage de comédie à qui on donne lecture du contrat de mariage de sa fille, et qui s'écrie : « Mais on ne parle que de ma mort, là-dedans ! » La situation est la même. En effet, les partisans du scrutin de liste, avec ou sans Représentation Proportionnele, nous signifient que le maintien du *stalu quo* nous mettrait en très mauvaise posture ; et les fidèles du scrutin d'arrondissement déclarent que le rétablissement du scrutin de liste serait chose très dangereuse, et qualifient le projet de Représenatation Proportionnelle de « saut dans l'inconnu », d'aventure infiniment redoutable. De sorte que, de quelque côté que l'on se tourne, le péril apparaît et que, s'il fallait prendre au pied de la lettre tout ce qui se dit dans cette salle, le Parti radical et radical-socialiste, et avec lui la République elle-même, sans doute, se trouveraient dans l'imminence d'une catastrophe, à laquelle nous n'aurions nul moyen d'échapper.

Je crois qu'il n'en est rien, et que si la discussion aboutit à une conclusion aussi inexacte, c'est que la question n'est pas bien posée.

Je remarque que si, de toutes parts, on étudie le projet de substituer à un mode de votation, reconnu par beaucoup dangereux, un autre mode de votation auquel on fait le reproche d'être aussi dangereux, sinon plus, personne jusqu'à présent ne s'est préoccupé des causes du danger en présence duquel nous nous trouvons.

Précisément, ce matin, j'entendais un des orateurs qui ont pris la parole sur cette question, déclarer qu'il ne s'occuperait pas des causes du recul constaté aux dernières élections et qui motive toutes les appréhensions à l'heure actuelle. Je crois qu'il faudrait, au contraire, s'en préoccuper. Le vrai moyen de trouver le remède est de rechercher d'abord les causes du mal.

Oui, aux dernières élections, incontestablement, il y a eu un recul, un temps d'arrêt si vous voulez : les élections de 1910 sont restées en deçà de celles de 1906. Voilà le fait. Quelle en est la cause ?

On rappelait tantôt les élections de 1885 ; on avait raison ; il y a de frappantes analogies entre la situation d'alors et celle d'aujourd'hui. Mais je le demande à tous ceux qui, ne se payant pas de mots, veulent aller au fond des choses, attribuer au scrutin de liste l'échec subi en 1885 au premier tour de scrutin et au scrutin d'arondissement le temps d'arrêt constaté aux élections de

1910, n'est-ce pas se tenir, volontairement, à côté, en dehors de la vérité ?

Je pose la question. Oui : les élections de 1881 avaient été une éclatante victoire, avaient fait entrer au Palais-Bourbon une majorité compacte de quatre cents républicains. Elles ont été suivies, quatre ans plus tard, presque d'une défaite. Pourquoi ? Je demande si ce n'est pas tout simplement parce que la majorité opportuniste de 1881 n'avait rien fait et se représentait devant le suffrage universel les mains vides. (*Applaudissements.*)

Et je demande si l'état de malaise dans lequel nous nous trouvons, à l'heure actuelle, n'est pas dû aux mêmes causes et si les élections triomphales de 1906, qui ont fait entrer au Palais-Bourbon une majorité de 400 républicains où les radicaux étaient en grande majorité, ont été suivies d'élections médiocres en 1910, ce n'est pas parce que la majorité radicale de 1906 n'a pas répondu, plus que la majorité opportuniste de 1881, à ce que le pays attendait d'elle. (*Nouveaux applaudissements.*)

Je crois que c'est là poser la question sur son véritable terrain. Je n'entends nullement, et vous allez voir tout de suite où je veux en venir, faire le procès de la majorité de 1906. Cela sortirait de mon sujet et m'entraînerait trop loin. Je constate simplement qu'elle n'a pas répondu aux espérances de la démocratie et j'affirme que, quelque soit le mode de scrutin, quelle que soit la majorité qui siège au Palais-Bourbon, étant donnée notre organisation politique, elle ne pourra pas faire plus qu'en a fait la majorité de 1906 qui n'a rien fait, parce que — c'est l'opinion que très modestement j'émets — l'instrument de travail que notre République a entre les mains est mauvais.

Je remarque encore que lorsque l'on parle de réforme électorale, c'est uniquement de la Chambre dont il est question et qu'on ne s'occupe point du tout du Sénat qui semble intangible. Il y a là une erreur que je veux signaler en passant.

Tant qu'on ne remontera pas aux causes initiales de la situation dont nous souffrons, on ne fera rien. La machine parlementaire que nous avons pour travailler est une machine de conservation sociale que les monarchistes de l'Assemblée de Versailles ont fabriquée — en faisant la Constitution de 1875 — précisément pour que la République à laquelle ils étaient bien forcés de se résigner ne pût être que la République de nom et point de fait. La Constitution de 1875, forteresse réactionnaire, a résisté, cela est vrai, aux assauts du boulangisme et du nationalisme ; mais si, à l'intérieur de cette forteresse inexpugnable, nous pouvons défier les entreprises de nos adversaires, nous y sommes aussi comme dans une prison dont nous ne pouvons pas sortir ; nous sommes dans la situation d'assiégés qui n'ont plus rien à se mettre sous la dent, qui se meurent de faim et de soif ; la nation a faim et soif de réformes ; et les années passent, et on ne fait rien.

Ce matin encore on rappelait que depuis 18 mois le projet d'impôt sur le revenu, voté par la Chambre, est entre les mains du Sénat ; rien n'indique qu'un jour ou l'autre il sortira de ses cartons.

Je l'ai dit, je veux me borner à une très brève indication. Je ne veux que reprendre le vieux programme radical que je n'ai pas oublié, ayant fait partie jadis d'une ligue pour la revision de la Constitution. Je dis que le Parti radical a commis une grande faute en abandonnant cet article essentiel de son programme ; et qu'il n'est que temps de le reprendre si l'on veut enfin faire œuvre utile et féconde.

Je sais très bien que je ne serai pas suivi aujourd'hui dans cette voie ; je ne demande même pas que la question que je soulève soit mise aux voix ; mais je sais aussi qu'il ne se trouvera personne ici pour prendre la défense de la Constitution monarchiste de 1875, et cela me suffit pour le moment. Je lance une idée, je pose la question et je puis vous dire, sans trahir aucun secret, qu'elle devra cette année même être étudiée dans plus de 400 groupements républicains de France.

Je suis peut-être le seul aujourd'hui à jeter dans un débat qui me paraît aboutir à une impasse ces mots libérateurs : Revision de la Constitution: mais j'espère bien n'étant, cette année, combattu par personne, avoir la grande joie, l'année prochaine, de voir que l'idée aura grandi. J'affirme qu'il ne faut pas prendre les réformes de biais, par les petits côtés, qu'il faut les aborder de front et de haut. Je dis ceci : commençons par le commencement ; le commencement, c'est la revision de la Constitution. (*Vifs applaudissements.*)

Je demanderai au Congrès de vouloir bien se prononcer sur la motion suivante que quelques amis et moi nous lui proposons :

Le Congrès,
Emet le vœu que l'étude de la révision de la Constitution soit mise à l'ordre du jour du Congrès de 1911.

LE PRÉSIDENT. — Cette motion doit être régulièrement envoyée au Comité Exécutif pour étude.

(*On crie dans la salle : Pelletan ! Buisson ! et pendant un moment les deux orateurs semblent hésitants et s'efforcent de se céder mutuellement le pas. Finalement, devant l'insistance de l'assemblée, M. Pelletan prend la parole, salué par des applaudissements.*)

Discours de M. Camille Pelletan

M. CAMILLE PELLETAN. — Les deux orateurs qui nous paraissaient désignés pour répondre à M. Georges Robert s'étant récusés, je tâcherai d'être aussi bref que possible, mais vous me permettrez de traiter la question comme je la conçois. Tout d'abord, il faudrait la poser nettement. Je n'accepte à aucun degré les termes dans lesquels elle est posée par M. Bonnet. Je ne peux pas croire que nous ayons à nous prononcer sur un principe sans qu'il soit accompagné d'un projet. Ce serait une équivoque déplorable. Le principe ou plutôt l'étiquette de la R. P. — car je vais montrer qu'elle contient tout autre chose — c'est la nécessité d'assurer aux minorités une représentation équitable. Mais nous sommes tous partisans de cette nécessité ! Nous prétendons qu'il n'y a pas de Parlement où les minorités ne soient pas représentées et que même avec cet affreux scrutin d'arrondissement, elles l'ont été dans tout le cours de notre Histoire. Ce qu'il faut avant tout empêcher, c'est que par un mode de scrutin quelconque, les minorités du pays deviennent majorités dans le Parlement. (*Applaudissements.*)

Je ne sache pas qu'on ait jamais accusé le vieux scrutin majoritaire d'avoir abouti à ce résultat. Regardez à nos portes, voyez ce pays où les libéraux et les socialistes réunis ont obtenu la majorité numérique des votes, malgré la loi barbare qui accorde un bulletin multiple à des classes privilégiées, et où cependant le gouvernement catholique et clérical a toujours la majorité à la Chambre, ce qui me ferait croire que la prétendue Représentation Proportionnelle est la moins proportionnelle de toutes. (*Rires.*) Quoi qu'il en soit, je ne puis accepter la queston posée en ces termes, sur un principe seulement. Voici pourquoi : Supposez (c'est une supposition peu vraisemblable), que vous votiez ce principe tout à l'heure ; au dehors, dès demain, votre vote serait invoqué en faveur d'un projet déjà établi dans tous ses détails, nous le connaissons déjà. La représentation équitable des minorités, c'est une idée de justice, c'est un vœu, c'est un désir, ce n'est pas un système électoral, et le système électoral, c'est ce qu'on appelle le système d'Hondt, c'est le mode électoral belge.

La représentation des minorités est le prétexte : et si nous combattons le système, c'est à un tout autre point de vue.

Permettez-moi à cet égard de rectifier un peu les données historiques qui nous ont été fournies. Je viens de dire que beaucoup de noms des plus illustres de notre Parti estimaient très bon et très juste d'assurer une représentation équitable aux minorités. A cela se borne tout ce qu'ont dit autrefois les grands républicains dont on invoque l'autorité, comme Quinet, Cantagrel, Courmot, etc. J'ai eu l'honneur d'être l'ami de Courmot, de Cantagrel et de Quinet, ami très respectueux, je suis sûr que tous trois seraient avec nous aujourd'hui sur la question telle qu'elle se pose. (*Applaudissements.*) Depuis qu'ils ont parlé, la R. P. désigne un système appliqué aux élections dans un pays tout entier ; ce n'est plus une idée théorique, une vague formule, c'est, nous pouvons le dire, (car les autres expériences n'ont qu'une importance moindre), un système belge introduit chez nos voisins par le gouvernement catholique. Voilà son véritable acte de baptême. Pourquoi a-t-elle été introduite en Belgique ? Je l'ai montré à la tribune en citant les paroles mêmes de ses auteurs ; on craignait qu'il se formât là-bas un bloc comme celui qui s'est formé en France ; on a voulu encourager les répugnances des vieux libéraux, fort conservateurs, à subir la nécessité d'une alliance avec les socialistes au moment où l'établissement du suffrage universel les menaçait de perdre presque tous leurs sièges ; on leur a dit : vous n'avez plus qu'un nombre infime d'électeurs, eh bien ! nous allons vous donner un système qui vous permetra d'avoir des députés sans avoir de majorité électorale ; et nous vous dispenserons ainsi de vous déshonorer en tendant la main aux hommes de désordre.

C'est ainsi que la R. P. a été établie ; et le gouvernement catholique avait fait un bon cadeau puisqu'il a conservé le pouvoir grâce à ce beau système. Ce qui m'inquiète, moi, ce ne sont pas les résultats numériques qu'on lui attribue d'avance, je les crois très incertains ; je me méfie de toutes les statistiques qu'on tente sur ce point, d'abord parce que l'élection se ferait dans des conditions tout à fait différentes de celles du passé, ensuite parce qu'on a tellement l'habitude de jouer avec les chiffres qu'on leur fait dire un peu ce qu'on veut. (*Rires.*) Si je voulais discuter les chiffres de Bonnet, il me serait aisé de montrer qu'il leur fait dire ce qu'ils ne disent pas du tout; mais je ne veux pas faire de prophéties arithmétiques plus ou moins incertaines. Je cherche ce qui fait le caractère de la R. P. Vous dites qu'elle apportera une amélioration dans nos mœurs politiques. Je crois pouvoir dire qu'elle les rendra pires, comme c'est arrivé en Belgique, comme c'est arrivé à Genève. Je causais il y a quelques mois, à un banquet que je présidais à Genève, avec le chef éminent du pouvoir exécutif genevoix, si grand ami de la France. J'aurais beau jeu à tirer argument de ce qu'il m'a dit ; mais vous me répondriez que vous avez eu à Genève, des informations contraires. Vous prétendez, vous, nous donner de meilleures habitudes politiques. En effet, on cherche un mode de scrutin qui guérisse les maladies dont souffrent aujourd'hui les mœurs électorales : la vérité est que les électeurs sont malades quand les majorités républicaines ne font pas leur devoir. (*Applaudissements.*) Oui, quand elles ajournent toutes les réformes ; quand elles descendent, passez-moi le mot, à une véritable domesticité, elles soutiennent en séance un gouvernement qu'elles condamnent tous les jours dans les couloirs avec la dernière véhémence. (*Longs applaudissements.*) Quand elles laissent frapper le peuple comme on l'a frappé sous le dernier ministère, quand enfin on laisse enliser la République dans les marécages d'une réaction hypocrite, alors les braves gens qui forment les masses profondes du pays n'y comprennent plus rien, elles se demandent si on les joue ; elles prennent en dégoût nos institutions populaires et il faut essayer de les satisfaire si on veut reconquérir leurs suffrages. (*Applaudissements.*)

Dans les mauvais temps de l'opportunisme, nous avions vu de même, et pour les mêmes camps, la politique des intérêts individuels prendre le pas sur la politique des principes ; la vraie réforme électorale, la seule qui puisse corriger les vices que nous voyons grandir dans le suffrage universel, c'est une politique hardiment républicaine et radicale. (*Vifs applaudissements.*) Ni le scrutin de liste, ni le scrutin proportionnel ne pourrait rien y changer. Vous vous plaignez de l'esprit de clocher et des sollicitations personnelles. Je vois dans certains départements des sénateurs élus au scrutin de liste faire le métier d'arrondissementiers dans tous les arrondissements à la fois, au moins autant que les députés. (*Applaudissements ; hilarité.*) Quant à la suite de trop nombreuses complaisances ministérielles, on ne peut plus compter sur son drapeau politique pour être élu, il faut bien compter sur les services personnels qu'on a rendus et sur les faveurs distribuées à des amis.

Après les élections de 1906, faites — n'est-ce pas? — au scrutin d'arrondissement, comment l'accuser d'être incompatible avec les grands mouvements politiques ?

Robert vient de démontrer admirablement les inconvénients de la R. P. D'abord, une différence essentielle entre le système majoritaire et la R. P., c'est qu'avec le système majoritaire l'unique intérêt du candidat d'une liste est de combattre les idées de la liste opposée ; avec la R. P. quel sera le principal intérêt du candidat ? Les forces des partis sont à peu près connues d'avance. La condition nécessaire de l'élection, c'est d'arriver dans les premiers de sa propre liste ; le véritable concurent à éliminer, c'est l'ami, le compagnon de liste, qui pourrait être plus favorisé. A quelles détestables tentatives une telle situation exposera-t-elle les candidats qui auront un désir excessif du succès ?

Ce que Robert a oublié d'ajouter, c'est qu'alors même que les concurrents résisteraient à ces mauvaises tentations, leurs électeurs pourraient très bien n'y pas résister : les passions de clocher entreraient en jeu. Nous sommes à Rouen, le Havre n'est pas loin. Croyez-vous qu'il serait indifférent aux Rouennais que dans la liste de leur parti ce soit le candidat havrais qui l'emporte, — et réciproquement ? Ce ne sont pas seulement les mauvaises compétitions personnelles qui risqueraient d'introduire dans la même liste des luttes intestines ; ce sont encore les compétitions locales que vous exciterez ainsi à trahir la cause commune. Quand il n'existerait dans la R. P. que ce vice, il me suffirait pour la condamner. (*Vifs applaudissements.*)

Il y a quelque chose qui m'alarme singulièrement aujourd'hui : quand on parle de réforme électorale, même à d'autres points de vue que le mode de scrutin, et que je regarde ce qu'on couvre d'une belle étiquette, c'est toujours une diminution d'autorité du suffrage universel que j'aperçois. (*Vifs applaudissements.*) Prolongation de mandats, renouvellement partiel, scrutin proportionnel, qu'est-ce que tout cela, sinon des précautions contre le suffrage universel et contre sa souveraineté ? (*Nouveaux applaudissements*). Car enfin, la R. P. c'est une véritable dépossession du suffrage universel : rien de plus évident. On a rappelé tout à l'heure qu'avec la R. P. un candidat pouvait être élu sans avoir une seule voix ;

quelques-uns disaient qu'en pratique ce serait impossible.

M. FERDINAND BUISSON. — Cela se produit avec tous les systèmes.

M. CAMILLE PELLETAN. — Comment, vous dites cela, vous, mon cher Buisson, une des lumières de la science pédagogique. *(Applaudissements.)* je le demande : Une fois les listes des Comités mises en présence, le suffrage universel pourra-t-il nommer qui que ce soit en dehors des candidats indiqués ? Comment s'y prendrait-il ? Avec la R. P., il n'y a absolument aucun moyen pour le suffrage universel de manifester ses propres sympathies. Un citoyen exclu par les Comités pourra faire une liste et être seul à avoir la majorité dans le département ; comme peut-être, il **aura été** obligé de s'adjoindre des candidats plus ou moins insignifiants, et qu'on calculera pour le nombre de voix obtenu par chacun, moins le nombre de voix obtenu pour la liste, le seul représentant voulu par la majorité, ne sera pas élu. Le fait est que la R. P. est un moyen de mettre le corps électoral pieds et poings liés entre les mains des comités. *(Vifs applaudissements.)*

Alors vous verrez se former à la tête de tous les partis je le crains bien, de petites coteries qui seront fort dangereuses. Je suis de ceux qui ont protesté le plus haut quand on a injurié sous le nom « mares stagnantes » nos vaillants amis, nos collaborateurs qui composent nos comités actuels. *(Applaudissements répétés)* mais ce ne seraient plus les mêmes qui auraient alors la haute main, le jour où l'œuvre des comités deviendrait non plus une œuvre de dévouement, mais une œuvre d'intrigue. Est-ce que vous ne savez pas que toutes les organisations qui arrivent à exercer une action dominante, risquent d'être profondément altérées, parce que les plus remuants y supplantent les hommes de conviction. Vous avez vu, et surtout les socialistes ont vu pour les Bourses du travail comment les anarchistes, en déployant plus d'activité et plus d'assiduité que les autres, sont arrivés à en devenir les maîtres, bien qu'ils ne représentent, parmi les ouvriers, qu'une minorité infime. Puis ,vous craignez, et je déteste comme vous,

l'influence officielle dans les petites circonscriptions. Imaginez-vous ce qu'elle pourrait être sur
un comité de quelques douzaines de personnes,
avec un préfet qui saurait trop bien son métier ?
Imaginez-vous les compétitions qui s'organiseront
autour du comité tout-puissant, les efforts pour
faire exclure tel ou tel, alors que tout appel au
suffrage universel contre les listes préparées
d'avance, sera un appel rendu vain par le mécanisme trop subtil de la R. P. ? Ah ! vous voulez
corriger les vices que les étroites limites des circonscriptions inoculent au scrutin d'arrondissement Eh bien ! quand vous aurez transporté l'action décisive de quelques milliers d'électeurs, à
quelques douzaines de membres d'un comité, ne
voyez-vous pas que vous les multiplierez ces
vices qui sont ceux des milieux trop étroits ?
Puissé-je ne jamais voir les mœurs politiques que
développeraient un tel système ! (*Applaudissements.*)

Le plus beau, c'est qu'on nous dit : « Voyez les
coalitions révoltantes d'unifiés et de réactionnaires
qui ont marqué la pratique du scrutin d'arrondissement. Eh bien ! la R. P. va les rendre impossi-
bles ». Elle sera alors comme la lance d'Achille qui
guérit les blessures qu'elle a faites: car la première
coalition d'unifiés et de réactionnaires que nous
ayons vue, se'st formée, pour aller répandre l'idée
de la R. P. dans toute la France. Je me méfie un
peu des remèdes que proposent les auteurs du mal
eux-mêmes et du souci qu'ils affichent de rendre do-
rénavant impossible, les coalitions dont ils viennent de donner l'exemple. Prenez-y garde ; de telles coalitions sont difficiles devant le suffrage universel. Elles ont plusieurs fois réussi, cette fois,
dans le désarroi passager de l'opinion républicaine,
je crois qu'elles ne réussiraient pas longtemps.
Elles sont plus dangereuses dans les couloirs de
la Chambre qu'au grand jour des luttes électorales; Et ce serait un des résultats de la R. P. que
comme les partis entreraient au Parlement, isolés,
libres de prêter à toutes les manœuvres et à toutes
les combinaisons, sans avoir jamais eu besoin de
faire appel aux sentiments de solidarité de la
Démocratie en face de l'ennemi commun, ils pourraient s'y livrer à l'aise à toutes les intrigues et

toutes les coalitions de couloirs. Ah ! ce jour-là, peut-être, regretterez-vous d'avoir décuplé sur un terrain plus dangereux le mal que vous vous vantez d'empêcher. (*Très bien ! Très bien !*)

Voilà ce qui me fait repousser la R. P. de toutes les forces de ma conviction. Disons le mot : il s'agit d'éloigner l'électeur de son élu. On ne le cache pas. On dit que nous sommes corrompus ; que l'électeur n'est plus qu'un quémandeur ; que le député n'est plus qu'un domestique. Cela est beaucoup moins vrai qu'on ne le prétend. Il y a quelques députés qui ont fait ce métier ! ils ne s'en sont pas bien trouvés. Je remercie Bonnet des paroles si aimables qu'il a prononcées sur ma dernière élection ; mais ce qui s'est passé ne s'explique nullement par ma négligence à faire des démarches pour des intérêts privés ; depuis huit ans que je représente les mêmes électeurs, j'ai pu être accusé, en effet, avec raison, d'une telle négligence: j'ai été violemment attaqué pour n'avoir pas voulu jouer le rôle de commissionnaire ; et je n'en ai pas moins vu ma majorité s'accroître d'élections en élections. Ce qui s'est produit en 1910, tient à des causes toutes différentes. Je vous ai déjà parlé des raisons, qui aux élections dernières, après toutes les fautes qui avaient mis le trouble parmi les républicains, ont rendu possible chez moi comme ailleurs les coalitions des réactionnaires, des mécontents et des unifiés. Voilà la vérité ; non, il n'est pas vrai que le député et l'électeur soient devenus, l'un un domestique et l'autre un quémandeur ; mais il est vrai que l'électeur doit connaître son député et rester en contact avec lui. les rapports ne sont pas inutiles au député lui-même. Les hommes politiques ont grand intérêt à recueillir l'impression des masses populaires qui peuvent leur apprendre beaucoup de choses. (*Aplaudissements.*) Et si vous croyez que vous émettrez un vote populaire en supprimant ces relations constantes, je crois que vous vous trompez beaucoup. Oserai-je ajouter, moi qui n'ai guère fait le solliciteur, que je crois qu'il ne faut rien pousser à l'excès et que la surveillance de l'élu sur le rôle de l'administration parmi ses électeurs, les plaintes qu'il peut en recevoir sur les abus et les passe-droit de toute sorte, ne sont pas absolument inutiles ? A tous ces points de vue, la R. P. m'apparaît comme un système antirépublicain. (*Applaudissements sur de nombreux bancs.*) Voilà son vrai nom ; Antirépublicain, et c'est pourquoi, moi qui n'apporte dans cette question aucune considération d'intérêts, qui ai souvent atténué mes préférences pour le scrutin de liste, qui n'éprouve d'ailleurs aucune impatience de supprimer le scrutin d'arrondissement, c'est avec une conviction ferme et ardente, que je vous dis : N'introduisons pas contre nous, républicains, le système des cléricaux belges à la base de nos institutions. (*Applaudissements sur tous les bancs ; ovations prolongées. On crie : Aux voix, aux voix : Buisson ! Buisson ! Clôture !*)

Le Président. — Nous avons encore trois orateurs à entendre. (*Bruit.*) Laissez votre président s'expliquer. Il y a encore trois orateurs à entendre. M. Buisson a le numéro 2, mais j'entends demander par la salle entière que M. Buisson prenne la parole immédiatement. (*Oui ! Oui !*) Il n'est pas du pouvoir du président, ni du vôtre que nous enlevions le tour de parole à celui qui est inscrit avant lui. Je vais demander à l'orateur qui vient immédiatement avant le citoyen Buisson s'il veut bien lui céder son tour de parole pour être agréable à tout le Congrès.

M. ARVET. — Je cède mon tour de parole au citoyen Buisson. (*Très bien !*)

(*M. F. Buisson est accueilli à la tribune par de vifs applaudissements*).

Discours de M. F. Buisson

M. FERDINAND BUISSON. — Citoyens, je remercie et le président et notre collègue Arvet de la bonne grâce avec laquelle ils veulent bien me permettre de remplir une tâche dont vous devinez la difficulté ; je n'essaierai pas de vous la dissimuler. C'est toujours un singulier péril de parler après Pelletan et surtout dans une cause où il a pour lui, d'avance, les cœurs et les esprits de la majorité de notre Parti.

Je vous prie donc de vouloir bien me permettre de vous exposer, aussi brièvement que je le pourrai, pourquoi nous ne nous rendons pas du tout, pourquoi nous ne souscrivons à aucun degré à la formule finale par laquelle le citoyen Pelletan a conclu, qu'il me permette de le dire, avec un excès d'exagération que probablement lui-même au fond ne soutiendra pas toujours, quand il nous dit que la R. P. est un système antirépublicain. (*Très bien !*)

Vous avez dans toute cette séance fait preuve d'une attention admirable et vous avez su, tous, les uns et les autres, réprimer l'élan si naturel de votre impatience. Permettez-moi de vous demander de persévérer dans cette excellente attitude.

Pour ma part, je me bornerai à répondre par des faits aussi précis que possible. D'abord, Pelletan et plusieurs des autres orateurs, nous ont fait tout un cours d'histoire ; je ne le referai pas. Mais il y a une chose que M. Pelletan lui-même ne peut pas contester : c'est à des républicains exclusivement qu'est due l'invention du système de la R. P., c'est à des républicains français, voilà un fait que l'on ne peut pas nier. (*Nombreux applaudissements.*) C'est de l'histoire. Le citoyen Pelletan nous a dit que si plusieurs de ceux qui ont été les auteurs et les propagateurs de la R. P. dans le monde vivaient aujourd'hui, ils seraient alarmés des périls que ce mode de scrutin fait courir et se rangeraient à son avis. C'est possible, je ne veux pas faire parler les morts, mais ce qu'ils ont écrit et ce qu'ils ont fait est là.

Comment, Pelletan, parce que vous avez connu peut-être plus intimement que moi, Cantagrel, un de mes prédécesseurs dans le treizième arrondissement, vous osez dire que le système qu'il a proposé n'est pas absolument le système de la R .P. ! Mais oubliez-vous que c'est lui, qui, en 1859, proscrit de l'Empire à Neuchâtel, a écrit dans un journal radical de là-bas, l'exposé complet de tout un projet de loi qui existe encore dans les documents de la Chambre française devant laquelle il l'a reproduit plusieurs années après ?

M. CAMILLE PELLETAN. — Ce projet ressemble-t-il au système d'Hondt ?

M. F. BUISSON. — C'est le système de la R. P. tel qu'il a été voté et qui fonctionne à Neuchâtel. Les radicaux de Neuchâtel l'ont combattu pendant vingt ans. Finalement ils s'y sont ralliés. Connaissez-vous quelqu'un là-bas qui le combatte aujourd'hui ? Quand en 1889 et en 1890, le gouvernement neuchâtelois proposa au peuple d'adopter le système de la R. P., il a cru de son honneur d'ajouter à la suite de son projet de loi le texte même de Cantagrel, faisant ainsi honneur à ce républicain français du beau et précieux cadeau qu'il avait fait à la petite république suisse. (*Vifs applaudissements.*)

Si c'était là un seul exemple, il suffirait déjà à atténuer les affirmations de notre ami Pelletan. Et Louis Blanc ? Est-ce que les phrases de Louis Blanc — s'il le faut, nous vous les rééditerons — ne disent pas catégoriquement ce que doit être le système de la R. P. ? Est-ce qu'il se borne à dire d'une façon générale : Nous voulons la justice, l'équité. Non, il en donne la formule, celle-là même qui est appliquée en Suisse et ailleurs. Comment la R. P. a-t-elle été appliquée à Genève, si ce n'est grâce à la prépondérante initiative de Louis Blanc et de ses amis ? Ce sont les disciples mêmes de Louis Blanc qui, sur place, ont fait réaliser cet essai hardi et particulièrement difficile dans les conditions politiques locales propres à Genève.

M. Camille Pelletan. — Ils ont bien mal réussi.

M. F. Buisson. — J'ajoute : On vient de dire qu'en Belgique elle a été très favorable aux cléricaux. C'est encore un fait d'histoire facile à vérifier. En Belgique, la R. P. a été proposée par des hommes appartenant à divers partis, libéraux et socialistes. Il a d'abord été combattu par les catholiques. Ceux-ci ont fini par s'y rallier, préférant un régime d'équité au jeu de hasard du scrutin de liste, tel qu'il fonctionnait chez eux. Mais c'est le propre de la R. P. que tous finissent par l'adopter parce que tous y trouvent leur compte. Ce n'est pas seulement en Belgique, c'est dans presque tous les pays du Nord, peut-être parce qu'ils sont plus calmes que nous, qu'on a compris qu'il n'y a rien de mieux qu'un système qui enlève toute chance de supériorité illicite, mais qui garantit aussi contre toute chance d'infériorité injustifiée. C'est ainsi qu'en Danemack, en Norvège le système a été admis et qu'il est pratiqué.

M. Camille Pelletan. — De quelle façon ?

M. F. Buisson. — Voulez-vous que je vous dise le mécanisme ?

M. Camille Pelletan. — Pour les élections municipales... (*Protestations ; plusieurs voix : N'interrompez pas !*)

M. F. Buisson. — M. Pelletan qui est mille fois plus savant que moi sait très bien que la comparaison d'un pays à un autre ne peut pas se faire en deux mots. Ce serait se moquer d'un auditoire que de prétendre résoudre la question par des formules abréviatives. (*Applaudissements.*)

Voulez-vous nous permettre de revenir d'une façon pratique et modeste à l'objet de la discussion, car, en vérité, je ne sais plus bien quel objet est en discussion. Il me semblait pourtant que nous étions en présence de la Réforme électorale. Nous avons à dire si oui ou non, il y a lieu à une réforme électorale ?

Un délégué. — Non.

M. F. Buisson. — Attendez ; je crois qu'il n'y a pas lieu de s'échauffer là-dessus, c'est surtout de la clarté qu'il faudrait ici, plutôt que de la chaleur. S'il y a lieu de faire la Réforme électorale, quelle sera-t-elle ? Voilà comment se pose le problème. Or, après avoir entendu Georges Robert, Victor Meunier et surtout Pelletan, il semblerait qu'il n'est plus question de rien d'autre que de combattre la R. P., le monstre. Pensez-en, dites-en ce que vous voudrez. Cela ne vous dispensera pas d'avoir d'ici à la fin de la séance, à reprendre le véritable objet qui vous est soumis. Il faudra bien revenir à cette alternative, faire ou ne pas faire la Réforme électorale ? C'est là le point qui avant tout s'impose à vos délibérations. La réforme de la Constitution, je ne demande pas mieux que de l'accomplir, la réforme des mœurs électorales et le relèvement de l'esprit démocratique, je les souhaite avec Pelletan. Je pense qu'on ne m'a pas cru assez naïf pour supposer que la R. P. à elle seule allait ouvrir les portes du Paradis ; je n'ai jamais cru à une panacée, elle est moins que cela et elle est plus. Les républicains qui l'ont préconisée, qui l'on fait établir dans un certain nombre de pays déjà, n'ont pas promis monts et merveilles : ils ont simplement espéré créer un mécanisme électoral plus exact, plus équitable, plus précis, ayant plus de justesse et, par conséquent, plus de justice. Voilà à quoi se borne toute la prétention des proportionnalistes. (*Applaudissements.*) Peut-on aujourd'hui s'inscrire en faux contre l'idée même de proportionnalité ? Comment est-il possible à des républicains, si ce n'est dans la fièvre de la bataille, de s'appeler *antiproportionnalistes* ? Comment peut-on se poser soi-même comme ne comprenant pas, soit comme ne voulant pas en principe qu'il y ait proportionnalité entre le nombre des électeurs et le nombre des élus ?

M. CAMILLE PELLETAN. — Vous savez bien que ce n'est pas ce que je voulais dire. (*Bruit.*)

M. F. BUISSON. — Du moment que vous ne vouliez pas dire cela, n'ajoutez pas que ce principe est antirépublicain. (*Applaudissements. Très bien !*)

Voilà un système admis depuis quinze ans dans certains pays, depuis douze ans dans d'autres, depuis dix ans en Belgique. Je vous soumets cette simple observation : Depuis ces dix ou quinze ans, avez-vous vu un seul des pays, petits ou grands, qui ont établi la R. P., même avec un mode de calcul imparfait, en avez-vous vu un seul qui y ait renoncé ? Pouvez-vous citer un parti, n'importe lequel, en Suisse, en Belgique, en Danemark, en Norvège, dans ceux des Etats américains qui l'ont admis, un seul parti, dis-je, ayant une seule fois en ces quinze ans, déposé une proposition de loi, qui tende à supprimer la proportionnelle ? (*Applaudissements.*)

Il n'y en a pas un seul exemple.

M. CAMILLE PELLETAN. — On ne peut pas l'étendre.

M. F. BUISSON. — La meilleur preuve qu'il y aura l'entraînement d'une idée très simple c'est qu'à l'heure même où nous parlons, au moment où naît une nouvelle république latine, vous avez pu le voir ce matin, un des hommes les plus considérables de la République portugaise, interrogé sur la question du suffrage universel déclare qu'il s'attend à le voir établir avec la R. P. (*Vifs applaudissements.*) Cela prouve, tout au moins, que cette réforme correspond à un sentiment populaire, qui chez nous comme ailleurs, à la réflexion, l'emportera sur toutes les objections.

Et, en effet, la R. P. n'est pas du tout une institution antimajoritaire. Qu'est-ce que nous voulons par la R. P. ? Uniquement ceci : d'accord avec Pelletan, avec tous les républicains qui sont ici ou ailleurs dans le monde entier, nous proclamons, entendez-le bien, la nécessité absolue du principe majoritaire pour établir le gouvernement. Il n'y a pas de gouvernement possible en démocratie s'il n'est pas assis sur la loi du nombre, sur le respect de la majorité, en d'autres termes, sur une convention par laquelle les sociétés humaines évitent la guerre civile. (*Très bien !*) Cette convention est à la fois la plus simple, la plus juste et aussi la plus nécessaire. Du moment qu'on veut avoir la paix, et vivre en société d'une manière permanente, il faut convenir les uns avec les autres qu'au lieu de se battre tous les jours, on admettra une fois pour toutes, que le pouvoir appartient légitimement à la majorité, du plus grand nombre. C'est le plus grand nombre qui fera la loi au plus petit nombre. Voilà sur quoi est fondée la démocratie française, la seule qui ait complètement, à sa base, le suffrage universel sans restriction.

Eh bien, citoyens, c'est précisément parce que nous sommes autant que qui que ce soit, partisans du principe majoritaire, condition fondamentale des démocraties, que nous tenons à vérifier avec le plus grand soin que la majorité est bien la majorité. Plus elle doit avoir de puissance, plus il importe de s'assurer que cette puissance n'est pas usurpée, qu'elle n'est pas indûment saisie par une fausse majorité, par une majorité de hasard ou d'artifice.

Voilà pourquoi cette idée noble et généreuse, de donner à la majorité son droit, tout son droit, mais rien que son droit, est véritablement inspirée par l'esprit démocratique. Voilà pourquoi elle est en train de faire le tour du monde et gagne peu à peu les esprits. Partout elle commence par attirer les minorités. On affecte de lui en faire un reproche. Quoi de plus naturel pourtant, puisque les minorités sont les premières à bénéficier d'un régime de plus grande justice. Mais les majorités à leur tour s'y convertissent parce que personne ne peut se dresser longtemps contre la justice. En somme, le système de la R. P. n'est pas autre chose que l'application loyale du principe majoritaire. (*Applaudissements.*)

LE PRÉSIDENT. — On réclame une suspension de séance ; Monsieur Buisson, acceptez-vous une suspension de séance de cinq minutes ?

(*M. Buisson accepte. La séance, suspendue à 5 h. 10 est reprise à 5 h. 20.*)

M. F. BUISSON. — Je pense que ce petit intermède aura un peu rafraîchi les esprits. Je serai aussi court que possible. Si je ne le suis pas autant que je le voudrais, croyez que je le regrette plus que personne : excusez un orateur qui, entre autres torts, à celui de n'être plus jeune.

On a fait tout à l'heure plusieurs critiques de la R. P.

Le premier reproche, sur lequel Pelletan a insisté avec sa verve incisive et prenante, c'était le reproche de variations. Il ne peut pas nier que la proportionnelle existe dans un certain nombre de pays et que nulle part on n'a même une fois proposé de la supprimer, mais, vous dit-il, il faut voir la variation des systèmes.

Eh bien, cher et illustre ami, ce reproche est un hommage que vous rendez à la proportionnelle.

Oui certes, elle a varié comme tout ce qui vit, comme tout ce qui grandit. Elle a commencé par être un germe, un embryon, une idée encore tâtonnante. Il y a un siècle, il y a un demi-siècle, dans les pays où un peu de vie politique se manifestait, on se bornait à en revoir le principe ; il n'est pas juste que la majorité soit tout et la minorité rien. On affirmait qu'il fallait dans la représentation faire place aux minorités. Quelle place ? On ne précisait pas encore. Et par quel moyen ? Un moyen empirique quelconque. Un grand et lumineux esprit devant qui vous vous inclinerez, John Stuart Mill, le grand penseur positiviste, a contribué puissamment à faire mûrir l'idée et à lui donner l'allure d'une revendication scientifique. Le droit des minorités reconnu en principe, on a cherché une formule pour le faire respecter.

Et l'on en a tout d'abord trouvé une tout à fait rudimentaire. Condorcet en avait déjà fait une première application pour certains conseils élus. Il avait dit : Vous avez cinq membres à nommer, par exemple ; vous n'en désignerez que quatre ; de la sorte vous laisserez le cinquième à la minorité. C'est sous cette forme primitive que la R. P. est entrée dans le monde. Pelletan dit : Elle a varié. Je le crois bien ! Ce n'était là qu'une espèce d'aumône faite aux minorités. On leur donnait par là trop ou trop peu.

Au bout de quelques années, on s'est dit : Ce n'est pas juste. Il faut donner à chaque groupe majorité ou minorité, ce qui lui appartient. Il faut donc le calculer et non plus l'évaluer au hasard du sentiment. Et l'on s'est mis à chercher une manière de faire ce calcul : c'est alors qu'on a trouvé le mot de *représentation proportionnelle* au lieu de *représentation des minorités*.

Première variation, passer de la première période à la seconde, de la *formule empirique* à *la formule mathématique*.

Mais la formule mathématique n'est pas facile à trouver, on en a essayé plusieurs.

Cela vous étonne ? C'est que vous n'avez pas réfléchi aux données du problème. Il est bien simple le problème tant qu'il s'agit de nombres entiers. Vous êtes 30.000 électeurs, vous avez trois députés à élire, soit un député par 10.000 électeurs. Une liste a 20.000 voix, la liste opposée en a 10.000, la première a droit à deux élus, la seconde a droit à un ; autant de fois une liste contient le nombre d'électeurs qu'il faut atteindre pour avoir droit à un député, autant elle aura de députés. Seulement, 99 fois sur cent le quotient n'est pas un nombre entier : telle liste aura droit à deux députés et demi, telle autre à un député trois quarts, à trois députés sept dixièmes, et comme on ne peut pas découper les députés en tranches, c'est bien dommage (*rires*), on est bien obligé de chercher l'approximation la plus exacte, la moins difficile à appliquer. Il faudra forcer la fraction en plus ou en moins, c'est-à-dire donner trop à un parti, trop peu à l'autre, en adoptant la combinaison qui attribuera à ces restes fractionnaires de la manière la moins éloignée de la parfaite justice électorale qu'on ne peut pas atteindre, puisqu'on ne peut pas distribuer des fractions de députés. Voilà la raison pour laquelle on a proposé successivement des systèmes d'approximations auxquels il est naïf de reprocher de n'être qu'approximatifs.

C'est dans ces limites-là que la R. P. varie.

Des divers systèmes qu'on a expérimentés — et bien entendu tous ont l'inconvénient de ne pouvoir appliquer à des hommes en chair et en os, la division arithmétique des effectifs électoraux — le système qu'on a trouvé le plus moderne, le plus complet, c'est le système belge, auquel rendent hommage même ceux qui pour des raisons quelconques n'ont pas cru devoir l'adopter. Je n'essaie pas d'en démonter le mécanisme sous vos yeux, je me borne à constater que ces divers procédés mathématiques constituent ce que j'appelai la deuxième phase, la deuxième période de la R. P. En ce moment s'ouvre une troisième période, la dernière de nos variations, vous voyez, cher Pelletan, que je vais au-devant de vos objections et de vos critiques.

M. Camille Pelletan. — Ce n'est pas là-dessus qu'avaient porté mes critiques.

M. F. Buisson. — Je croyais vous avoir entendu railler et même vivement les variations de nos systèmes. Si je me suis trompé, soit. Quelle est donc cette dernière transformation du « protée proportionnaliste »? On la cite avec un air de triomphe. Il semble que cela doive nous accabler. Les Belges, oui, les Belges eux-mêmes, demandent la réforme de leur régime électoral. Que voulez-vous de plus significatif ? Eh bien oui, en Belgique même, il s'est fondé une ligue qui a à sa tête les chefs des trois partis. Quel est l'objet de cette ligue ? Propose-t-elle et à son défaut un groupe quelconque dans l'un des trois partis, demande-t-il à supprimer le système d'Hondt en usage ? Pas un, ce que tous réclament, c'est de l'étendre, de le compléter, de la réaliser plus entièrement. Et ils ont bien raison. Pourquoi ? Parce que ce système est encore accompagné aujourd'hui d'un reste d'insti-

tutions majoritaires qui sont en contradiction avec
le régime même de la proportionnelle. Parce qu'on
le fausse en le faisant jouer dans des circonscriptions la plupart minuscules et de plus tellement
inégales que le champ d'action électorale y varie
dans la proportion de 2 à 28. Voilà les causes d'erreur et d'injustice que tous sont unanimes à vouloir supprimer. Lorsque donc vous nous opposez
ces critiques faites en Belgique même à la proportionnelle, vous voyez bien quel contresens vous
commettez : il n'y a pas de plus bel hommage
pour le système proportionnel que de voir douze
ans après sa première application en Belgique, et
dans des conditions de découpage géographique les
plus détestables et avec l'absurdité du vote plural
qui altère tous les résultats (*applaudissements*), de
voir après douze ans d'expérience, tous les partis s'accorder non seulement à confirmer ce régime, mais à le fortifier, à l'achever et à en faire
l'application générale intégrale. (*Applaudissements.*)

Et voilà comment on écrit l'histoire du discrédit
de la proportionnelle. Non, on ne veut plus de la
proportionnelle empirique, qui consiste à concéder
arbitrairement et comme par charité une « représentation des minorités ». On ne veut plus presque
de cette proportionnelle enfermée dans des cadres
si étroits et jouant sur des chiffres si réduits
qu'elle retombent forcément dans les errements
majoritaires. Qu'est-ce à dire, sinon que l'on a
partout entrevu un troisième stade, un troisième
degré consistant dans la réforme du mécanisme
géographique.

Ce qui fait le vice de tous les systèmes électoraux dans tous les pays, c'est qu'il y a des circonscriptions. Ce n'est pas le pays tout entier, qui vote
en une fois, chaque électeur donnant son suffrage
à une liste entière. Ce n'est pas possible, pas plus
en France qu'ailleurs. On se rappelle l'idée d'Emile
de Girardin : faire inscrire par chaque électeur
français, cinq cents noms sur son bulletin. Ce serait parfait si ce n'était absurde. Il faut donc diviser la France en morceaux. Comment ? Par province, par départements, par arrondissements ?
C'est le dernier mode de découpage que nous pra-

liquons actuellement. Autant il y aura de circonscriptions, autant il y aura de restes perdus, de suffrages non utilisés. S'il y en a 600, il y aura 600
fois plus de voix inemployées, c'est-à-dire d'électeurs non représentés, que si nous avions une
liste nationale unique.

Il faut trouver le moyen, et il est très simple,
de supprimer ces déchets et de faire que tous les
restes d'une circonscription ne soient pas perdus.
Pour cela il faut grouper ces restes avec ceux du
même parti dans une ou plusieurs des circonscriptions voisines. On additionnerait, par exemple, les
voix radicales perdues de cinq ou six départements, et elles pourraient ensemble donner droit
à un siège de plus pour la majorité des radicaux
de la région. Ce serait donc une manière de mesu-
rer plus exactement et les droits de la majorité et
ceux de la minorité. (*Applaudissements.*) Voilà
l'idée nouvelle qui se fait jour en France comme
en Belgique.

M. CAMILLE PELLETAN. — On vote pour Jaurès et
on élit Hervé.

M. F. BUISSON. — Cette plaisanterie-là n'est pas,
ce me semble un argument. La vérité, puisque
vous me parlez de Jaurès, c'est qu'en effet, Jaurès
a eu l'honneur d'indiquer ce perfectionnement de
la proportionnelle par un reversement régional
que le régime de la proportionnelle est un des restes qui se perdent dans chaque département. Jaurès nous a fait voir ainsi que ce régime d'engre-
nage qui amènera les républicains à faire de plus
en plus de justice et à être de plus en plus exi-
geants pour leurs résultats. C'est ce qui fait la no-
blesse de cette réforme. Admettez-en le principe.
Quoi que vous fassiez ensuite, vous en viendrez
aux applications justes et logiques, avec leur développement qui se fera en temps et lieu. Oui ou non,
reconnaissez-vous que le gouvernement appartient à la majorité mais que la représentation appartient à tout le monde ? Si oui, je ne vous demande plus rien, la République est sauvée. Sauvée,
dis-je, et non pas perdue ! (*Applaudissements.*)

Aussi bien la République a besoin de la Proportionnelle à l'heure que nous traversons. Ce n'est
pas seulement aux savantes statistiques de notre

ami Bonnet, ce grand maître en géographie électorale, que j'en demande la preuve. C'est à Pelletan lui-même. N'a-t-il pas décrit plus éloquemment que personne la différence entre la période
actuelle et celle qui s'est écoulée de 1906 à 1910 ?
Nous sommes bien obligés de voir qu'aujourd'hui
il y a un malaise, pour n'employer aucun mot plus
grave. Ce malaise, nous avons deux moyens de
le dissiper. A vous de choisir.

Le premier système consiste à dire : « Peu nous
importe les défauts du scrutin d'arrondissement.
Nous le tenons, nous le gardons. Il a donné au
parti républicain la majorité. Cela suffit. Il nous la
la conservera, nous ne voulons rien savoir de
plus. »

Ce n'est pas moi, citoyens, qui méconnaîtrai les
services qu'il a rendus. Je suis assez vieux pour
avoir vu en détail les débuts de la République,
et je ne les ai pas oubliés. On vous a fait sourire
tout à l'heure en vous parlant de ma pédagogie.
J'y retomberai en vous disant que l'éducation civique de ce peuple exigeait que l'on commençât
comme nous avons commencé, par présenter à nos
populations, et en particulier aux populations rurales, la République en chair et en os sous la
figure d'une personne connue, estimable et esti-
mée. En ce temps, ils étaient rares ceux qui acceptaient le nom de républicains. Il s'est trouvé
peu à peu quelques hommes de cœur et de tête
qui ont eu le courage de porter le drapeau de la
République. Ce sont ces hommes-là qui ont pris
l'une après l'autre toutes les citadelles occupées
par les comtes, les marquis, les ducs, par les anciens préfets de l'Empire. (*Applaudissements.*) Il
faudrait être aveugle et ingrat pour nier ce qu'a
dû au scrutin d'arrondissement la République
naissante. Il a rendu possible un revirement de
l'opinion publique systématiquement trompée et
effrayée depuis 80 ans. Il a fallu faire cet effort. Il
est fait. La victoire gagnée, n'y a-t-il rien à changer dans notre tactique ? Nous pensons, nous,
que c'est le moment de passer à une seconde méthode.

Ce scrutin qui nous a fait conquérir le pouvoir
ne nous permettra d'y rester que si nous le per-
fectionnons en l'adaptant aux circonstances nou-

velles. L'heure est venue d'organiser le régime non plus de la guerre, mais de la justice. Il nous faut un mode de consultation de suffrage universel qui soit irréprochable, qui corresponde aux idées mêmes dont nous nous sommes réclamés pour arriver au pouvoir. Nous avons demandé que la vie électorale de ce pays mît exactement, complètement en pratique les droits de l'homme, la liberté de tous, l'égale représentation de tous les électeurs, l'équitable calcul de cette représentation. Sommes-nous disposés, étant les maîtres aujourd'hui, à tenir ces promesses ? Voilà toute la question.

Pour nous y refuser, on nous suggère un bon prétexte sous la forme d'un mot d'esprit. Bah ! nous dit-on, la Proportionnelle ? C'est ce qu'il y a de moins proportionnel au monde. M. Bouillard l'a répété plusieurs fois. Boutade facile, mais permettez-moi de la prendre corps à corps sous sa forme populaire. Comment, voilà un candidat qui a 60.000 voix, il ne sera pas élu, et celui qui aura 40.000 voix seulement le sera. En voilà une proportionnalité ! C'est très simple, je vous en fais juge : Il y a 100.000 électeurs, vous me suivez bien ; il y a 10 élus. Vous êtes 60.000 radicaux, il y a 40.000 opposants ; vous dites : 100.000 électeurs ayant droit à dix députés, cela fait 10.000 électeurs par députés: C'est une carte géographique au dix-millième. Nous mettons sur une même liste 10 noms ; autant de fois cette liste aura 10.000 voix, autant de fois elle aura droit à un député, c'est évident ; par conséquent les 6 premiers noms seront élus, cela fera les 60.000 voix radicales, 10.000 voix pour le premier, 10.000 pour le 2e et ainsi de suite. Et puis vous dites : les 4 suivants ont aussi 60.000 voix ! Pardon ! L'électeur a épuisé son vote. Les 10.000 voix qu'il fallait par électeur sont employées. Il n'en reste plus et les 4 autres candidats de la fin de la liste, ceux à qui vous dites qu'il reste 60.000 voix n'ont rien du tout : ils ont zéro voix. Voilà le raisonnement. (*Applaudissements.*) Certes, sous le régime majoritaire, vous pouvez dire : « Nous prétendons que les 60.000 valent 100.000 et que les 40 mille soient zéro. » Eh bien, il faut le dire. Et la conscience publique jugera ; mais il ne faut pas prétendre

que la Proportionnelle fasse une proportion à rebours ; qu'elle fasse élire avec 40.000 voix et
blackbouler avec 60.000 voix. Elle fait élire chacun
au prorata des voix qui lui appartiennent. 60.000
électeurs sur 100.000 ont droit à 6 sièges et 40 mille
à 4 sièges ; cela c'est de la clarté, c'est de l'arithmétique, c'est de l'équité. (*Applaudissements.*)

On a contre la R. P. un autre argument, d'allure
politique, celui-là. On nous dit : « Vous êtes dupes
si vous n'êtes pas complices. Ne voyez-vous pas
que la réaction favorise la R. P. ? C'est la preuve
qu'elle est dangereuse à la République. Ce n'est
pas par hasard que tous nos ennemis se servent
de cette arme contre nous. Comment se fait-il que
la R. P. soit patronnée par les ennemis de la
République ? »

Je réponds que c'est votre faute, mes chers
amis. (*Approbations sur nombreux bancs.*) Si vous,
républicains fidèles à la tradition républicaine,
vous aviez fait ce qu'ont fait quelques-uns d'entre
nous, si vous aviez recueilli la tradition de nos
pères républicains, c'est nous qui aujourd'hui en
bénéficierions. (*Longs applaudissements.*) Et si les
ennemis de la République peuvent se parer aujour-
d'hui de ce titre de proportionnalistes, qui veut
dire disciples respectueux de la justice et de la
liberté — quelle ironie et quel mensonge dans leur
bouche! — C'est parce que dans un moment de surprise vous vous êtes jetés immédiatement à la
traverse, vous avez bruyamment pris parti contre
cette idée de justice et de liberté, vous vous êtes
déclarés ennemis de la réforme. Et alors que les
républicains, depuis qu'il y a des républicains, ont
coutume d'être toujours les premiers parmi les
utopistes, d'être à la tête de ceux qui, à tout prix,
veulent l'idéal même quand il semble impossible,
pour la première fois, nous avons la douleur de
trouver le plus grand nombre des partis républicains se cabrer tout entier contre une idée de
Justice. (*Longs et vifs applaudissements, mouvements prolongés.*)

Vous demandez pourquoi, Messimy, moi et quelques autres, nous n'avons pas hésité, jeunes ou
vieux, à nous déclarer en faveur d'un principe
dont les origines appartiennent à notre Parti et
que nous avons le droit de revendiquer pour lui,

même malgré lui, vous demandez pourquoi nous nous sommes associés à cette campagne qui, en somme, a eu quelque effet dans ce pays ? Nous l'avons fait pour sauver l'honneur du Parti républicain. (*Applaudissements vifs et prolongés.*) Nous ne voulons pas, si cette réforme est votée, qu'on puisse dire qu'elle appartient exclusivement aux ennemis de la République ; nous attesterons que c'est une œuvre républicaine. On vous dit que c'est une arme dangereuse. Dangereuse ? Oui. Savez-vous pour qui ? Les premières victimes de de la R. P. ce seront précisément ces minorités qui aujourd'hui peuvent faire tout ce qu'elles veulent (*Vifs applaudissements.*), et qui demain ne le pourront plus. Ce matin, à une observation extrêmement judicieuse de Charpentier, vous aviez l'air d'opposer un certain scepticisme. Est-ce que, par hasard, vous supposez que si on établit le régime proportionnel, il n'y aura rien de changé dans la manœuvre politique, dans le mécanisme de l'élection, avant, pendant et après ? Vous représentez-vous par hasard sous le règne de la R. P. un socialiste unifié mettant son nom au bas d'une liste où se trouvera le nom de M. Denys Cochin ou de M. Beauregard ? (*Interruptions ; bruit ; nombreux cris : Parlez ! Continuez !*)

LE PRÉSIDENT. — Je vous en prie, faites silence, le sujet est assez ardu et vous voyez combien notre ami Buisson est véritablement intéressant. (*Très bien ! Applaudissements.*)

M. F. BUISSON. — C'est une affaire de clarté. Oui ou non, quelqu'un peut-il prétendre que la situation pour nos adversaires — laissez-moi employer ce mot — de gauche ou de droite, sera le même après qu'avant, si on vote la R. P. ?

Je dis qu'il y aura une profonde différence. Aujourd'hui, grâce au deuxième tour, grâce à la forme anonyme, vague, imprécise, que l'on peut adopter entre les 1er et 2e tours, nous avons vu des coalitions dont nous sommes honteux pour notre pays et pour tous les partis, espérons que le nôtre n'y trempera jamais. (*Très bien !*) Demain, ces coalitions seront-elles possibles ? Je vous pose la question. Voilà la loi, elle est faite. Il n'est possible que de déposer des listes homogènes, signées et présentées par des citoyens qui déclarent adopter tel programme. C'est la condition même de la R. P. Il n'est plus possible qu'un socialiste révolutionnaire unifié, partisan de l'abolition de la propriété individuelle, mette sa signature au bas d'un programme radical ; il n'est plus possible qu'un radical, même de rechange comme on les appelait tantôt, mette son nom au bas d'un programme socialiste. Il n'est pas davantage possible, vous me l'accorderez bien, il y a tout de même une opinion en France, qu'un socialiste unifié vienne donner publiquement son nom pour le joindre à ceux d'une liste royaliste, monarchiste, cléricale quelconque. (*Interruptions, bruit.*)

On nous dit : ce sera la même chose avec la R. P. Je dis : Non, tout le monde y gagnera (*Quelques exclamations.*) et l'honnêteté publique aussi. Le parti qui sera le plus homogène par les idées, le plus sage et le plus probre par ses hommes politiques, le plus discipliné dans sa tactique intérieure, sera celui qui y gagnera le plus, quelque soit le nombre de ses adhérents ; il aura ce à quoi il a droit, sans rien mendier à qui que ce soit.

Est-ce que nous ne sommes pas obligés, par les Nous voulons rester nous-mêmes et n'être que nous-mêmes. Est-ce que nous le pouvons aujourd'hui ?

Est-ce que nous ne sommes pas obligés, par les nécessités du 2e tour de scrutin, de recevoir ou de subir et à droite et à gauche, je ne dirai pas des marchandages, mais enfin des tractations qui nous sont pénibles et qui ne vont pas toujours sans porter quelque atteinte à ce que l'on peut concevoir comme l'idéal de l'honneur politique ? Est-ce que nous ne sommes pas obligés à la rigueur, au dernier moment, de nous rallier à quelqu'un qui n'est pas notre homme, à un candidat dont tout ce que nous pouvons dire est qu'il ne nous inspire pas la même horreur que le candidat de la réaction pure ? Avec la R. P. nous ne serons plus obligés d'en user ainsi.

Notez bien que désormais le candidat de la réaction pure est obligé de se présenter à visage découvert, d'avoir son nom, sa liste, ses répondants, son programme. Le peuple français sait lire, il saura lire chacune de ces listes et voir ce

qu'elle vaut. Il ne le peut pas aujourd'hui, parce
que rien ne force à mettre bas les masques. On
prend l'étiquette qu'on veut ; on en prend plusieurs, ou l'on n'en prend aucune. Et il faut que
l'électeur devine. C'est pourquoi si souvent il se
trompe ou il est trompé.

Enfin, il y a une dernière objection, non pas
tout à fait. D'abord tant que Pelletan sera là, il
y en aura de nouvelles (*Rires.*). L'avant-dernière,
donc, c'est celle qu'il tire de la faiblesse de la
nature humaine. Il a fait allusion aux bas-fonds
du cœur humain, hélas ! Il nous a dit : « Maint
candidat n'aura plus qu'une préoccupation, c'est
de donner un croc-en-jambes à son camarade et
et de passer avant lui sur la liste ». Il nous a fait
un tableau bien noir des procédés malpropres
qu'emploieraient les camarades de liste pour se
jouer sournoisement de bons tours. Je ne dis
pas que cela ne se fera jamais ; qui peut répondre
de la perfection de la nature humaine ? Je dis seulement qu'il n'en sera ni plus ni moins qu'avec le
scrutin de liste. Or c'est le seul système, semble-t-
il, qu'on puisse opposer à la Représentation Proportionnelle. L'argument porte également contre
les deux. N'insistons pas.

Mais la grande critique, l'objection finale, celle
qui porterait, vous l'avez retenue. Le nouveau régime, a-t-on dit, n'a qu'un but : soustraire l'élu
au contrôle de ses électeurs. On vous a fait entre-
voir avec douleur qu'il n'est plus rien pour eux et
qu'ils ne sont plus rien pour lui. En somme, on a
essayé d'alarmer le sentiment démocratique, c'est-
à-dire le plus délicat, le plus exigeant, le plus facile à inquiéter de tous les instincts populaires.

Eh bien vraiment, je ne comprends pas qu'on
puisse un instant vous faire prendre au sérieux
cette affirmation. S'il est une chose certaine, c'est
précisément que la réforme aura tout juste le résultat contraire. Comment ! On vous dit : L'électeur ne sera plus rien, tout dépendra de quelques
douzaines d'hommes qui eux-mêmes seront à la
merci des influences officielles, de l'argent, de la
presse, de n'importe quelle coterie et qui feront
tout ; mais, pour croire à ce danger, il faudrait
n'avoir pas compris le premier mot de la réforme

électorale dont il s'agit. Elle n'est possible, elle n'a de raison d'être que si elle commence par établir une organisation complète des partis, de notre Parti tout d'abord, d'un bout à l'autre de la France, jusqu'au dernier des villages. (*Applaudissements.*) Vous êtes bien ici quelques centaines de militants, vous représentez bien quelques milliers d'adhérents, conscients, réfléchis, instruits, avec qui vous avez conféré, qui se sont formé une opinion et qui vous ont envoyé ici, en connaissance de cause, la défendre. Vous représentez cette élite. Oserait-on dire pour cela que vous êtes des dictateurs et que cette élite tyrannise la masse électorale, la masse amorphe, qui, hélas, vous le savez bien, existe encore. Que faut-il faire ? La secouer, cette masse, et y faire passer à tout prix une sorte de grand courant qui la réveille et la vivifie. C'est ce que nous tâchons de faire dans nos Congrès.

C'est ce que fera, en plus grand et avec infiniment plus de force, le régime de la R. P. Il obligera les milliers d'électeurs encore indifférents, encore flottants par hésitation, par ignorance, par dépendance, à prendre parti, à faire œuvre de citoyen, à se demander et à dire tout haut ce qu'ils sont et ce qu'ils veulent. Aujourd'hui tout ce qu'ils savent dire, c'est qu'ils sont pour tel ou tel candidat. Désormais l'enjeu est changé, la partie ne se joue plus dans les mêmes termes. Il ne s'agit plus de Pierre ou Paul qu'on préfère pour des raisons quelconques et de valeur très diverse. Il s'agit de se rattacher à un petit comité local, bien défini, lequel se rattache à un plus grand, comme c'est l'usage dans nos fédérations. C'est une hiérarchie de comités élus et organisés, petits, moyens et grands, tous relevant du suffrage universel, tous ayant leur part d'action, d'influence, de direction, chacun dans sa sphère. Et l'on prétendra que c'est cette organisation-là qui sera un attentat au suffrage universel ! Il faut qu'il soit amorphe, dispersé, inorganique pour être livré au suffrage universel !

Pour achever d'effrayer ceux qui sont toujours prêts à trembler, on s'amuse à leur décrire un régime de fantaisie, où, de Paris, un comité d'intrigants, que toutes les fédérations de la France auraient promu à la dictature, enverrait dans n'importe quelle circonscription, le premier venu comme candidat imposé, un inconnu, un étranger à la région. Voulez-vous me dire pourquoi vos comités organisés depuis le canton jusqu'à Paris, ne s'entendraient pas pour présenter, comme le bon sens le crie, les hommes du canton, de l'arrondissement, du département, de la région qui sont en possession de l'estime du parti, connus, éprouvés, tout désignés pour les différents mandats à décerner. Mieux qu'aujourd'hui vos élus seront vos élus. Mieux qu'aujourd'hui vous les connaîtrez avant, pendant et après les élections. Pourquoi suppose-t-on que vous allez abdiquer, vous, qui représentez le noyau, le germe de l'organisation future de la démocratie ? Pourquoi suppose-t-on que vous n'existerez plus ? N'est-il pas de toute évidence que vous aurez au contraire des droits, une autorité, une sanction que vous n'avez pas aujourd'hui ? L'élu qui a publiquement signé votre programme, qui a promis de le soutenir et qui s'est enrôlé dans les cadres d'un parti bien défini, comment voulez-vous qu'il puisse désormais voter, écrire, agir au mépris de ses engagements et sans votre assentiment, sous peine d'être immédiatement mis en accusation par l'unanimité des comités qui l'ont choisi ? (*Vifs applaudissements.*)

Non, il n'est pas sérieux d'accuser la proportionnelle de décapiter le suffrage universel ; c'est tout le contraire qui se produit. Non, la proportionnelle, n'est pas le monstre qu'on a voulu dépeindre, mais quoi qu'on pense d'elle, je voudrais bien savoir ce qu'on lui oppose. C'est par là que j'ai commencé, c'est par là que je finis. Après le beau discours de Pelletan, je savais un peu moins qu'avant ce qu'il voulait : c'est la seule chose qu'il ait oublié de nous apprendre. Il a dit qu'il ne fallait pas de R. P. Oh ! cela, nous le savions, mais que veut-il, lui-même, que propose-t-il au lieu et place de la R. P. ?

Je n'ai pas à vous présenter ses conclusions. Les miennes vous les connaissez. Le scrutin d'arrondissement a fait son temps. Respect à son œuvre dans le passé, mais place à un régime nouveau qui soit pour la période actuelle de la République ce qu'a été le suffrage universel avec le scrutin d'arrondissement dans la période précédente. Nous avons marché avec le scrutin d'arrondissement, nous sommes allés jusqu'au point où il pouvait nous conduire ; nous n'avons pas le droit de nous y arrêter ; la République est en marche, continuons de marcher avec elle. (*Salve d'applaudissements sur presque tous les bancs : longue ovation. On crie : la clôture !*)

LE PRÉSIDENT. — J'entends demander la clôture. (*Nombreux cris : Oui ! Oui !*) Le rapporteur demande la parole. (*Cris : Aux voix ! Aux voix ! La clôture ! La clôture !*)

LE PRÉSIDENT. — Il est d'usage dans toute assemblée que le rapporteur ait la parole quand il la demande. Je donne la parole à M. Bouillard (*Exclamations. Bruit.*)

M. BOUILLARD. — MM. les proportionnalistes, faites-moi l'honneur de m'entendre quelques instants ; c'est une question de bonne foi. Vous avez applaudi légitimement les paroles de notre ami F. Buisson ; c'est une question de loyauté ; (*bruit*) je vous demande de m'entendre quelques instants. (*Bruit.*)

LE PRÉSIDENT. — Nous avons tous intérêt à faire silence pour abréger le débat.

M. BOUILLARD. — Il faut bien que les adversaires d'une proposition se fassent entendre. (*Interruptions.*)

LE PRÉSIDENT. — M. Bouillard n'a que quelques observations brèves à présenter.

M. BOUILLARD. — D'abord faut-il que vous connaissiez les propositions de la commission, et si vous m'empêchez de parler vous étranglez le débat. (*Applaudissements ; cris : Parlez ! Parlez ! Vives interruptions sur de nombreux bancs*). Citoyens, nous ne sommes pas dans une réunion publique. Je ne méconnais pas le danger qu'il y a pour moi à prendre la parole après un contradicteur universellement estimé, entouré de l'amitié de tous. (*Nouvelles interruptions*).

LE PRÉSIDENT. — Jusqu'ici, le débat a été calme et digne ; je vous invite, citoyens, à lui garder ce caractère.

M. BOUILLARD. — Je dis après avoir entendu M. Buisson, que quelques inexactitudes d'une haute importance se sont introduites dans son discours :

je voudrais rétablir les faits ; il y a là un intérêt considérable. (*Interruptions.*) Vous avez entendu l'honorable M. Buisson dire que le système de la R. P. avait tous les avantages ; que, depuis douze ans qu'elle existait, notamment en Belgique et dans d'autres pays, comme la Suisse, il n'y avait pas eu de proposition pour la supprimer ; il semblerait donc acquis que c'est un régime parfait ; c'est l'idée d'ailleurs qu'un instant après il développait et notre excellent ami disait que cela allait modifier immédiatement l'esprit public et que vous verriez renaître l'âge d'or. (*Dénégations sur de nombreux bancs, vives protestations. Plusieurs voix : Il a dit tout le contraire.*)

M. Bouillard. — Je veux vous faire juge de l'inexactitude de cette affirmation. Si quelqu'un doit connaître ce que vaut le système de la proportionnelle en Belgique, ce sont assurément les publicistes belges ; eh bien, une consultation électorale vient d'avoir lieu récemment. (*Exclamations diverses ; cris : la clôture !*) Un journaliste belge qui a droit à nos sympathies parce qu'il est défenseur de la langue française dans le pays où il lutte avec énergie contre le flamingantisme, c'est M. Charles Harry. Il écrivait dans la *Grande Revue*, de juin dernier, les lignes suivantes :

« Si la beauté du principe n'est pas mise en question, du moins son mode d'application en Belgique, d'après le système d'Hondt, est-il furieusement controversé. M. Charles Benoist, qui est venu en étudier le fonctionnement en Belgique, reconnaît que « l'instrument pourrait être rendu plus sensible, qu'il présente un ou deux points faibles, par exemple la trop petite étendue des circonscriptions. » Sur le principe, « point de dissentiment en Belgique », dit-il, « ou si peu, que chez quiconque en témoigne, cela passe presque pour de l'affectation ou de l'originalité ». Il y aurait des réserves à faire là-dessus. Parmi les élus mêmes de la R. P., j'en connais plus d'un qui trouve ce régime funeste aux intérêts généraux de son parti et saluerait avec joie le rétablissement du système majoritaire, mais tait avec le plus grand soin ce sentiment, dont il pourrait payer très cher l'aveu public. D'autres députés encore, en apparence résignés ou ralliés à la R. P. m'ont tenu confidentiellement le même langage. Ils n'oseraient le tenir publiquement. Les comités électoraux dont ils relèvent les répudieraient ; ils y perdraient leur siège. Ils sont terrorisés. Si la paix règne autour du principe de la R. P., c'est donc un peu à la façon dont elle régnait à Varsovie. » GERARD HARRY. — *La Nouvelle expérience de R. P. en Belgique. (La Grande Revue* 10 juin 1910). (*Bruit prolongé.*)

LE PRÉSIDENT, sur la demande d'un grand nombre de congressistes que le bruit a empêché d'entendre, donne lecture de la citation présentée par M. Bouillard.

PLUSIEURS DÉLÉGUÉS. — *Aux voix ! La clôture. La clôture est prononcée.*)

Le vote

LE PRÉSIDENT. — La discussion est close. Vous allez voter sur les divers ordres du jour qui vous sont présentés ; vous avez à voter d'abord conformément à ce qui se passe dans toute assemblée, sur la proposition qui s'éloigne le plus des conclusions de la commission. Je mets d'abord aux voix les conclusions de la minorité de la commission ; ce sont celles qui ont été défendues ici par les citoyens J.-L. Bonnet et F. Buisson.

M. F. BUISSON. — Il y a une erreur matérielle. (*Bruit.*) Il faut mettre aux voix la proposition la plus éloignée de celle de la commission et c'est celle de M. Laurent Chat. (*Bruit.*)

M. CAMILLE PELLETAN. — Il faut se prononcer d'abord pour ou contre le scrutin majoritaire.

On divise tous les scrutins en scrutins majoritaires et en scrutins non majoritaires ; par conséquent le vœu le plus éloigné est celui qui condamne le scrutin majoritaire.

LE PRÉSIDENT. — Il n'est pas douteux que la proposition qui s'éloigne le plus de celle de la commission c'est le scrutin de liste avec R. P. (*Protestations.*)

LE PRÉSIDENT. — Je mets aux voix les conclusions de la minorité de la commission.

M. DEBIERRE. — Je demande la division.

LE PRÉSIDENT. — La division est demandée ; elle

est de droit. Le citoyen Debierre demande que l'on mette aux voix cette première partie :

Le Congrès du Parti radical et radical-socialiste siégeant à Rouen émet le vœu que la Chambre discute prochainement la réforme électorale...

(Cette première partie est adoptée à la presque unanimité.) (Applaudissements.)

Le Président met aux voix la deuxième partie :

...Et remplace le scrutin d'arrondissement par le scrutin de liste avec R. P.

(Cette deuxième partie est repoussée à la majorité.) (Longs applaudissements sur les bancs antiproportionnalistes.)

LE PRÉSIDENT. — Vous allez maintenant vous prononcer sur le maintien du scrutin uninominal ; on propose l'amendement suivant : « Avec péréquation des circonscriptions ».

On demande la division. *(Exclamations diverses.)*

LE PRÉSIDENT. — Je mets aux voix la première partie de la proposition : « Maintien du scrutin uninominal. »

(Cette première partie est repoussée à une grosse majorité.) (Bruit.)

LE PRÉSIDENT. — Je vais mettre aux voix les conclusions de la majorité de la commission qui sont en faveur de l'adoption du scrutin de liste pur et simple.

(On vote.) (Bruit prolongé.)

LE PRÉSIDENT. — Le bureau estime qu'il y a doute sur cette épreuve. *(Exclamations.)* J'invite tous nos collègues à vouloir bien s'asseoir. Je vais consulter le Congrès par assis et levés.

(Le scrutin de liste pur et simple est adopté à la majorité.)

LE PRÉSIDENT. — On a déposé au bureau un vœu tendant à ce que l'étude de la revision de la Constitution soit mise à l'ordre du jour du Congrès de 1911. Voici ce vœu :

Le Congrès émet le vœu que l'étude de la révision de la Constitution soit mise à l'ordre du jour du Congrès de 1911.

(Ce vœu est adopté.)

L'assemblée décide de tenir une séance de nuit.
à 9 heures.

La séance est levée à 6 heures 45.

CINQUIÈME SÉANCE

Samedi 8 octobre (Séance de nuit)

La séance est ouverte à 9 heures par M. Henri Michel, qui invite l'Assemblée à nommer son Bureau.

Sur la proposition de plusieurs délégués, le Bureau de la séance de l'après-midi est maintenu.

M. Henri Michel cède la présidence à M. Thalamas.

RAPPORT DE LA COMMISSION DES FINANCES

M. MAY, *rapporteur*. — Citoyens, votre commission des Finances s'est réunie hier matin. Elle a choisi pour président notre collègue Fouanon, délégué de la Seine.

En l'absence du citoyen Bouffandeau, retenu par une autre commission, le président de la commission des finances du Comité Exécutif, le citoyen Balans, a bien voulu se mettre à notre disposition pour nous fournir toutes les pièces comptables et tous les renseignements nécessaires, assisté de notre secrétaire général Reynard, que l'on trouve toujours quand il y a un renseignement à recueillir ou une besogne à accomplir.

La commission comprenant la responsabilité qui lui incombe a tenu à faire une vérification aussi sérieuse qu'il est possible des écritures.

Ai-je besoin de vous dire qu'elle a trouvé non seulement la plus grande régularité dans les écritures, mais encore une facilité de contrôle des plus grandes : Chaque mois un état financier est établi et signé par les membres de la commission. Le registre à colonnes permet au premier coup d'œil de voir chaque mois le total des recettes et des dépenses de chaque nature.

Et c'est seulement sur la nature de ces recettes et dépenses qu'il me reste à vous entretenir.

Les dépenses, cette année, ont dépassé dans une mesure assez large le chiffre des recettes. Vous n'en serez pas étonnés si vous voulez bien vous rappeler que nous avons eu des élections générales qui ont entraîné des frais de propagande s'élevant à 60.000 francs environ.

En vous rapportant au rapport de M. Lefranc, vous verrez que 1.640.000 brochures ont été expédiées dans les différentes circonscriptions.

Si vous ajoutez au coût de ces brochures le coût des affiches et les frais de voyage de nos conférencirs, vous atteindrez le chiffre de 60.000 francs que je vous ai indiqué.

Si ces dépenses se renouvelaient chaque année il nous serait impossible de boucler notre budget mais fort heureusement les économies des années précédentes calmeraient toutes nos inquiétudes si un Parti comme le nôtre ne devait pas avoir un trésor de guerre lui permettant de parer à toute éventualité. Supposez en effet une dissolution de la Chambre survenant au bout de un ou deux ans de législature et nous risquerions de nous trouver arrêtés faute de finances.

Aussi ne saurais-je faire assez appel à la générosité de ceux des nôtres qui peuvent, en faisant un bien léger effort, nous garantir contre tous les risques de cette sorte.

Les membres de notre commission m'ont donné mandat d'insister auprès d'eux pour obtenir cet effort.

Je suis aussi chargé d'insister en ce qui concerne certains de nos parlementaires. 10 députés, 17 sénateurs n'ont rien versé à notre caisse. Un certain nombre d'entre eux n'ont versé que des acomptes.

A ces parlementaires, aucune carte n'a été donnée pour assister au présent congrès et votre commission vous propose de radier ceux qui ne se seront pas mis en règle d'ici le 1er janvier.

En ce qui concerne les parlementaires, une proposition a été déposée demandant de fixer à 600 francs leur cotisation. Cette proposition avait déjà été étudiée par la commission des finances du Comité Exécutif qui, à l'unanimité, l'avait repoussée.

Votre commission l'a étudiée à son tour. Certes, cette somme de 600 francs ne paraît rien au premier coup d'œil si on la compare à la cotisation des députés socialistes. Mais si l'on veut se rendu compte de ce qu'obtiennent ces députés en échange de leur versement et ce que nous offrons aux nôtres, il faut reconnaître que demander l'augmentation du chiffre fixé par votre Congrès de 1908 n'est pas possible. Aussi votre commission l'a-t-elle également repoussée à l'unanimité.

J'en arrive, Messieurs, aux dépenses relatives à notre personnel. Réellement, lorsque l'on voit la besogne accomplie par notre personnel, on se demande quelle autre administration pourrait arriver au même résultat avec une dépense aussi modique et votre commission, heureuse d'apprendre que le Comité Exécutif avait augmenté les appointements de ses trois employés, vous propose en outre de leur accorder, comme par le passé, un mois d'appointement comme gratification pour le supplément de travail que leur apportent la préparation et la tenue du Congrès.

Un des membres de la commission a voulu savoir si c'est au manque de personnel qu'est dû le retard apporté à l'envoi des rapports et si quelques auxiliaires pris pendant quelques jours n'auraient pas pu nous permettre de recevoir ces rapports à domicile de façon à pouvoir les étudier. Il résulte de notre enquête que les rapports sont préparés toujours très tard, souvent parce que les comités n'ont pas donné assez tôt la réponse qu'on leur demandait.

Nous ne saurions trop inviter les groupements à répondre aussi rapidement que possible aux questionnaires du Comité Exécutif, et nous demandons au rapporteur de ne pas attendre la dernière quinzaine de septembre pour remettre leur travail. Nous n'ignorons pas qu'ils ont d'autres travaux et que leurs rapports leur demandent souvent de longues recherches ; mais ils rendront service au Parti en faisant tout leur possible pour que les rapports puissent être imprimés au moins quinze jours avant le Congrès.

Pour conclure, citoyens, je vous propose :

1° D'adopter les comptes de l'année 1909-1910.

2° De féliciter votre personnel pour son dévouement et la bonne tenue de ses écritures ; de lui accorder un mois d'appointements à l'occasion du Congrès, comme les années précédentes.

3° De rejeter la proposition tendant à fixer à 600 francs l'indemnité des parlementaires.

4° De radier ceux des parlementaires et des délégués au Comité Exécutif qui ne se seraient pas mis en règle avec notre trésorier le 1ᵉʳ janvier prochain.

(*Le rapport de la Commission des Finances est adopté à l'unanimité*).

LE PRÉSIDENT. — Nous avons reçu un vœu relatif à l'application de la loi de Séparation tendant à une solution rapide et équitable pour les communes des questions litigieuses tendant à l'exercice du culte et à la disponibilité des édifices et objets cultuels.

Ce vœu est présenté par M. Durand (d'Agen) qui en demande le renvoi à la commission.

(*Le renvoi est ordonné*).

L'ENSEIGNEMENT ET LA DEFENSE LAIQUE

Rapport de M. F. Dubief

M. F. DUBIEF. — Citoyens, de toutes les questions soumises à l'examen de notre Congrès, il n'en est pas de plus grave que celle de l'enseignement.

« Qui tient les écoles, tient le monde », dit Leibnitz. Aussi est-ce sur le terrain de l'école que se sont, de tout temps, concentrés les efforts de nos adversaires.

La Révolution française avait fait de l'enseignement du peuple sa préoccupation dominante. Le premier empire avait remis pour son compte aux mains de la congrégation l'instruc'ion populaire. La grande lutte de 1849-1850 aboutit à l'abominable loi Falloux et, au lendemain de nos désastres, la République encore n'eut pas de souci plus pressant que celui des écoles à créer et, du régime d'instruction populaire à instaurer, sous le triple principe de l'obligation, de la gratuité et de la laïcité.

Aujourd'hui, le problème qui se pose est de savoir si l'État doit assurer la charge entière de l'enseignement primaire comme un devoir, ou s'il doit s'en tenir à ce qu'on appelle la liberté surveillée.

Votre commission, réservant la question de l'enseignement secondaire et supérieur, s'st résolument placée en face de la difficulté. Ecartant toutes les questions accessoires, elle a ouvert le débat sur le principe du monopole de l'enseignement primaire.

Nos collègues Canu, G. Hubbard, Ferdinand Buisson, d'autres encore, ont, avec éloquence et conviction pris la défense, non pas de la liberté de l'enseignement, car tous ont admis à cette liberté des restrictions et même de telles entraves, qu'on se peut demander ce que, dans leur conception, la liberté elle-même est devenue, — mais d'une liberté surveillée.

Au point de vue philosophique, au point de vue des droits respectifs de l'État et des pères de famille, comme au point de vue des difficultés d'application et des charges financières qui en résulteraient, tout a été dit admirablement et, pour mon compte, j'ai éprouvé ce regret de ne pouvoir épouser une cause si noblement et si fortement défendue.

Votre commission ne s'est pas ralliée à cette doctrine dite de liberté.

Elle n'a pas admis que l'Etat républicain restât désarmé devant un droit de l'individu qui serait intangible par cette raison que le droit d'enseigner est un prolongement de la personnalité humaine. La collectivité aussi a des droits et des droits prééminents.

Il y a dans notre législation plus d'une circonstance où l'autorité publique intervient dans l'intérêt de la collectivité ou de la race, au détriment du droit de l'individu. Il doit en être ainsi en matière d'instruction primaire, indiscutablement, pour soustraire l'enfant malléable à ces impressions qui, comme les clous d'or dont parle Michelet, s'enfonceront dans son cerveau pour y laisser une trace ineffaçable.

L'Etat a le droit et le devoir corrélatif de veiller à ce que dans cet esprit vierge, où ne s'est pas encore développé l'esprit critique, aucun germe ne soit jeté qui puisse plus tard empêcher le libre développement de la personnalité de l'enfant.

« La liberté de l'enseignement ! » Mot fascinateur ! Ne semble-t-il pas — comme je l'écrivais il y a quelque temps, — qu'il suffise de la proclamer pour la faire régner ? En réalité, il n'y a en France que des établissements d'Etat ou des établissements d'Eglise. Il y a en présence deux enseignements rivaux et hostiles, entre lesquels il n'y eut jamais place pour la liberté.

Monopole de l'Etat ou monopole de l'Eglise, hors de là il n'y a qu'initiations condamnées, créations sans lendemains.

A l'ombre de ces deux mancenilliers, chez nous, rien ne pousse et ne vit.

Parmi les arguments des adversaires du monopole, il en est un qui luit d'une façon spéciale et qui revient sans cesse comme un *leit-motiv* ; il consiste à affirmer que dans l'enseignement, la concurrence est nécessaire parce qu'elle est une source d'émulation et de progrès. Est-ce que l'enseignement est une denrée ou une marchandise pour qu'on puisse parler de la concurrence ?

Il est étrange, vraiment, que l'on puisse prétendre que l'antagonisme qui existe dans nos villages entre l'école laïque et l'école congréganiste qui subsiste grâce à l'amendement Leygues, constitue une bonne et féconde concurrence. Quelle fantaisie !

Ce n'est pas la concurrence, c'est la guerre, guerre sournoise ou ouverte, qui jette dans l'âme des enfants des sentiments mauvais, qui laisse après elle à la sortie des écoles des levains de colère et de haine entre les enfants, en même temps qu'elle empoisonne la vie de la petite cité en armant les habitants les uns contre les autres dans deux camps hostiles.

Est-ce là ce que veulent les partisans de la liberté ? Veulent-ils aussi que, dans les deux écoles qui vont subsister dans la commune, l'une, l'école payante, soit celle d'une sorte d'aristocratie, l'autre, l'école laïque, l'école des miséreux et qu'ainsi s'institue dès l'aurore de la vie la lutte de classes ?

Tous les enfants à la même école, comme tous les jeunes hommes au régiment, voilà ce que commande le principe démocratique de l'égalité des citoyens.

Mais, s'est-on demandé, la charge ne sera-t-elle pas énorme et comment faire face à la formidable dépense à laquelle vous allez être condamné ? Les partisans du monopole ne méconnaissent pas la force de cet argument. Votre commission, cependant, ne s'y est pas arrêtée. Elle a protesté d'abord contre l'exagération des chiffres jetés dans le débat en faisant remarquer que, dans plus d'une région — dans l'Ouest notamment — il existe de nombreuses écoles pourvues de maîtres, prêtes à recevoir les élèves qui, sous la pression des curés recteurs et des hobereaux, les désertent pour les écoles privées.

D'autre part, le sacrifice se répartirait sur un certain nombre d'années — comme il en a été dans l'application de la loi sur l'obligation de l'enseignement primaire et qu'enfin, suivant la parole du conventionnel : « Quand on sème dans le vaste champ de l'instruction, il ne faut pas regarder au prix de la semence ».

A ceux qui veulent surveiller les écoles de nos adversaires, je dis : « Comment le ferez-vous ? » Mon honorable ami F. Buisson, pour lequel j'ai l'affection et l'admiration que l'on doit à un homme qui est une haute et noble conscience républicaine nous dit : « Votez les lois Doumergue ! Nos élus les voteront. Exigez du gouvernement qu'il fasse appliquer toutes les lois et ayez des juges prêts à condamner pour toutes les fautes et le mal de l'enseignement libre sera conjuré ! »

Quelle illusion ! citoyens ! D'abord, vous ne saisirez aucun abus. Vous ne trouverez personne pour témoigner des infractions, et vous n'obtiendrez de vos juges jamais — quand vous en obtiendrez — que les châtiments dérisoires.

Est-ce qu'avec le monopole tous les cerveaux seront coulés dans le même moule ? Non ! La liberté du maître et le tempérament propre de chacun suffiront à varier, comme il convient, les directions des esprits et à multiplier les nuances : mais du moins vous n'aurez pas créé l'antagonisme violent et préconçu.

C'est pour toutes ces raisons que malgré l'éloquente autorité de quelques hautes personnalités du parti républicain, par 36 voix contre 18 votre commission s'est prononcée en faveur du principe du monopole de l'enseignement primaire et vous demande, citoyens, de ratifier solennellement son vote.

Votre commission vous invite en outre et subsidiairement, à formuler comme corollaire ce vœu que l'enseignement primaire annexé aux écoles libres d'enseignement secondaire et aux lycées et collèges disparaisse (voté aux congrès de Nancy, Dijon et Nantes), qu'en attendant l'application intégrale du monopole, soient votées les lois protectrices de l'école laïque, dites lois Briand et Doumergue, qui sont à l'état de rapports au Parlement et qui assureront d'une part l'indépendance et la paix des instituteurs et des institutrices, contre les tracaseries, les vexations et les injures dont on les abreuve dans certaines régions et contre les querelles injustes qu'on leur cherche ; d'autre part, une fréquentation plus assidue de l'école par la modification des délégations cantonales auxquelles se substituera l'action de l'inspecteur primaire, déférant au juge de paix les infractions à la loi d'obligation ; et par les secours apportés aux familles nécessiteuses auxquelles en prenant l'enfant pour l'école on enlève le maigre appoint du salaire indispensable au budget familial.

Vous aurez aussi à vous prononcer en faveur de la création et de l'organisation des patronages laïques qu'il appartient au département, aux communes et à l'Etat de subventionner pour les faire vivre et leur permettre de lutter contre les patronages d'esprit religieux.

Enfin, vous direz votre volonté de voir voter la grande loi organisatrice de l'enseignement technique, rapportée à la Chambre de façon magistrale par M. Astier, ancien député, aujourd'hui sénateur de l'Ardèche qui consacre le principe de l'obligation et grâce à laquelle en même temps que vous soustrairez l'enfant de 13 à 18 ans aux dangers de la rue et lui assurerez la possession d'un métier, vous donnerez à notre pays à la place de « manœuvres » toujours prêts à grossir les bataillons des « sans travail » des artisans qui feront la force économique et la prospérité de la patrie.

Le Président. — Vous venez d'entendre le rapport de M. Dubief ; je crois qu'avant d'ouvrir la discussion, vous voudrez bien vous joindre à votre

président pour adresser au citoyen Dubief nos remerciements et nos compliments pour la netteté, et
je dirais même pour l'habileté oratoire, avec lesquelles il a présenté son sujet.

Plusieurs Délégués. — Nous demandons l'impression *in extenso* dans le compte rendu du Congrès,
du rapport de M. Dubief.

M. F. Buisson. — Je demande qu'on répare une
lacune au rapport de M. Dubief ; il a conclu en
signalant les projets de loi intéressant l'école, et il
a oublié de signaler le plus important de tous :
c'est le projet de M. Dubief lui-même. Il est indispensable qu'on le sache. (*Bravos.*)

Le Président. — Il n'y a pas d'opposition à ce
que le rapport de M. Dubief soit imprimé *in-extenso*
avec cette adjonction ! (*Approbations unanimes.*)

Discours de M. Canu

M. A.-H. Canu. — Je suis très heureux que
M. Buisson ait réparé cette lacune du rapport de
M. Dubief que j'aurais moi-même réparée en prenant la parole. Je remercie l'honorable rapporteur
des termes extrêmement courtois et plus qu'aimables dont il s'est servi à l'égard des orateurs
de la minorité de la commission. Si j'approuve plei-
nement la deuxième partie du rapport de notre éminent ami Dubief, celle dans laquelle, après avoir
traité du monopole de l'enseignement, il passe aux
œuvres post-scolaires, à l'enseignement technique,
à la suppression des classes primaires annexées
aux établissements d'enseignement secondaire, à
tout ce dont nous sommes, nous, les partisans résolus, je tiens à venir vous demander à vous tous, militants du Parti radical et radical-socialiste si vous
entendez — et j'en demande pardon à mes contradicteurs — voir « saboter » la République et l'esprit républicain ?

M. Pelletan. — Comment, saboter ?

M. Canu. — Oui, « saboter », et je vais m'en expliquer. Le monopole de l'enseignement est la négation d'un droit qui appartient à tout le monde et
qui est à la base même de la République, c'est le
droit à la liberté de penser et à la liberté d'exprimer sa pensée soit par la parole, soit par l'écrit.
Et qu'est-ce que la liberté d'enseignement, sinon la

- liberté de penser se cumulant avec celle d'exprimer et de communiquer sa pensée ?

Je vois notre ami Pelletan faire des signes de dénégation ; il répondra tout à l'heure, je l'espère, et je serais très honoré d'avoir sa contradiction. Mais je poursuis mon argumentation, et je dis que la liberté de l'enseignement est le prolongement de la libre personnalité humaine que la République a le devoir de sauvegarder. Hier, à la commission — et c'est pour cela que je me suis servi du mot « saboter » — on nous a dit en substance : « Votez avec nous le monopole, une fois qu'il sera dans la loi on l'appliquera dans certains départements, dans ceux où il est nécessaire de combattre plus activement l'Eglise, et on ne s'en servira pas dans les autres ». Voilà, à mon avis, le sabotage de la République. (*Protestations, bruit.*)

Un Délégué. — On ne fait pas des lois départementales !

Le Président. — Laissez donc émettre toutes les opinions !

M. Canu. — A la base de la République il y a ce principe intangible de l'égalité de tous les citoyens devant la loi. Si on vote le monopole pour l'appliquer dans certains départements seulement, vous aurez des citoyens soumis à une loi et d'autres qui ne la subiront pas. On l'a dit hier à la commission ; j'en prends à témoin mon ami Hemmerchmidt. (*Bruit.*)

Le Plésident. — Le citoyen Hemmechmidt s'expliquera lui-même tout à l'heure.

M. Canu. — La question très grave, en quelque sorte capitale, du monopole de l'enseignement étant à l'ordre du jour du Congrès cette année, j'ai pris la précaution de relire avec la plus grande attention la discussion qui s'est produite en 1903, au Congrès de Marseille sur cette même question.

A cette époque, la situation n'était pas ce qu'elle est aujourd'hui ; on n'avait pas voté la loi de Séparation et les querelles d'aujourd'hui étaient extrêmement ardentes, plus ardentes qu'à l'heure actuelle

Voulez-vous me permettre d'ouvrir ici une courte parenthèse : J'aime infiniment notre corps enseignant et j'ai d'ailleurs d'excellentes raisons pour

9

cela ; j'ai vu les instituteurs et les institutrices en
pleine bataille, j'ai été journaliste en Vendée ; j'ai
été obligé d'aller moi-même porter du pain à
une institutrice dans une commune où le boulanger
lui en refusait ; j'ai, de plus, une fille institutrice
publique de l'Etat ; c'est vous dire que toutes mes
sympathies sont acquises au corps de l'enseignement primaire. Mais j'estime qu'il est absolument
nécessaire de résister à certaines pusillanimités. Je
conçois que les instituteurs qui sont à la bataille
tous les jours dans certains départements commen-
cent à se lasser de cette lutte qui se prolonge depuis
dix ou douze ans et qu'ils viennent aujourd'hui apporter ou faire apporter au Congrès l'écho de leurs
justes doléances et réclamer ce Monopole de l'Enseignement qui les débarrasserait de cette lutte.

Je reviens maintenant à ma thèse. Nous avons
en 1903, à Marseille, voté le monopole de l'enseignement. Depuis sept ans, on a complètement oublié, et au gouvernement et dans le Parlement, de
donner suite à ce vœu d'un de nos Congrès. Je
vous rappellerai d'autre part qu'il y a deux ans,
au Congrès de Dijon — c'était notre ami Hubbard
qui était alors rapporteur de la commission de
l'enseignement — nous avons émis un vœu en
faveur du vote immédiat — nous disions *immédiat*
des projets de loi Doumergue et Briand sur la responsabilité des instituteurs et la grève scolaire qui
avaient été déposés en réponse à l'affaire Morizot
et j'ai fait ajouter à ce vœu un autre vœu tendant
à la création par notre Parti ou autour de notre
Parti d'associations de pères de familles laïques et
républicains qui se grouperaient autour de l'école
pour défendre l'instituteur, pour servir à l'instituteur de paravent ou de cuirasse contre les coups
des pères de famille cléricaux. L'année dernière, à
Nantes, où j'ai eu le grand honneur d'être le rapporteur de la commission de l'enseignement, le
Congrès a unanimement approuvé mon rapport qui
demandait, lui aussi, qu'on vote *immédiatement* les
projets de loi Doumergue et Briand pour la défense
de l'Ecole et des instituteurs.

Qu'ont fait nos élus au Parlement ? Se sont-ils
efforcés de faire voter ce projet ? Je ne trouve trace
de rien, je n'ai connaissance de rien. En ma qualité de journaliste, je suis très attentivement les

débats du Parlement, je me préoccupe des actes
et des impressions parlementaires ; or, je n'ai vu
nulle part que personne se soit préoccupé de faire
voter ces projets indispensables, si rapidement
rapportés par notre ami Dessoye.

Un Délégué. — Et Buisson ?

Un autre Délégué. — Et les interpellations !

M. Canu. — Oh ! les interpellations ont été cou-
rageuses, elles ont montré une situation nette et
nécessaire de résister à de certaines fatigues, à de
certaines pusillanimités. Ah ! je conçois très bien
les ordres du jour qui les ont terminées ont été
concluants ; mais malheureusement, ces interpellations s'adressaient à un ministère qui a adopté la
funeste thèse de l'apaisement ! et pour « apaiser »
le parti républicain on néglige de défendre l'école
laïque. (*Applaudissements sur presque tous les
bancs.*) Allons-nous, nous, Parti radical, nous, militants, nous, qui n'avons pas d'intérêts parlementaires, qui n'avons pas à défendre de situations,
nous, qui marchons parce que nous avons une
conscience qui nous dit de marcher, allons-nous,
nous, qui sommes un Parti de réalisations, continuer à flanquer de grands coups d'épée dans l'eau
pour arriver à quoi ? A rien ! Allons-nous, comme
à Marseille et suivant le mot même du sénateur-
bachelier Lintilhac, alors rapporteur, voter un
nouveau « vœu d'avant-garde » du monopole ; il
y a 7 ans que vous l'avez voté ! et vous connaissez
le mot fameux : « J'ai connu un Turc qui l'avait
voté pendant 7 ans, il en est mort. » (*Rires.*) Allons-nous, aujourd'hui, recommencer la même inutile comédie ? Je dis : Non ! Le monopole de l'enseignement n'est pas utile ; il violerait la liberté et
atteindrait en partie l'égalité !

D'autre part, il est un point de vue très pratique
que je vais vous soumettre : Vous voulez faire le
monopole ; bien ! Nous avons 4.500.000 enfants
dans les écoles communales, dans ces écoles primaires que nous voulons tous défendre ; le monopole y en amènera un million d'autres, on les obligera à la fréquentation scolaire, et alors que se
passera-t-il ? Comme il entrera un million d'élèves
dans nos écoles, il faudra leur donner des maîtres,
des maîtresses, il faudra augmenter le personnel

de l'enseignement primaire. Où irez-vous chercher ces maîtres et ces maîtresses à qui vous conflerez l'enseignement de ces enfants-là.

Un délégué. — Dans les écoles normales !

M. CANU. — Ah ! dans les écoles normales ! je vous demande pardon, mon cher collègue, mais le recrutement des écoles normales est aujourd'hui tout au plus suffisant pour combler les vides qui se produisent régulièrement dans le personnel. (*Protestations sur divers bancs, bruit.*)

Un délégué. — Il n'y a qu'à les agrandir !

Plusieurs délégués. — Concluez !

M. CANU. — On me dit : Concluez. Ah ! Messieurs, j'aime mieux renoncer à la parole immédiatement. (*Bruit.*)

M. THALAMAS. — Tout le monde désire que la question soit étudiée.

M. CANU. — La question est trop grave, trop importante pour l'avenir de la République pour qu'on l'étrangle en quelque minutes. Je vous disais qu'à l'heure actuelle — et M. Buisson ne me démentira pas — le recrutement des écoles normales est tout juste suffisant pour fournir aux vacances qui se produisent normalement.

M. F. BUISSON. — Il est insuffisant à l'heure actuelle.

M. CANU. — Vous voyez : Il est même insuffisant !

M. MILON. — Il se présente chaque année dans un même département deux fois autant de canididats qu'il y a d'emplois vacants.

M. CANU. — Le recrutement des écoles normales, et j'en prends à témoin le citoyen Buisson, est insuffisant, et si vous faites le monopole, où irez-vous chercher les instituteurs et les institutrices. Vous serez appelés, au lendemain de la proclamation du monopole, à aller recruter des maîtres dans les écoles libres, celles-là même que vous voulez détruire. (*Exclamations et applaudissements.*) Parfaitement !

Un délégué. — Il n'y a qu'à en accepter davantage dans les écoles normales.

M. CANU. — On en acceptera davantage ; c'est fort joli à dire ! mais les études dans les écoles normales durent trois ans et si vous dites que, demain, toutes les écoles seront sous la dépendance de l'Etat, auront leurs maîtres nommés par l'Etat, vous n'aurez point le personnel nécessaire.

Un délégué. — Cela se fera progressivement !

M. THALAMAS. — N'engagez point de colloque avec l'orateur ; faites-vous inscrire ; vous retardez pas vos interruptions la discussion sans aucun profit pour les idées.

M. CANU. — Il est extrêmement fatigant et même pénible de parler dans ce brouhaha de discussions particulières et au milieu des interruptions ; il est difficile, presqu'impossible, de conduire ainsi sa discussion.

J'ai d'autres raisons à faire valoir. La difficulté de trouver du personnel est certaine, et Thalamas me le disait cet après-midi — il est un peu du bâtiment, lui (*Rires*) ; cette difficulté sera considérable.

Avez-vous pensé à autre chose ? Je me suis livré, pour ma part, à certains calculs ; j'ai pris des chiffres dans le budget. Nous avons actuellement 123.000 instituteurs primaires, avez-vous songé que, si on fait le monopole d'une façon directe en laissant la durée des études primaires, comme elle est actuellement, c'est-à-dire à six années, avez-vous songé qu'il faudra 22.000 maîtres de plus pour enseigner aux enfants qui vous arriveront dans les écoles laïques ?

D'un autre côté, je suis personnellement, parce qu'ami de l'enseignement, très reconnaissant à Buisson d'avoir déposé à la Chambre une proposition de loi tendant à reculer jusqu'à 14 ans la limite d'âge de la scolarité, de façon à maintenir plus longtemps l'élève sous la dépendance du maître et à détruire cet analphabétisme que l'on signale chez les conscrits. Cette proposition vient d'un homme d'énergie et de ténacité qui emploiera, j'en suis sûr, tout son pouvoir pour arriver à faire voter cette loi. Le jour où elle entrera en pratique, avez-vous songé au nombre considérable d'élèves gardés ainsi dans les écoles ? J'ai fait le calcul des crédits qui seraient nécessaires ; je vais donner ces chiffres. Si on faisait le monopole de l'enseignement, il faudrait augmenter le nombre des maîtres, instituteurs et institutrices des écoles primaires, de 25.480 unités dont le traitement s'élèverait à 38.422.996 francs.

Il faudrait augmenter le nombre des maîtresses des écoles maternelles de 1.058 unités dont le traitement s'éleverait à 1.599.057 francs.

L'augmentation totale des traitements s'élèverait alors à 40.022.053 francs, et la durée des études primaires resterait, comme actuellement, fixée à six années.

Mais si la durée des études était, comme le veut le projet Buisson, portée à huit années, c'est-à-dire prolongée jusqu'à l'âge de 14 ans révolus, cela nécessiterait, le monopole étant fait, une augmentation du personnel des écoles primaires portant le nombre total des instituteurs et institutrices à 169.288 ; et le total des crédits nécessaires à leur traitement serait alors de 284.138.000 francs, au lieu de 185.712.764 francs, total actuel, soit une augmentation de près de *cent millions par an.*

Une voix. — Cela n'a pas d'importance.

M. CANU. — Cela n'a pas d'importance. Je vous remercie infiniment de me fournir cette belle affirmation que j'aimerais mieux entendre de la bouche de M. le ministre des Finances. (*Rires.*) Mais j'envisage, moi, avec quelque inquiétude, les conséquences d'une augmentation pareille dans l'état actuel du budget, avec la difficulté que nous avons à régler les dépenses. Vous oubliez une chose.

On disait hier à la commission qu'il y avait un certain nombre d'écoles qui n'avaient point d'élèves, mais je suis certain que c'en est relativement le petit nombre et que, au contraire, dans de nombreuses communes, il faudrait ou acquérir de nouveaux locaux ou en construire, et alors je n'ai aucun élément d'appréciation pour vous dire quelles seraient les charges particulières qu'on imposerait aux communes ni quelle serait la part contributive qui s'imposerait au budget de l'Etat à la suite d'une pareille mesure. Le danger du monopole, tant au point de vue pratique et financier qu'au point de vue politique, est, je crois, nettement démontré, mais nous avons encore d'autres raisons. Nous le repoussons pourquoi ? Parce qu'à l'heure actuelle — Buisson le

disait hier à la commission de l'Enseignement —
la législation scolaire peut parfaitement suffire
pour l'instant. Pour assurer la fréquentation scolaire et pour assurer aussi la parfaite répartition
de l'enseignement entre les enfants, les lois actuelles ne suffiraient-elles pas ? Nous avons les
deux projets Doumergue et Briand dont, depuis
deux ans, nous réclamons le vote...

Un Délégué. — C'est largement suffisant.

Un autre Délégué. — Il faudrait aussi qu'ils
soient appliqués.

M. CANU. — Oui, c'est vrai, mais j'ajoute que
nous pourrions nous adresser à nos parlementaires en leur confiant le soin de réclamer, d'exiger des ministres un meilleur choix du personnel
chargé de l'application des lois. Je vous citerais,
par exemple, le cas d'une institutrice laïque, très
laïque même, qui a été réprimandée par son inspecteur primaire parce qu'elle n'allait pas à la
messe. Le jour où vous aurez des inspecteurs qui
tiendront la main à l'observation des lois, vous
aurez déjà fait un considérable progrès.

Songez aussi à l'effet qu'aurait pour les écoles
libres qu'entretient le parti clérical, le vote de la
proposition dont je félicitais tout à l'heure notre
ami Buisson d'avoir eu l'initiative et qui tend à
porter de 6 à 8 ans la durée de la scolarité primaire. Il faut bien le dire, les cléricaux ploient
sous le faix que fait peser sur leurs épaules et
l'entretien de leurs curés et celui de leurs instituteurs. Du jour où la prolongation de la durée de
la scolarité augmentera encore le poids qu'ils ne
supportent déjà que difficilement, péniblement, se
plieront-ils à ce nouveau sacrifice ? Qui vous dit
que, parmi eux, il n'en est pas un grand nombre
qui, déjà las de la lutte, n'en viendront pas à se
demander si entre le curé et l'instituteur, il ne faut
pas préférer le curé et qui abandonneront l'instituteur ?

Doit-on, d'autre part, élargir et renforcer la législation ? M. Doumergue, ministre de l'Instruction publique, l'a pensé et il a déposé à la Chambre, en février 1910, un excellent projet sur le contrôle de l'enseignement primaire privé ; M.
Massé, député de la Nièvre, l'a rapporté dans le

délai le plus bref , au nom de la commission de l'Enseignement. Le 29 février 1910, le rapport de M. Massé était déposé sur la tribune de la Chambre ; qu'a-t-on fait ? Il est resté lettre morte.

Eh bien, en faisant voter les lois à l'étude, les lois qui sont prêtes, vous aurez un contrôle de l'enseignement, et j'entends un contrôle sérieux qui suffirait amplement à défendre l'école laïque.

On nous a dit à la commission . Ah ! vous voulez le contrôle de la liberté, mais alors ce n'est plus de la liberté. Je vous le demande : Quelle est donc celle des libertés dont nous jouissons qui ne soit pas contrôlée ? Toutes les lois ont pour objet de réglementer l'exercice d'une liberté. Je crois, Messieurs, et c'est par là que j'achève, qu'en nous en tenant à la liberté sous le contrôle régulier et sévère de l'Etat, on défendra mieux et plus utilement l'école laïque que nous aimons tous, qu'on ne la défendrait par un monopole où la République se ferait la falote imitatrice de Louis XIV et de Napoléon Ier et qui ne serait, en fin de compte, qu'une atteinte irréparable à la plus précieuse, à la plus essentielle de nos libertés républicaines : la liberté de penser, d'exprimer et de communiquer sa pensée. (*Vifs applaudissements sur un très grand nombre de bancs.*)

M. HUBBARD. — L'objet de ce débat doit être ramené à trois ou quatre considérations décisives. On vous demande de prendre une résolution d'une gravité extrême au point de vue de l'existence de notre Parti, au point de vue de sa politique et de son attitude morale.

Un parti doit faire attention aux attaques qu'on porte contre lui. Dans la vie, il faut bien retenir les observations de ceux qui vous critiquent, il faut écouter ses adversaires, surtout quand ils nous donnent les plus précieux conseils en nous attaquant dans nos faiblesses.

Qu'est-ce que l'on dit à notre Parti ? On dit que nous sommes des sectaires, que nous ne respectons pas la liberté, que nous ne voulons pas de l'apaisement, de la pacification, du respect des droits réciproques des citoyens ; on nous reproche de vouloir faire de la République notre chose.

Le reproche est grave surtout quand il s'agit,

non d'intérêts matériels, mais de questions touchant au domaine intellectuel ; car c'est là le problème ; il s'agit du cœur, de la conscience, de l'intelligence de toute une partie de la population. Par l'école, par l'enfant, vous vous mettez directement en face du peuple, des familles. Vous devez compter avec cela. Il y a non seulement des pères de famille, mais des mères de famille ; que le Parti radical fasse attention ; il ne s'agit plus d'une question administrative ou d'une question électorale ; c'est une grave question morale et philosophique qui est en jeu ; quant au point de vue financier, ma foi, mon cher Canu, je serais un peu de l'avis de celui de nos collègues qui disait tout à l'heure : Cela n'a pas d'importance.

S'il s'agissait d'organiser l'enseignement postscolaire, l'enseignement philosophique, de faire des consciences de libres penseurs parmi les adultes, je serais prêt à demander 30 millions pour les missionnaires de l'éducation morale. Mais, derrière le monopole, il y a la contrainte comme pour tous les monopoles ; il y a des procès-verbaux, il y a de la surveillance. Est-ce que vous ne connaissez pas la question des écoles à l'étranger ? Est-ce que vous avez oublié ce qu'il est advenu de ces écoles polonaises que les Allemands, que les Prussiens ont voulu imposer à la population de la Pologne ?

Que voulez-vous ? Dites-le franchement, avouez-le ?

Remarquez bien que, dans nos Congrès de la libre pensée, nous avons toujours eu une très grande majorité pour la défense de l'enseignement laïque. Il n'y a pas seulement, en effet, dans ces congrès, des radicaux-socialistes, mais aussi des libertaires, des syndicalistes, des socialistes ; il y a parmi eux des citoyens qui prétendent que l'école officielle pour laquelle on réclame le monopole est une école qui leur déplait ; c'est, d'après eux, une école réactionnaire, militariste, capitaliste.

Ils disent que vous n'êtes qu'un parti bourgeois et ils veulent, eux aussi, arriver à faire leurs écoles libres, à créer des écoles ouvrières, des écoles professionnelles. On objectera que tout cela est un rêve et qu'ils n'ont pas le pouvoir de le réaliser. Mais c'est sur le droit que nous discutons et non sur des possibilités. Quant à nous, les libertaires, les libres penseurs, nous nous défendrons énergiquement. Ce sera la question la plus grave qui ait jamais été jetée dans l'arène électorale.

Est-ce que le Parti radical va renoncer à sa raison d'être qui est la liberté ? Est-ce qu'il a la prétention d'être un parti communiste intellectuel ? Est-ce qu'il n'est pas toujours pour la conception de la liberté individuelle d'accord avec les intérêts solidaires de la nation ? (*Vifs applaudissements.*)

Oui, on doit mettre l'école laïque gratuite à la disposition de ceux qui n'ont pas les moyens d'organiser l'école suivant leur choix ou leurs goûts ; oui, la République a ce devoir, et cela est la thèse de Jules Ferry et de nos amis quand ils ont demandé la liberté d'association, la liberté de la presse, la liberté du théâtre, toutes les libertés.

Il semble vraiment que nous sommes fatigués de ce vieil idéal de toutes les libertés qui a fait et qui est l'honneur du parti républicain. (*Vifs applaudissements.*)

Nous avons combattu les gouvernements qui les avaient refusées, qui ne nous les avaient pas données, et, comme l'a dit Canu, la liberté d'enseignement est comprise dans ces libertés. Pour l'enseignement supérieur, j'espère bien que la question ne sera pas posée et qu'il n'y aura pas d'esprit assez étroit pour en proposer le monopole. Eh bien, il ne faut pas distinguer entre l'aristocratie intellectuelle et la plèbe : il ne faut pas laisser pour les classes supérieures, pour les classes riches un enseignement supérieur libre et interdire aux petits d'avoir l'enseignement qui leur plait. (*Applaudissements sur de nombreux bancs.*) N'abandonnez pas le mot de Waldeck-Rousseau sur la liberté du travail ; il est toujours vrai. Il peut plaire à certains partis de fermer les yeux sur les actes de ces bandes de grévistes assaillant un travailleur isolé, se livrant sur lui à des brutalités, à des contraintes, au nom du devoir social de solidarité, exerçant sur lui une sorte de châtiment. C'est entendu, le droit de travailler d'un seul doit être défendu. Eh bien ! le droit d'un groupement de pères de famille d'avoir son école syndicaliste, son école positiviste, musulmane ou chrétienne, doit également être respecté.

Allons donc ! sachons donc respecter les droits des autres, mes amis. Ne donnons pas une religion officielle à la République française. Etes-vous d'accord sur une religion, sur une philosophie, en face du catholicisme, du protestantisme, de toutes les confessions à qui vous voulez interdire d'avoir des écoles ? La question est grave, dangereuse et je m'en serais voulu de ne pas avoir averti mon Parti. Je l'ai fait à Marseille contre Lintilhac ? Est-ce qu'on a apporté, des projets de loi à la Chambre ? Est-ce qu'on a assisté à une véritable campagne pour mettre cette question à l'ordre du jour ?

Il ne faut pas se le dissimuler, c'est le seul argument qu'on ait apporté, l'école laïque est violentée dans certaines régions par les partis et par les gens de réaction ; ce sont nos amis les instituteurs primaires qui ont apporté cet argument, et c'est pourquoi on a parlé de l'application fractionnée de la loi édictant le monopole ; en Vendée, en Bretagne, dans certains pays de Normandie, dans certains villages alpins, l'école laïque est boycottée par la pression patronale, et alors, c'est la question capitaliste qui se pose ; il existe un manque d'indépendanrce économique et non un manque d'indépendance philosophique, et bien souvent si le père ou la mère de famille n'envoient pas leurs enfants à l'école laïque, c'est à raison du châtelain qui les menace de leur enlever leur pain. Arrêtez donc ce délit, n'utilisez pas des gendarmes pour contraindre les enfants à aller dans les écoles de l'Etat, utilisez-les pour réprimer les exactions et les pressions éhontées du châtelain. (*Vifs applaudissements.*)

Est-ce que l'Histoire n'est pas la grande avertisseuse des hommes ? Est-ce que nous ne pouvons pas tirer quelque chose de l'examen de notre conscience et des événements de la vie ?

Comment la liberté de l'enseignement a-t-elle été conquise ? On dit déjà que notre esprit est césarien et jacobin. Lisez le *Temps*, vous verrez qu'on prétend que nous sommes des sectaires étroits. Hélas ! Vous vous rappelez que certains des Jacobins de la Révolution sont devenus les représentants de l'autorité césarienne et on dirait de nous que nous avons cet esprit-là. Napoléon avait le monopole de l'enseignement de l'Université et il avait associé les ministres chrétiens et le peuple à son sacre. Mais Napoléon avait laissé la liberté des idées, la liberté de conscience, la liberté d'enseignement des doctrines, il avait respecté l'indépendance des consciences. Ceux qui sont venus après lui ont trouvé cela très commode et vous savez comment cela a fini.

Quand on est sur le point de faire une bêtise, dans la vie, il faut se demander d'abord ce qu'il en adviendra.

Nous avons vu un petit groupe d'hommes, comme Lamennais, comme Montalembert, des hommes à l'esprit généreux, ayant des capacités immenses, une moralité et une compétence, ouvrir des écoles. Ils ont dit : « Oui, nous ouvrons des écoles, écoutez ce que nous disons ; si vous trouvez des fautes, vous les releverez ; c'est notre droit de dire : Laissez venir à nous les enfants pour leur communiquer le flambeau de la science et de la vérité », et ils ont ouvert des écoles. On a envoyé les gendarmes ; on a dressé des procès-verbaux, on les a traînés devant les tribunaux. Ils se sont écriés : « Oui, condamnez-nous ; nous avons ouvert des écoles pour répandre l'enseignement, pour ouvrir des cerveaux ». Ils ont été condamnés, deux fois, trois fois, et on s'est bien aperçu que c'était là une loi de tyrannie, une loi impérialiste et despotique, que c'était intenable et on en est arrivé à une loi basée sur la liberté. Et, ensuite, l'école libre, la liberté d'enseignement, ont eu un furieux réveil et ont tout emporté devant elles. Si demain, chers amis, vous étiez les maîtres, les monopoleurs, si vous proclamiez la nécessité de ne pas avoir d'autres écoles, dans les campagnes ou dans les villes, que celles qui dépendent du ministère de l'Instruction publique, est-ce que vous croyez dans l'état d'émancipation où nous sommes, que les citoyens français accepteraient cette situation ? Est-ce que vous croyez qu'ils n'engageraient pas la même lutte ? Est-ce que vous croyez qu'ils ne se feraient pas un honneur dans tous les villages d'afficher qu'ils ouvrent des écoles et d'élever dans tous les sens, sur tous les points, jusqu'aux plus petits hameaux autant de tribunes où se prononceraient des plaidoiries pour la liberté. (*Vifs applaudissements.*)

J'avertis notre parti. Nous verrons les libres penseurs, les syndicalistes, car ils y sont décidés, résolus, ouvrir leurs écoles à eux. Oui, nos livres sont souvent excessifs, parfois exagérés ; eh bien ! ils ouvriront des écoles purement syndicalistes, des écoles de classe, des universités internationales et ils trouveront là un but supplémentaire de propagande. Ce sera un peu de prison, des amendes, et qu'importe ! Sentez-vous la nécessité, vous, radicaux, de créer un pareil mouvement d'opinion autour d'une majorité, d'un gouvernement, d'un parti et de prendre une pareille responsabilité ? Ne sentez-vous pas que vous serez cernés entre les catholiques et les socialistes ? Vous serez absolument vaincus à un moment donné et alors le péril se dressera devant vous menaçant. Et puis, est-ce que vous n'allez pas voir se réveiller tout d'un coup toutes les haines, toutes les vieilles haines endormies. Les réactionnaires ont laissé les instituteurs tranquilles pendant très longtemps ; tout d'un coup, ils y ont pensé. Pourquoi ? C'est la tactique de l'Eglise. L'Eglise sent très bien que l'œuvre post-scolaire, la prise future des sergents et des caporaux dans l'armée, la préparation des jeunes gens, des jeunes filles, tout ce passage de l'école à la vie, méritait qu'elle portât sur ce point tous ses efforts. Quant à moi je ris quand on prétend que nous suivons une politique qui sera une politique de complaisance pour le parti catholique. Votre neutralité doit consister à ne pas distribuer l'injure à des religions quelles qu'elles soient, mais à donner des vérités scientifiques qui démolissent l'enseignement religieux. Votre neutralité est fatalement passive et doit avoir des ménagements. Vous devez enseigner l'histoire, la lecture, l'écriture, mais respecter la propagande qui se fait au foyer, dans la famille. D'ailleurs vous ne pourriez pas arracher cette liberté car il serait facile de tourner la loi du monopole en organisant des cercles privés, des conférences, des lectures, en organisant des promenades scolaires ; vous seriez alors obligés de vous arrêter devant la liberté de propagande, de réunion. Il y a le catéchisme, il y a l'école religieuse de l'Eglise qui restera ouverte, et sous prétexte de catéchisme, on peut tout enseigner et faire des cours complets pour développer des idées. Est-ce que la religion n'est pas de l'éducation, est-ce qu'elle ne comporte pas l'ensemble des conceptions de l'univers ? Est-ce qu'elle ne porte pas sur les idées qu'on doit se faire sur la marche du monde, sur les devoirs de morale et de conscience ?

Qu'est-ce qui a fait l'honneur des instituteurs de France ? C'est qu'ils ne sont pas devenus une sorte de clergé laïque. vous connaissez ce mot terrible — je m'en excuse auprès des instituteurs ici présents — de Paul Bert, prononcé par lui à la tribune. Il a dit : « Nous espérons bien que les instituteurs ne deviendront pas un nouveau clergé laïque ; nous espérons bien qu'ils ne prendront jamais l'attitude des curés qui voudraient être les maîtres de la conscience des enfants dans toutes les communes. » Non, les instituteurs ont gardé une certaine liberté, la liberté d'enseignement, la liberté du maître ; c'est une liberté à laquelle ils tiennent. Ne séparez pas ces libertés qui sont à côté les unes des autres : la liberté du maître, la liberté du père de famille. Restez sur le terrain de la liberté, organisez-la telle qu'elle l'a été par les fondateurs de la République ; faites une législation de droit commun pour tous les maîtres que vous désirez voir de plus en plus s'intéresser à l'enseignement de leurs enfants.

Diffusez dans la masse tous vos principes d'éducation, vous aurez ainsi fait une meilleure besogne que de préparer des procès-verbaux et l'apparence tout au moins d'une tyrannie. (*Vifs applaudissements sur de nombreux bancs.*)

Discours de M. Hemmerschmidt

M. HEMMERSCHMIDT. — L'heure est avancée et je ne veux pas abuser de vos instants ; d'ailleurs

notre rapporteur a exposé les choses beaucoup
plus clairement et avec beaucoup plus de talent
que je ne pourrais le faire moi-même. Mais je
tiens à prendre la parole pour rectifier des asser-
tions de notre collègue Canu. Il a dit : On s'ar-
rangera pour faire la guerre contre l'Eglise dans
certains départements. C'est absolument faux ;
nous ne voulons pas faire la guerre à l'Eglise, il
n'est pas question de faire la guerre à l'Eglise.
Il y a deux questions que l'on mélange à dessein :
la question religieuse et la question scolaire ; elles
sont absolument distinctes ; en demandant l'adoption du monopole, nous ne voulons pas faire la
guerre religieuse. Je veux descendre des hauteurs
ou s'est placé notre ami Hubbard, et ce qui a
déterminé la décision que nous avons prise, ce
sont les rapports qui nous ont été faits sur la situation dans diverses régions de la France, notamment en Bretagne, en Vendée. Nous avons
entendu, l'année dernière, à Nantes, et cette année
ici, le compte rendu de ce qui s'est passé dans
ces régions. C'est navrant, c'est désolant ; les écoles qui sont pourvues de titulaires sont absolument vides, les enfants n'y vont pas ; et l'école
des hobereaux qui est en face regorge d'enfants.
Les parents ne peuvent pas envoyer leurs enfants
dans les écoles de l'Etat parce que s'ils les y en-
voyaient ils perdraient le pain dont ils ont besoin
pour nourrir leurs familles ; on ne leur renouvellerait pas les baux de leurs fermes, les commerçants seraient boycottés. Tous ces gens se tournent vers nous en disant : Nous voudrions bien
envoyer nos enfants dans les écoles laïques, mais
nous ne le pouvons pas, car il y a en face de nous
un pouvoir qui nous surveille et nous interdit de
le faire. Donnez le monopole et alors nous répon-
drons à ceux qui nous feront des objections : Je
suis bien obligé d'envoyer mes enfants à l'école
laïque puisque la loi m'y oblige. Voilà ce que ces
gens, en s'adressant à nous, nous disent. Nous ne
pouvons pas méconnaître la justesse de leur raisonnement. C'est un argument sérieux.

On nous a raconté des choses touchantes ; un
membre de la Commission disait que certains enfants, par ordre patronal, avaient été enlevés de
l'école laïque pour aller à l'école congréganiste d'en

face ; elle s'appelle école libre, mais elle est toujours congréganiste ; le costume a simplement changé. Les enfants s'accrochaient à la robe de l'institutrice, tout le monde pleurait, parce que le châtelain avait dit : Je vous mettrai dehors si vous envoyez encore vos enfants à l'école laïque. (*Applaudissements.*)

On a dit : Si vous prenez cette décision — qui est absolument nécessaire à notre avis — vous engagez le pays dans une dépense formidable. Nous avons répondu à cet argument, et voici ce que nous pourrions faire : Nous voterions le monopole de l'enseignement primaire, mais vous vous rappelez que quand on a voté, sur la demande de Jules Ferry, l'enseignement primaire, gratuit et obligatoire, on ne l'a pas appliqué immédiatement partout ; l'application s'en est faite par tranches, par séries, à tel point qu'aujourd'hui la besogne n'est pas encore terminée, puisqu'il y a dans certaines régions de la France, des écoles congréganistes qui n'ont pas été détruites, dont le personnel n'a pas été changé. Qu'est-ce qui nous empêcherait de commencer l'application du monopole par la Vendée, la Bretagne, par certaines parties de l'Auvergne et par les points que les préfets désigneraient dans des rapports ?

La loi sera votée, promulguée, on ne l'appliquera qu'au fur et à mesure, dès que la nécessité s'imposera ; nous n'aurons pas besoin d'un personnel supplémentaire, puisque dans certaines régions signalées, un personnel est actuellement inoccupé ; les locaux vides se rempliront sans dépense supplémentaire.

Un autre point de vue plus général est celui-ci : Comme le disait le rapporteur, il ne faut pas que les enfants grandissent à côté les uns des autres comme des ennemis. Allez dans certaines régions — dans les grandes villes c'est moins apparent — mais dans les petits pays où les haines locales sont plus vivaces, voyez les petits blocards, les petits voleurs comme on les appelle, et les enfants des calotins, c'est comme cela qu'ils se désignent mutuellement en se rencontrant dans la rue et se bombardant de pierres, n'est-ce pas lamentable ? (*Vifs applaudissements.*) On ne s'adresse pas simplement aux enfants ; les haines gagnent les familles et nous en arriverons à des guerres de religion. Ce n'est pas en méconnaissant la liberté que nous avons agi, c'est dans un esprit de concorde, entrevoyant l'avenir de la patrie et de République, que nous nous sommes placés. (*Vifs applaudissements.*)

Discours de M. Muller

M MULLER. — Je ne vais pas retenir longtemps votre attention à l'heure avancée qu'il est ; je n'ai pas la prétention de vous faire une conférence ; je tiens seulement à soumettre à votre réflexion trois arguments. Je ne me lancerai dans aucun développement, cela serait inutile, car j'estime qu'en réalité les convictions de chacun de vous doivent être faites ou bien peu s'en faut :

1er point : J'ai eu l'honneur, dans mon discours de bienvenue aux membres du Congrès, d'appeler leur attention sur ce fait, à mes yeux typique, décisif, que dans ce département de la Seine-Inférieure, si peu avancé au point de vue des opinions politiques, où dans les milieux où nous parvenons à faire élire des républicains de gauche, ceux-ci n'osent même pas élaborer un programme radical, tous les comités consultés, qu'ils fussent de la ville ou de la campagne ont répondu unanimement : Il faut le monopole de l'enseignement primaire. (*Applaudissements.*) C'est donc, citoyens, que le danger leur apparaît bien évident puisqu'ils sont, eux, résolus à consentir toutes les mesures nécessaires pour le conjurer.

2e point : J'ai eu la surprise, le regret dans tous les cas, de constater que la plupart des arguments, forts en apparence, produits contre le monopole, sont exactement ceux que l'on mettait en avant en 1882, quand on discutait la loi sur l'enseignement laïque et obligatoire. (*Applaudissements.*) A ce moment-là, citoyens, ah ! oui, on parlait de la liberté du père de famille comme aujourd'hui, mais on oubliait toujours une chose, c'était de parler aussi du droit de l'enfant. (*Applaudissements.*)

A ce moment-là on disait déjà : Vous n'aurez pas assez de maîtres, il faudra que vous preniez ceux qui vous sont nécessaires dans des éléments qui ne sont pas précisément laïques. A cela je répondrai qu'une telle loi ne s'appliquerait pas du jour au lendemain ; il y aurait une période de transition et, dans cinq années par exemple, nous aurions le temps de former des maîtres, et l'Etat pourrait assurer le monopole et l'assainissement de l'enseignement.

Enfin, le troisième argument, le plus gros peut-être, est celui de la dépense, argument qui se faisait également jour en 1882. Citoyens, quand un pays comme la France, assez riche pour être le banquier de l'univers entier, trouve tous les quatre ans plus d'un milliard pour des dépenses de mort, nécessaires pour sa sécurité, je le reconnais, quand un pays consent chaque année plus d'un milliard pour armer ses troupes de terre et de mer, eh bien, il est imposible qu'il ne trouve pas les quelques millions qu'il faut pour assurer la défense de l'âme française. (*Vifs applaudsiements.*)

Citoyens, voici mon dernier mot : En matière d'enseignement, en matière morale, il en est comme en matière de salubrité publique. Comment voulez-vous assainir le pays, si, sur tous les points du territoire, vous laissez se multiplier les foyers de contamination ? (*Applaudissements prolongés.*)

M. THALAMAS. — Je voudrais vous consulter sur l'ordre des orateurs qui restent à entendre ; il y en a plusieurs : M. Buisson, contre le monopole ; M. Le Foyer qui est, je crois, également contre. Un autre de nos collègues est inscrit pour parler pour le monopole. Voulez-vous, en intercalant les orateurs d'opinions différentes, que nous réservions — ce serait une manière nouvelle de lui témoigner toute l'estime que nous avons pour sa parole — le dernier tour de parole à M. F. Buisson ? (*Assentiments unanimes.*)

Discours de M. Le Foyer

M. LUCIEN LE FOYER. — Je veux me joindre, en quelques mots très brefs, à Buisson et à Hubbard ; si j'interviens pour quelques minutes, c'est qu'il me semble impossible de garder le silence sur une question que je considère comme essentielle et

vitale pour le Parti radical et la République elle-
même, — je ne sépare pas l'un de l'autre.

Imaginez le monopole réalisé : Hubbard vous
montrait tout à l'heure quelle opposition vous ren-
contreriez à notre gauche. Vous êtes-vous bien
rendu compte que le parti unifié a changé subite-
ment d'attitude en ce qui concerne le monopole de
l'enseignement ? Y a-t-il là une raison électorale
(*Une voix : Oui !*), et le parti socialiste unifié ne
s'est-il pas déclaré pour la liberté d'enseignement
afin de se rapprocher des partis réactionnaires ?
Je le croirais volontiers, quant à moi. (*Bruit.*)

Un Délégué. — Nous n'avons pas à le suivre.

M. LUCIEN LE FOYER. — Mais il y a d'autres raisons qu'invoque le parti unifié. Et comme j'aime
mieux comprendre ceux qu'il m'est arrivé de combattre que les calomnier, je dois rendre justice aux
arguments qu'ils invoquent : Leur argument principal c'est qu'ils ne veulent pas que leurs enfants
soient à l'école « du capital, du ministre de l'instruction publique ou du préfet ». Voilà, quelle que
soit le degré de sincérité de ceux qui la feront valoir, une raison qui frappera les foules. Et quelle
attitude sera la nôtre quand des hommes viendront
dire : Je suis socialiste, ou syndicaliste, je ne veux
pas que mon fils, dont j'ai à défendre la liberté,
reçoive une instruction que je ne considère pas
comme libre en sa qualité d'instruction officielle ?
Quelle situation sera la nôtre, je vous le demande,
et que pourrons-nous répondre, pour écarter de
nous l'imputation de tyrannie et d'arbitraire et
sauvegarder la dignité et la moralité de notre
Parti ? (*Applaudissements.*)

Citoyens, je sais que cette question est si complexe qu'on y mêle aisément le paradoxe, et qu'a-
près avoir inventé un grand nombre d'arguments
en faveur du monopole, on en est arrivé à celui-ci
qui ne manquera pas d'ingéniosité : le monopole,
n'a-t-on pas craint de dire, mais c'est la liberté. A
l'intérieur du monopole régnera la liberté. — Cette
définition par contradiction est sans doute fort spi-
rituelle, mais quant à moi je n'y vois goutte, et ne
la comprends guère.

M. PELLETAN. — Je la comprends très bien.

M. LE FOYER. — Il faudra l'expliquer à l'assemblée qui se réjouira de vous entendre. Vous nous direz donc comment à la fois vous pourrez avoir des maîtres qui diront ce qui leur plaît et qui ne diront pas ce qui ne vous plaît pas, qui seront libres de dire ce qu'ils voudront et qui ne diront point néanmoins les choses que vous ne voudrez pas. Je vois dans ce rapprochement des extrêmes quelque chose de paradoxal, je n'y vois pas vraiment quelque chose de sérieux. Si libéral que soit l'esprit de votre programme, est-ce que vous permettrez que le maître de votre école laïque fasse une propagande en faveur d'idées confessionnelles, ou bien le laisserez-vous manifester, au cours de sa leçon, en faveur de l'antimilitarisme, par exemple ? Si vous ne le permettez pas, c'est donc que votre école n'est pas une école de liberté absolue, et votre monopole est bien le monopole d'un certain programme et d'un certain esprit. Oui, si vous assumez la lourde charge de fermer les autres écoles, à quelle situation pénible, à quelle tâche écrasante n'allez-vous pas vous condamner ? Comment rédiger ces programmes qui auront la prétention de renfermer comme dans un cercle tout ce qui pourra être enseigné à la jeunesse française ? (*Applaudissements.*)

Citoyens, je vous le dis, tant au point de vue des programmes que des maîtres, vous seriez dans une situation intolérable si le monopole était chose faite. Mais, voyez-vous, le monopole ne se fera pas ; il pourra être voté peut-être ce soir; un vote pourra venir s'ajouter à ceux de 1902, de 1903, à d'autres qui les ont précédés, et d'autres votes pourront le suivre encore, — mais le monopole ne se réalisera pas — car vous savez très bien qu'au fond l'opinion n'en veut pas, les Chambres non plus ; et le parti qui ferait cette réforme serait un parti perdu. (*Applaudissements.*)

Les hommes qui ont fait l'instruction obligatoire étaient des hommes qui construisaient, ce n'étaient pas des hommes qui interdisaient.Ils ouvraient des écoles ; ils n'en fermaient pas. Développons donc les œuvres positives, soit. Je serais d'avis, quant à moi, que la morale, à base scientifique (si l'on peut résumer d'un mot toute une philosophie) fût enseignée obligatoirement à tout le monde, à l'école nationale. (*Applaudissements.*) J'estime que si vous faites passer tous les enfants de France sous les drapeaux, vous devez pouvoir amener tous les enfants de France en face du grand livre de la morale, qui ajoute au trésor des expériences accumulées de l'humanité, les espérances nouvelles, les idées modernes de liberté, d'égalité, de fraternité. L'école du civisme doit réunir tous les citoyens. (*Applaudissements.*)

Cette grande réforme, citoyens, serait une réforme positive ; elle impose à l'Etat l'obligation de faire. Ce n'est pas une mesure négative et brutale, imposant à la liberté des citoyens une obligation de ne pas faire. C'est cette obligation de ne pas faire que je vous défie d'instituer. Empêcher d'enseigner, allons donc ! Oui, ouvrez vous-mêmes des écoles, faites venir tous les jeunes enfants au pied de la statue de la République. Mais ce que je vous défie de faire, c'est de fermer toutes les écoles. Hubbard le disait, il faut le redire : On pourrait, à l'abri des autres lois républicaines, à l'abri de la liberté de réunion, à l'abri de la tolérance incontestée qui laisse aux confessions le libre usage des édifices religieux consacrés aux cultes, rétablir un enseignement singulièrement plus dangereux que l'enseignement primaire du calcul et de la lecture !

Il y a plus, citoyens. Au point de vue pratique, essayons de voir les choses telles qu'elles se passeraient. L'Eglise et ses croyants ne sont pas prêts à lâcher prise ; nous essayons d'endiguer le grand fleuve du fanatisme pour préserver la cité républicaine, mais quand nous mettons un mur ici, le fleuve menace de couler là. Quand nous avons commencé à fermer les écoles de moines, non pas parce qu'ils avaient des écoles, vous m'entendez bien, mais parce que c'étaient des moines qui les dirigeaient (*Très bien.*) ceux-ci ont eu une autre ressource, ils ont eu les œuvres post-scolaires.

Qu'est-ce qu'ils feraient donc si vous fermiez les écoles ? Croyez-vous qu'ils reploieraient leurs ailes et leurs ambitions ? Allons donc ! Ils porteraient ailleurs leurs efforts, leurs espérances, leurs ressources financières ; et je vous dis tout de suite ce qu'ils feraient : ils feraient ce qu'ils font à côté de nous en Belgique où, en raison de leurs richesses et de la législation, ils ont des ressources disponibles ; ils organiseraient une presse gratuite.

Le jour où ils rendraient leur presse gratuite, — pour les pauvres du moins, — je me demande si notre situation vaudrait mieux. Nous pouvons, nous, avoir cette presse qui s'appelle l'école, et dont les fonds sont pris sur les deniers publics. Croyez-vous que nous pourrions avoir aisément, pour faire contrepoids à la presse cléricale, une presse payée sur les fonds publics ? Si nous ne l'avons pas, comment résisterons-nous, — alors que nous luttons déjà difficilement ? Vous savez qu'à la veille des consultations électorales il se crée des journaux qu'on vend, mais aussi des journaux qu'on donne, ou dont on vend plusieurs ensemble pour un sou. En Belgique, pour un sou, on vous donne 2 ou 3 journaux reflétant les diverses nuances de l'inspiration cléricale ; le jour où leurs promoteurs le voudront, ils les donneront pour rien. Ce jour-là, vous m'entendez bien, je me demande comment vous pourriez lutter.

Un délégué. — Ce n'est pas la question.

M. Lucien Le Foyer. — C'est la question. Je vous soumets mon observation ; malgré les dénégations que vous apportez, vous devez reconnaître combien la réaction cléricale a de ressources.

Un délégué. — Toutes les ressources.

M. Lucien Le Foyer. — Voici certaines de ces sommes qui sont consacrées à l'heure actuelle à l'édification et à l'entretien d'écoles congréganistes ou d'écoles dites libres et au paiement des maîtres qui y donnent l'instruction. Le jour où vous fermeriez ces écoles, une grande partie des ressources des cléricaux serait disponible. Comment les emploieraient-ils ? Ils les emploieraient en France comme en Belgique, c'est-à-dire au journal gratuit. Ce raisonnement est assez simple ; et je suis absolument dans la question.

M. Pelletan. — C'est leur droit.

M. Le Foyer. — Certes ! Nous ne pouvons donc pas ne pas nous préoccuper de ce qui se passerait au lendemain du vote du monopole.

Un délégué. — Les enfants ne lisent pas les journaux.

M. LE FOYER. — A partir de l'âge où les enfants savent lire, on sait leur donner des journaux qui captent leur imagination et qui sont aussi persuasifs que l'enseignement des écoles. (*Applaudissements.*). Mais il y a quelque chose de plus grave encore que de prendre l'âme de l'enfant. Au surplus, on parle de « la cire molle du cerveau » de l'enfant ; nous savons tous que si certaines impressions de notre enfance demeurent, il se produit aussi avec la puberté même une résistance et une révolte de l'organisme qui secouent les premières impressions et apportent leur renouveau, au grand effroi des pédagogues... Mais il y a, dis-je, quelque chose de plus grave que l'essai de mainmise sur l'âme de l'enfant, c'est l'emprise du journal quotidien sur l'âme de l'adulte. Nos pires adversaires sont ceux qui ne peuvent plus penser en dehors de leur journal.

Je conclus. A ces divers points de vue, aussi bien en principe qu'en pratique, la question a été développée. Vous n'avez guère d'espérances pratiques de réaliser le monopole. Mais si vous le réalisiez vous seriez pris comme dans un étau entre les divers partis qui vous reprocheraient de ne pas laisser aux idées la liberté de s'exprimer, qui tous crieraient que les idées sont inséparables de l'homme même, vous montrant que quiconque prétend séparer les idées des hommes se fait le bourreau des hommes. (*Applaudissements.*)... Et si ceux qui s'agitent à notre gauche venaient un jour à triompher, ils créeraient des écoles collectivistes ou syndicalistes, où l'on enseignerait ce dont nous n'attendons rien : la violence... Restons donc confiants dans la force d'expansion de la vérité et des convictions des consciences. Ne voyons-nous pas tomber les uns après les autres tous les despotismes ? Pour aller vers plus de République, allons vers plus de liberté. (*Vifs applaudissements.*)

Discours de M. Pelletan

M. PELLETAN. — J'ai été invité par M. Le Foyer à lui répondre. Je n'en aurai pas pour dix minutes. je ne veux dire qu'un mot. Je crois qu'à l'heure actuelle nous ne pouvons pas faire autrement que de voter le monopole ; il n'y a d'abord là rien de contraire à nos principes. J'ai été un peu surpris de voir comment on présentait ce qu'on appelle la liberté de l'enseignement ; on l'a présentée comme une sorte de corollaire de la liberté de pensée. C'est la négation absolue de tout ce qu'a dit le Parti républicain et libre penseur depuis le temps de Louis-Philippe ; c'est la négation de la campagne menée par Quinet, par Michelet, au moment où le parti clérical essayait de s'emparer de l'éducation, de ce que disait Victor Hugo qui a donné à cette question la formule maîtresse.

Oui, la liberté de pensée, et par conséquent de propager toutes les opinions, est une liberté essentielle. Oui, cela est vrai, mais j'ajoute : il n'y a de liberté de pensée et de répandre sa pensée, quelle qu'elle soit, que devant des intelligences formées et responsables (*Très bien ; vifs applaudissements.*) et non devant l'enfant qui n'est pas encore une personne humaine complète, qui n'a que le germe d'une pensée qui se développe. Je le répète, Victor Hugo a prononcé sur ce point le mot définitif : « A la liberté du père de famille, j'oppose, moi, le droit de l'enfant, c'est-à-dire sa liberté future ». Voilà la doctrine. J'ai encore dans les oreilles les grandes discussions de l'Assemblée Nationale, moi qui ai entendu les thèses de Challemel-Lacour, de Ferry, de tous ceux qui ont exprimé nos sentiments au point de vue de la doctrine. Il n'y a pas de doute, jamais on n'a admis, en dehors des cléricaux, qu'il y ait eu une liberté d'enseigner comme il y a une liberté d'écrire dans les journaux, de faire des réunions, de parler à des personnalités formées ; donc il n'y a pas de question de principe, il y a peut-être une question pratique, oui. Et je déclare, quant à moi, que tout monopole d'enseignement par l'Etat me cause d'abord une certaine répugnance. J'ai été au lycée sous l'Empire, je ne veux d'aucune orthodoxie, je crois que la libre concurrence peut être utile dans l'enseignement comme dans le reste. Assurément, le monopole a moins d'inconvénients pour l'instruction primaire qu'il n'en aurait pour l'instruction secondaire : là, je ne l'admettrais pas du tout, mais je le répète, si je

me sentais libre devant la question qui vous est
posée, je repousserais le monopole ; je ne me sens
pas libre, voici pourquoi : C'est que je me sens
le devoir absolu qui s'impose à tous les républicains. Oui, il y a là une question de liberté, en
quel sens ? L'Église a adopté contre l'école laïque
un moyen de tyrannie intolérable ; l'Eglise emploie des moyens odieux, elle organise une espèce
de guerre civile des porte-monnaie ; elle fait peser par le patron sur l'ouvrier, sur le gros ache-
teur ou le petit commerçant la plus odieuse des
tyrannies. (*Applaudissements.*)

C'est ainsi qu'elle veut détruire l'école laïque,
et vous, radicaux, vous, législateurs républicains,
vous avez le devoir absolu de désarmer cette tyrannie et de la réduire à l'impuissance. L'avez-
vous autrement que par le monopole ? C'est la
question que je vous pose. Croyez-vous que l'Eglise
renoncera bénévolement à l'emploi de tels
moyens ? Que nous apprenions demain que le
parti catholique cesse de s'en servir, je suis avec
vous et je vote des deux mains contre le monopole. (*Applaudissements.*) Tant qu'il ne l'aura
pas fait, je vous dis que je me sens et que je
nous sens à tous le devoir impérieux, le devoir
sacré de mettre un terme à ces détestables pratiques. Quand les groupes les plus méritants,
parmi ceux qui vivent dans les villages, dans les
milieux où l'on ne peut être des nôtres qu'à condition de risquer toutes les persécutions et où,
malgré cela, comme nous le voyons en Normandie et plus encore en Bretagne, il y a des vaillants, il y a des intrépides, il y a des humbles
qui répandent peu à peu la flamme républicaine,
quand sur tous ces points du territoire, tous ceux
qui soutiennent le bon combat se tournent vers
vous et vous disent : Libérez-nous, il nous faut
le monopole de l'enseignement, je ne me crois
pas le droit de le leur refuser. (*Vifs applaudissements.*) Ou bien apportez-moi autre chose d'efficace à la place du monopole. Vous avez parlé
d'établir une législation contre la pression exercée sur les pères de famille. Est-ce sérieux ?
Comment, voilà un malheureux qui voudrait envoyer son enfant à l'école laïque ; il sait que s'il
le fait, il perdra son gagne-pain, et vous lui dites :

« Ecoute, mon ami, je suis prêt à te soutenir, viens dénoncer celui qui exerce sur toi une si detestable pression, et je le punirai ! » Mais c'est alors que le malheureux serait sûr d'être renvoyé par le patron qu'il aurait signalé à la justice ! (*Vifs applaudissements.*) Et comme, en outre, quand vous l'auriez amené à faire sa dénonciation, il ne pourrait probablement apporter aucune preuve, parce qu'il est à peu près impossible d'en fournir en pareille matière, il aurait probablement tort devant les tribunaux. (*Nouveaux applaudissements.*) Non, non, des pareilles pressions ne peuvent pas être combattues ni réprimées judiciairement. Il n'y a qu'un moyen de les désarmer. Voilà pourquoi je crois que nous ne serions pas compris par les plus vaillants, par les plus fidèles de nos amis, si de ce Congrès sortait la condamnation absolue du remède qu'ils attendent impatiemment.

On nous montre l'opinion publique soulevée contre le monopole. Je n'ai pas cette inquiétude. On nous menace d'une protestation violente des socialistes unifiés. Je crois très possible qu'ils protestent, en effet, contre toute idée de monopole ; non pas qu'ils comptent beaucoup sur les écoles libres que le socialisme pourrait fonder : les moyens financiers leur manqueraient un peu pour les multiplier ; il passera bien de l'eau sous le pont avant qu'il y ait un enseignement syndicaliste largement développé ; mais Le Foyer a eu tort d'oublier trop vite ce qu'il avait, auparavant, accusé : les pactes, les coalitions avec les cléricaux, dont les concessions, sur la question de l'école libre, forment naturellement une des conditions principales. (*Applaudissements.*)

Si MM. les unifiés tiennent à continuer en ce sens, vous dites que ce serait terrible pour nous, je crois que ce serait pour nous un singulier élément de force, que plus d'un qui se laisse entraîner du côté unifié sentirait, si ce parti avait le malheur de se compromettre de plus en plus avec le cléricalisme, que c'est du côté radical qu'est encore le véritable sentiment populaire. (*Applaudissements.*)

Vous avez dit que ce pays a toujours acclamé toutes les luttes contre les actes d'autorité trop rigoureux. Avec ce que je connais de son histoire, et de son caractère, telle ne me semble pas sa principale vertu ; et si j'avais une crainte, ce ne serait pas qu'il abandonnât ceux qui feraient fortement sentir l'action de l'Etat, dans une question où elle serait si légitime : ce serait plutôt qu'il ne fût porté à applaudir à des mesures d'autorité excessives. Ne craignez donc rien, soyez convaincus que si vous votez le monopole, vous serez soutenus par la démocratie : quant à moi, qui aimerais mieux ne pas aller jusque-là, je considère tout au moins comme nécessaire que nous montrions à l'Eglise ce qui l'attend inévitablement si elle continue à organiser la pression tyrannique des plus riches contre les plus pauvres. C'est pour cela que je demande au Congrès de répondre aux sentiments, à la prière des plus vaillants, des plus méritants, des plus persécutés de la démocratie. (*Salve d'applaudissements.*)

Discours de M. F. Buisson

M. FERDINAND BUISSON. — Il faut vous résigner quelques minutes encore. Pelletan a très bien posé la question ; j'accepte le débat dans les termes mêmes où Pelletan l'a placé. Ce n'est pas de gaîté de cœur que lui-même non plus que personne propose le monopole de l'enseignement. Ce n'est pas un idéal, ce n'est pas un but poursuivi pour lui-même. Vous qui le préconisez, vous n'y tenez pas tant que cela par doctrine, c'est tout simplement un moyen de lutte et Pelletan nous l'a dit, il l'accepte à défaut de mieux. C'est la ressource de ceux qui n'en ont pas d'autre.

Et moi qui m'y oppose, je ne méconnais pas les motifs qui vous déterminent. Je comprends votre théorie, celle de tous ces vaillants auxquels on a fait allusion. Je songe à ces populations malheureuses, opprimées, menacées. Je songe à ces instituteurs auxquels il est impossible de ne pas rendre hommage ; et qui ne serait ému en les voyant se tourner vers nous, inquiets, désespérés de tant d'attaques, de tant de calomnies, outrés des moyens odieux qu'on emploie contre l'école, contre leurs personnes, contre leur fonction, et criant : Au secours ! délivrez-nous ! Je songe à ces parents qui viennent nous reprendre leurs en-

fants, souvent les larmes aux yeux, et qui nous
disent : Je n'ai plus de pain à leur donner si je
refuse de les envoyer à l'école libre. A cette tyrannie patronale ou cléricale, je comprends très
bien que votre premier mouvement soit de répondre par une vigoureuse offensive. Vous voulez,
quoi qu'il en coûte, faire votre devoir de républicains, recourir s'il le faut aux remèdes héroïques,
à ceux qu'un gouvernement républicain doit appliquer à une situation désespérée.

Très bien, citoyens, mais à une condition : commençons par examiner les faits. Sommes-nous
en effet dans une situation désespérée ? J'ai connu
le temps où elle semblait l'être. Il y a vingt-cinq
ans, c'était la France presque entière qui en était
au point où se trouvent encore malheureusement
quelques points du territoire. Il y a vingt-cinq ans,
les écoles congréganistes étaient partout ; de partout pleuvaient les menaces, les cris de révolte,
les serments de désobéir aux lois scélérates. Et
alors l'Eglise avait le pouvoir officiel que vous
savez, l'État avait les mains liées par le Concordat. Or, c'est à ce moment, au moment où la
lutte semblait impossible, que Jules Ferry, dont
Pelletan rapportait d'une façon, qui m'étonne singulièrement, les doctrines, (*Applaudissements.*) a
résolument demandé et obtenu des deux Chambres le respect de la liberté de l'enseignement primaire. (*Applaudissements.*) Cette liberté, aucun
des successeurs de Jules Ferry, pas même le citoyen Combes, notre président, n'a envisagé un
instant l'hypothèse de la détruire. J'aurais donc
le droit de vous dire : Gardons-la, même si nous
étions encore, en 1910, au même point qu'en 1882.
Et je pourrais vous demander d'avoir comme vos
devanciers le courage de faire triompher l'école
laïque sans sacrifier la liberté.

Mais est-ce que nous en sommes là ? Que sont
donc les périls que nous courons aujourd'hui auprès de ceux d'alors ? On dit que l'école laïque
est menacée même dans ce département. Citoyens,
je suis renseigné par hasard sur la Seine-Inférieure.

M. MULLER. — Ce n'est pas par hasard que je
me suis renseigné.

M. F. Buisson. — Je n'avais pas prévu votre discours, mon cher collègue ; mais j'ai eu occasion de demander à bonne source : Que se passe-t-il ici ? Qu'est-il advenu de ce manifeste des évêques, de cette grande tentative d'intimidation, de cet assaut furieux donné à la petite citadelle scolaire ? La Chambre en a été tellement émue qu'elle y a consacré 20 séances. Et ici ? Avez-vous perdu beaucoup d'élèves ? — « Oh ! me fut-il répondu, après réflexion, si dans tout le département nous avons perdu une quinzaine d'élèves, c'est bien le maximum. » — Et c'est pour cela, citoyens, que vous allez révolutionner toute notre législation scolaire ! (*Applaudissements.*)

Je sais bien que tous les départements ne se comportent pas comme la Seine-Inférieure. Combien y en a-t-il où les choses se passent plutôt comme en Bretagne et en Vendée ? je l'ignore. Mais voici une tentative d'estimation générale dont on peut se servir. Edouard Petit a fait cette enquête. Et en tenant compte des déclarations mêmes de la presse catholique, il établit que, selon toute apparence, le maximum de nos pertes dans toute la France ne dépasserait pas 5.000 élèves. C'est évidemment beaucoup trop, mais faites la proportion sur une population de quatre à cinq millions d'élèves ; c'est environ un élève sur mille qui aurait été momentanément enlevé à l'école laïque. Quel résultat, après une croisade qui a mobilisé quatre vingts prélats et quarante mille prêtres !

Permettez-moi donc, citoyens, de trouver le remède tout au moins hors de proportion avec le mal. Mais il y a plus. Serait-il même efficace, ce remède ? Jugez-en vous-mêmes. Essayez de l'appliquer, vous allez le voir vous claquer dans les mains. Vous croyez que je veux vous effrayer avec la question d'argent. Non, je n'en veux point parler quoi qu'elle ait son importance ; je ne veux rien vous dire non plus des autres difficultés d'exécution. La seule observation que je voudrais vous faire est celle-ci : nous avons en France une législation scolaire qui dure depuis plus de 80 ans, et d'après laquelle — j'en demande bien pardon à Pelletan, c'est une question de principe. — tous les Français, sans exception, et sans

condition préalables quelconques ont le droit de
se présenter aux examens et aux concours qui
sont ouverts à tous en vertu de la Déclaration
des Droits de l'Homme, qui défend d'exclure ou
d'inquiéter un citoyen quelconque pour ses opinions politiques ou religieuses. Par conséquent,
demain, le monopole voté, les jeunes gens et les
jeunes filles qui voudront exercer la profession
d'instituteur ou institutrice se présenteront aux
examens, ils passeront leurs brevets comme aujourd'hui et le plus pieux, le plus dévôt, le plus
clérical, peut tout aussi bien que les autres avoir
le brevet élémentaire ou supérieur ; ce sont des
examens extrêmement faciles pour quiconque y a
consacré quelques années de préparation. Vous
n'avez pas le moyen de les empêcher d'y réussir ;
les voilà classés sur la liste d'admissibilité dres-
sée par le conseil départemental, où l'administration doit choisir les instituteurs et institutrices.
Avez-vous un moyen d'empêcher cela ?

Une voix. — On pourra l'empêcher. (*Bruit.*)

M. F. Buisson. — C'est une grosse question. Je
sais bien qu'on avait entrevu un moyen. On n'a
pas osé le dire clairement au Sénat. Il était question d'exiger ensuite des candidats je ne sais
quel certificat qui aurait permis de découvrir dis-
crètement quelles sont leurs opinions. (*Exclama-
tioons.*)

M. Pelletan. — On ne l'a pas dit ici.

M. F. Buisson. — Il a fallu renoncer assez vite
à ce billet de confession à rebours. Voilà donc qui
est entendu. Il y aura donc des jeunes gens, des
jeunes filles qui pourront très honnêtement avoir
fait les études nécessaires, remplir les conditions
que la loi impose, passer tous les examens requis,
et dès lors, comme ils ont les mêmes droits que
des républicains radicaux ou socialistes, qu'ils
soient catholiques ou autre chose, vous n'avez ni
le droit ni le moyen de les empêcher de demander
une place et de l'obtenir.

M. Pelletan. — S'ils obtiennent les brevets exi-
gés ?

M. F. Buisson. — Bien entendu. Comment leur
refuseriez-vous cette place à moins d'exercer hy-
pocritement ce contrôle odieux ou sur les opinions
ou sur les origines des candidats ; à moins de leur

dire : On ne vous nommera pas parce que vous avez des parents curés ou cléricaux.

Si vous ne recourez pas à ce moyen-là, qu'est-ce que le monopole aura changé à la situation ? Ceci tout simplement : les jeunes gens formés par l'Eglise et animés de son esprit, au lieu d'exercer comme aujourd'hui dans les écoles privées aux frais de l'Eglise, exerceront demain dans les écoles communales aux frais de l'Etat. (*Applaudissements.*) Que dites-vous de ce remède ?

Un délégué. — Il faudra les surveiller.

M. F. BUISSON. — Je ne veux pas prolonger ce débat ; l'heure l'interdit. Ma conclusion ? La voici. Je l'emprunterai au même homme dont j'invoquais tout à l'heure la compétence. Edouard Petit écrivait naguère : « Nous avons tort de tant nous préoccuper des écoles libres catholiques, paroissiales ; un seul patronage catholique fait plus de mal que dix écoles libres ». (*Applaudissements.*) C'est à cette juste appréciation des choses que je voudrais amener tous nos amis. A travers les observations si élevées de Hubbard et de Le Foyer, et même et surtout de notre ami Dubief, les observations qui priment toutes les autres sont celles-là : L'heure aujourd'hui est venue de concentrer notre action, notre puissance d'argent, notre puissance de dévouement, de propagande républicaine, non pas sur les petits enfants, mais sur l'adolescence. (*Vifs applaudissements.*) C'est par l'adolescence que périclite notre œuvre scolaire ; c'est l'adolescence que l'Eglise nous enlève. A cet égard, je voudrais pouvoir vous lire, par exemple, une lettre d'un instituteur de la Savoie qui me disait sa douleur de voir de ses anciens élèves qui, sortis à 12 ans de l'école laïque, sont entrés dans les patronages catholiques, passer aujourd'hui devant lui sans même le saluer. Ils ne le connaissent plus ! Cet effort de l'Eglise pour nous reprendre adolescents ceux dont l'école n'aura eu que l'enfance, voilà le danger, voilà le point où il faut que nous portions la lutte, que nous opposions au dévouement clérical le dévouement laïque et républicain. (*Vifs applaudissements.*)

M. PELLETAN. — L'un n'empêche pas l'autre

M. F. BUISSON. — Pelletan dit que l'un n'empêche pas l'autre. Je vous demande pardon. Un Parti comme le nôtre, qui n'est pas composé de millionnaires, où il faut que chacun paye de sa personne, a besoin de concentrer ses forces sur l'œuvre qui les réclame. Il ne faut pas, qu'hypnotisés par les menus incidents de la guerre des sacristies contre l'école du village, il perde de vue l'action bien plus grave qui, avec moins de bruit et bien plus d'effet, se déroule ailleurs.

Ce n'est pas une petite affaire que l'organisation de ce second enseignement, de cet enseignement de la seconde enfance, des apprentis et des jeunes ouvriers ; cet enseignement complémentaire, mi-civique, mi-professionnel, demandez à Dubief ce qu'il coûtera. A l'heure même où nous parlons, l'Angleterre envisage sans sourciller une dépense qu'elle évalue à 250 millions par an pour établir ce nouvel outillage national, de manière à tenir tête à celui de l'Allemagne. Et nous, nous n'en avons pas commencé l'exécution ! Et il faut tant d'années après que Dubief a déposé son projet que quatre congrès internationaux, qui se sont tenus à Paris et à Bruxelles, nous crient par toutes les voix des instituteurs et des amis de l'école qu'il y a là une tâche de la dernière urgence !

Réveillons-nous enfin, mettons tout le reste à l'arrière-plan et créons l'école laïque, gratuite et obligatoire de l'adolescence comme nous avons créé celle de l'enfance. Sortons des limites ridicules et étroites où nous sommes encore enfermés, nous figurant que l'éducation est finie à douze ans. C'est là qu'elle commence, parce que c'est à cet âge que toutes les leçons portent, que l'intelligence s'ouvre, avide, curieuse et docile à des enseignements qui n'ont plus l'allure de l'enseignement. L'Eglise l'a bien compris. Et elle s'inquiéterait assez peu que vous lui fermiez ses petites écoles du moment que vous ne l'empêcherez pas — et vous n'y pouvez pas songer — de répandre à flots son véritable enseignement et sa véritable influence dans les catéchismes, dans les sociétés de jeunes gens ou de jeunes filles, dans les ouvroirs, dans les associations d'anciens élèves, dans les patronages, les écoles professionnelles, les classes de récréation, les promenades, les jeux, les amusements du jeudi et du dimanche. Comment voulez-vous empêcher que par tous ces moyens attrayants, aimables, irrésistibles, il se fasse une propagande incomparablement plus dangereuse que celle qui peut se faire autour d'un livre de grammaire ou de calcul à l'école primaire. (*Applaudissements répétés.*)

Telles sont, citoyens, dites à la hâte et confusément, les raisons pour lesquelles je ne puis voir dans le monopole une défense sérieuse contre l'Eglise. J'y vois, par contre, la rupture avec tous les principes du parti républicain et libéral. Il vous faut remonter à Charles X pour repêcher ce vilain mot que nos ancêtres ont conspué et qui a disparu sous la réprobation publique. (*Vifs applaudissements.*)

J'y vois l'abandon des traditions de la République, puisqu'à la politique de tous ses ministres, il en faudrait substituer une autre, faite de violences légales et de mesquines persécutions.

Je ne veux pas, pour ma part, abandonner la devise qui fut longtemps celle de notre Parti : « Le cléricalisme, voilà l'ennemi ! » Je veux la conserver, mais je ne veux pas y substituer celle qu'on nous propose aujourd'hui et qui semblerait dire : « L'ennemi, ce n'est pas le cléricalisme ; l'ennemi, c'est la liberté et l'égalité. » (*Applaudissements et exclamations.*) Je n'ai pas l'intention de vous injurier.

M. PELLETAN. — Vous n'avez pas le droit de tenir un pareil langage.

M. F. BUISSON. — Citoyens, la tactique de nos adversaires aujourd'hui est de crier plus haut que nous : Vive la liberté. Allons-nous pour cela nous croire obligés à répondre : A bas la liberté ! parce qu'ils prétendent la défendre contre nous ? (*Applaudissements et bruit.*) Non, vous ne leur laisserez pas, ne fût-ce qu'une minute, le privilège de se dire les représentants des idées de liberté, de justice, de raison, d'égalité devant la loi. Moins ils sont fondés à se réclamer de ces idées qu'ils combattent partout ailleurs, nous le savons bien, plus nous devons éviter de leur en laisser le bénéfice en portant la plus légère atteinte à ces droits qui sont les leurs comme ils sont les nôtres.

Voilà pourquoi nous devons maintenir les garanties d'égalité inscrites dans nos lois.

Et qu'on ne dise pas que c'est là désarmer devant l'Eglise. Au contraire, c'est lutter contre elle plus que jamais, c'est lutter dans les conditions nouvelles auxquelles il faut nous plier. Il n'y a plus de Concordat, l'Eglise est libre comme toute autre association ; nous ne devons pas toucher à son organisation religieuse. C'est entendu. Mais hors de là, hors de l'exercice de ses droits religieux, l'Eglise est tenue comme tout le monde au respect de la loi. Elle n'a pas le droit, par exemple, de faire renaître directement ou indirectement les congrégations que la loi a dissoutes. C'est là que nous pouvons exercer notre vigilance et notre sévérité. Ce n'est pas plus difficile et ce sera plus important que d'organiser le monopole. (*Applaudissements.*) La loi dont le citoyen Combes a été l'auteur et dont j'ai eu l'honneur d'être rapporteur, cette loi qui a aboli l'enseignenment congréganiste, est-elle appliquée, respectée ? Et puis vous savez la brèche qu'y a fait l'amendement de M. Leygues, en permettant aux congrégations de prolonger leur existence sous prétexte de noviciats pour l'étranger et les colonies. A nous de surveiller : défendons, reprenons nos positions.

Mais ce n'est pas une raison pour nous jeter sur un petit groupe d'instituteurs libres laïques qui ne sont nullement des adversaires. On a le tort de ne penser qu'aux congréganistes sécularisés. Il y a d'autres instituteurs privés, il y en a une dizaine de mille que nous n'avons aucun motif de ruiner dans la modeste industrie où ils gagnent leur pain comme ils peuvent. (*Applaudissements et exclamations.*) Ce sont tout bonnement des pères et mères de famille , chefs de petites institutions, qui n'ont rien de commun avec l'Eglise. Pourquoi les écraser ?

Battons-nous contre l'Eglise, nous la terrasserons par la liberté et par la loi. Guerre au cléricalisme : paix à la conscience croyante ou incroyante. Point de monopoles, point de lois d'exception, mais à tous et pour tous, même pour l'Eglise, la liberté sous le contrôle de la loi. (*Salve d'applaudissements.*)

Plusieurs délégués. — La clôture !

(*La clôture de la discussion est décidée après réplique du rapporteur.*)

Réplique de M. Dubief

M. DUBIEF. — Rassurez-vous, je serai très bref ; le rapport que j'ai eu l'honneur de vous présenter ayant condensé autant que possible tous les arguments du débat. Je veux seulement répondre quelques mots à mon excellent ami Buisson. Il nous a rappelé qu'il y a 25 ans, la lutte de l'Eglise était ardente contre l'enseignement. Qu'il me permette de constater et de dire qu'à l'époque où nous sommes, l'acuité de cette lutte entreprise contre l'école laïque sur toute la surface du pays, est telle qu'on ne l'a jamais connue dans le passé. (*Applaudissements.*) Que ce soit parce que le régime de l'Etat et de l'Eglise a été changé ou pour toute autre raison, il est certain que c'est autour de l'école que se concentrent à l'heure actuelle les efforts du parti clérical contre la République. (*Vifs applaudissements.*) Il s'agit de savoir si nous allons laisser dans cette lutte à l'abandon, désertant ainsi notre devoir, ceux qui, face à face avec nos éternels adversaires font appel à notre action. Le Congrès de 1910 ne fera pas faillite à son devoir ; il dira à tous ces vaillants dont parlait Pelletan, que les républicains sont prêts à les aider dans la tâche qu'ils accomplissent et à les faire triompher au milieu de toutes les difficultés dont on les assaille. Buisson nous disait : Le remède que vous voulez apporter, le monopole, n'est pas un remède ; au lendemain, les choses seront comme la veille et il nous montre, sortant de nos écoles, préparés pour l'enseignement, des maîtres imbus des mêmes idées que ceux que nous rencontrons dans les institutions congréganistes ou cléricales. Je vous réponds : Non , mon cher Buisson, car ces hommes seront devenus des fonctionnaires de la République ; ils seront astreints à certains devoirs que nous entendons bien imposer à tous les fonctionnaires quels qu'ils soient. (*Applaudissements.*) Est-ce que, par hasard, dans nos administrations, un peu partout, mon cher Buisson, vous vous imaginez que ceux qui détiennent une fonction de par la volonté du gouvernement sont tous parfaitement imbus de l'esprit républicain et démocratique ? Pour moi, il y a longtemps que je me suis aperçu qu'il n'en était rien ; il y aura parmi les maîtres aussi des dispositions d'esprit différentes : tous ne seront pas également démocrates et républicains : mais tous auront cependant une même règle ; la diversité des maîtres, des tempéraments fera que l'enseignement lui-même gardera certaines diversités nécessaires, mais du moins, nous ne serons pas en présence de deux écoles diamétralement opposées, en guerre l'une contre l'autre ; nous n'assisterons pas à ce spectacle lamentable que quelqu'un rappelait tout à l'heure en nous montrant ici les petits congréganistes, là, les petits de la laïque, faits pour s'aimer dans la communauté des études et des jeux, et cependant jetés les uns contre les autres dès l'école, sous les regards haineux des maîtres qui se croisent.

Quoi de plus fâcheux pour la paix sociale, que cette hostilité qu'on cultive, qu'on exaspère et qui va se continuer, qui se retrouvera au régiment et sur la place publique, plus tard, entre les citoyens ! (*Vifs applaudissements.*) C'est cet antagonisme que nous voulons détruire ; ce sont ces deux écoles dont nous ne voulons plus. La liberté d'enseignement n'a rien à voir en cela ; elle n'a jamais été qu'un mensonge ! Vous le savez : il n'y a jamais eu, chez nous, que deux écoles : celle de l'Eglise et celle de l'Etat, en lutte l'une contre l'autre. Or, il faut que tous les citoyens passent devant les mêmes maîtres primaires, dans les mêmes écoles. Notre choix est fait ! Nous sommes pour l'école laïque. C'est à cette condition que vous aurez réalisé non pas une impossible unité morale, mais l'harmonie et la conciliation entre tous les citoyens. (*Applaudissements enthousiastes sur de nombreux bancs.*)

Le Président. — La discussion est close. Je suis saisi à l'instant d'un amendement Canu ; il est ainsi conçu :

Le Congrès :

Après avoir entendu le citoyen Buisson exposer que le Parti radical et radical-socialiste se doit à lui-même de maintenir dans son programme et dans son action la défense de toutes les libertés,

Affirme que les lois scolaires actuelles et celles en projet suffisent à garantir l'Ecole laïque contre les attaques du cléricalisme toujours menaçant, si le gouvernement a le courage et l'énergie de les faire appliquer,

Repousse le Monopole de l'Enseignement et demande aux élus du Parti d'assurer le contrôle de l'Enseignement libre.

Le président met aux voix cet amendement qui est repoussé après une épreuve douteuse ; le président le met de nouveau aux voix ; l'amendement est repoussé par 99 voix contre 75. La proclamation du vote est soulignée de vifs applaudissements.

(Les conclusions de la commission en faveur du monopole sont ensuite adoptées.)

M. F. BUISSON. — Je demande l'adjonction, comme consolation, de la motion suivante :

Le Congrès :

Adresse l'expression de ses vives sympathies aux instituteurs et aux institutrices laïques et il les félicite de l'initiative courageuse qu'ils ont prise dans les amicales pour la défense de l'enseignement primaire.

(Cette motion est adoptée par acclamation.)

LE PRÉSIDENT. — Le rapporteur, l'honorable M. Dubief, nous demande d'émettre un vœu :

1° En faveur de la création d'une direction cohérente des enseignements techniques et professionnels ;

2° En faveur du développement des œuvres postscolaires à l'aide des fonds provenant du budget des cultes.

(Ce vœu est adopté.)

Un délégué. — Je suis instituteur et je tiens, au nom du corps enseignant français, à remercier M. Buisson et le Congrès tout entier des marques de sympathie qu'il vient de lui donner ; je vous assure du dévouement des instituteurs à la République. *(Vifs applaudissements.)*

La séance est levée à minuit 15.

SIXIEME SEANCE

Dimanche matin, 9 octobre.

———

La séance est ouverte à 9 heures par M. Henri Michel, qui invite l'assemblée à nommer son Bureau. Le Bureau est ainsi constitué :

Président : M. le général Pédoya, député de l'Ariège ;

Vice-Présidents : MM. Chopinet, député de l'Oise ; Richard, sénateur de Saône-et-Loire ; Dalbiez, député des Pyrénées-Orientales ; général Godart (Meurthe-et-Moselle, Desgranges (Saône-et-Loire), Vignet (Rhône), Lefranc (Pas-de-Calais, F. Michaut (Côte-d'Or, F. Cahen (Seine), Dauthy (Indre), Quéroy (Ille-et-Vilaine).

Désignation du siège du Congrès de 1911

Secrétaires : MM. Javal, député de l'Yonne ; Emile Laurent (Seine-et-Oise), Feuga (Haute-Garonne), Cauderon (Gironde), Jules Durand (Seine), Bodereau (Seine), Chatenet (Seine), Milon (Maine-et-Loire); Réparal (Seine-et-Oise).

Le Président. — L'ordre du jour appelle le choix de la ville dans laquelle se tiendra le prochain Congrès.

M. Forestier. — Les villes suivantes ont été proposées : Bordeaux, Grenoble, Toulouse, Nice et Pau. On me fait remarquer qu'il y a déjà eu un congrès à Toulouse.

M. Paut. — Je demande que le prochain congrès ait lieu à Nîmes ; depuis plusieurs années les congrès ont lieu dans le Nord. Nîmes est d'un accès facile, le département du Gard a une grosse majorité radicale, mais pour les raisons que vous connaissez tous, nous y avons subi des échecs douloureux par suite d'alliances honteuses. Il serait bon de répondre au congrès unifié qui s'est tenu dans notre ville par la tenue du congrès radical et radical-socialiste. *(Applaudissements.)*

M. F. Lefranc. — Je viens brièvement défendre la proposition qui tend à ce que le prochain congrès se tienne à Grenoble. Vous n'ignorez pas que cette région du Sud-Est est particulièrement menacée par les socialistes unifiés. La tenue du congrès contribuerait largement à y resserrer les liens entre nos militants et à y organiser solidement le Parti.

Notre Parti y fut puissant ; il est aujourd'hui désorganisé. Mais il ne suffirait pas de nous y transporter pendant quelques jours, d'y envoyer des délégués temporaires ; il serait indispensable que le Parti y tînt ses prochaines assises. Nous pourrions ainsi réveiller les organisations qui sommeillent, par les rapports fréquents que nécessite la préparation du congrès, et cette grande manifestation nous permettrait de rendre à notre Parti dans le Sud-Est la force et la cohésion qu'il a perdues. (*Vifs applaudissements.*)

M. FORESTIER. — Nous n'avons aucun élu radical à Bordeaux ; il y aurait la plus grande utilité à y tenir le congrès.

M. GARIEL. — Si la situation est dangereuse à Bordeaux, elle l'est bien davantage encore dans le Midi ; les sièges occupés par les radicaux-socialistes ont été perdus ; dans l'Hérault, la situation est non moins périlleuse ; je vous prie de choisir Nîmes parce que le besoin se fait sentir impérieusement d'un congrès dans cette région. (*Applaudissements.*)

M. FERRON. — Je m'empresse de remercier la Fédération radicale de la Seine-Inférieure de l'excellent accueil qu'elle nous a ménagé et je crois être votre interprète à tous en remerciant l'éminent président de cette fédération et ses dévoués collaborateurs d'avoir su organiser un congrès tel qu'il devait être. Maintenant, j'ai à vous présenter l'invitation des républicains radicaux des Basses-Pyrénées ; ils seraient extrêmement heureux de vous recevoir à Pau ; Marseille, Nîmes, Nice, ne sont pas moins éloignées que notre ville. De deux choses l'une : ou bien nous devons considérer les congrès comme une simple réunion où les dirigeants du Parti se retrouvent, et alors c'est Paris ou une ville avoisinante qu'il faut choisir : ou bien les congrès sont d'excellents moyens pour réchauffer cette flamme radicale-socialiste, qui nous anime tous, dans les régions les plus éloignées.

Il n'y a pas d'endroit plus propice que Pau, en

cette saison ; vous aurez des salles magnifiques pour vous recevoir. Mais il y a mieux à vous offrir que des conditions matérielles excellentes, il y a une œuvre à accomplir : dans cet immense département qui compte près d'un demi-million d'habitants, il n'y avait pas un seul radical il y a 5 ou 6 années, aujourd'hui 53 groupements reliés à la Fédération comptent 3.000 adhérents ; il y a nécessité d'aller porter à ces radicaux basques qui se défendent contre le cléricalisme votre précieux encouragement. (*Applaudissements.*) Dans cette région où on ne voit jamais que des multitudes de pèlerins se rendant aux grottes miraculeuses, il faut que nous offrions un exemple d'un grand Parti qui ne croit à d'autres miracles qu'à ceux de la raison humaine.

M. SIOLY. — Je viens au nom de la Fédération des Alpes-Maritimes et du comité régional du Sud-Est, qui a su grouper 14 départements, vous inviter à venir à Nice. Dans notre département, nous sommes en butte à une véritable *camorra* politique ; chez nous, tout le monde se dit républicain, même les progressistes. Il importe de faire cesser cette équivoque et que ce mot de républicain ne soit plus le pavillon couvrant toutes sortes de marchandises frelatées. Nous n'avons jamais manqué à aucun congrès ; il y a une raison tout à fait matérielle qu'on peut nous opposer : les comités de notre Parti, s'ils sont riches en talent, ne sont pas riches en argent. (*Applaudissements.*) On a refusé le demi-tarif aux congressistes se rendant à Rouen ; un grand nombre d'entre nous ont dû faire des sacrifices énormes. Si vous venez à Nice, vous n'aurez qu'à prendre des billets de bains de mer, qui vous donnent une réduction de 50 %. (*Applaudissements.*) Nous sommes bien organisés ; vous recevrez chez nous l'accueil le plus fraternel et le plus cordial et vous en emporterez le meilleur souvenir. (*Applaudissements.*)

M. MORIN. — Il y a des sociétés qui obtiennent 75 % de réduction sur les chemins de fer en organisant des voyages collectifs. Je demande qu'on soumette cette question à la commission d'organisation du congrès. C'est une question qui mérite d'être étudiée.

M. SIOLY. — Les billets de bains de mer ont cet avantage d'être individuels.

LE PRÉSIDENT. — Je mets aux voix la priorité pour la ville qui a été proposée la première : Bordeaux.

(Bordeaux n'est pas accepté. Le Président met aux voix Grenoble qui, également, n'est pas accepté.)

LE PRÉSIDENT. — Je mets aux voix la ville de Nîmes. *(On vote par assis et levés ; le président consulte le bureau qui déclare que Nîmes a la majorité.)* *(De Nombreuses protestations ont lieu.)*

M. ESTIER. — Je veux vous parler de la date du congrès ; j'ai le mandat formel de la Fédération des Bouches-du-Rhône de demander au Comité Exécutif de devancer la **date de la réunion** du congrès ; on estime que la première huitaine d'octobre est tardive ; les tribunaux, les écoles sont rentrés, les vacances sont finies, je prie le Congrès de décider que le prochain congrès aura lieu dans la dernière semaine de septembre.

D'autre part, il y a à Nîmes deux organisations rivales ou une série de comités rivaux ; il n'est pas possible d'admettre que l'organisation soit faite par un seul côté. Je vous demande de donner le mandat formel au Comité Exécutif de veiller à ce que l'organisation soit faite par tout le Parti radical de Nîmes. *(Approbations.)*

M. PAUT. — C'est tout le Parti radical du Gard qui recevra tout le Parti radical de France.

M. SIOLY. — Les partisans de Nice ont été la majorité. *(Bruit, cris : La question a été tranchée, on a voté ; l'ordre du jour.)*

LE PRÉSIDENT. — La parole est à M. Gros. *(Bruit prolongé.)* — *(L'orateur ne peut se faire entendre.)*

LE PRÉSIDENT. — Je vous demande un peu de bienveillance ; M. Gros est souffrant. *(Le bruit continue.)*

LES REFORMES SOCIALES (1)

Rapport de M. Gaston Gros

M. GASTON GROS. — Je supplie l'assemblée d'être calme. Si j'ai fait le grand effort du rapport que

(1) Le Comité Exécutif a fait tirer à part en brochure le rapport présenté par M. Gaston Gros, au Congrès.

vous avez entre les mains, et, aujourd'hui, si je fais celui de venir développer verbalement mes conclusions, c'est que je considère avec la commission que cette question, discutée à la dernière heure, est la question capitale du Congrès. (*Très bien !*) Il s'agit pour notre Parti d'être démocratique ou de ne pas être. Si les questions d'intérêt ministériel sont importantes, elles ne peuvent jamais dépasser la vie éphémère de tout ministère ; si la Représentation Proportionnelle, suivant le mot spirituel d'un délégué de Dunkerque, le citoyen Vallaïs, est le « 606 » qui doit guérir la France du mal parlementaire (*Exclamations, hilarité*), elle ne durera pas plus qu'une réclame pharmaceutique. (*Nouveaux rires.*)

Le débat instauré sur la question que je rapporte au dernier moment est le complément nécessaire, indispensable de la motion antiministérielle que vous avez votée. Si vous avez lu *La Petite République* d'hier, si vous avez lu *L'Humanité* d'aujourd'hui, vous avez pu vous convaincre qu'entre le ministère et nous la guerre est déclarée. Dans un article de la *Petite République*, manifestement inspiré — peut-être plus qu'inspiré — on insinue que notre Parti ne peut vivre sans les avantages du Pouvoir et qu'il est menacé d'être privé même de ceux auxquels il a droit. Tant mieux ! On ajoute que le Président du Conseil s'est efforcé d'empêcher des partis nouveaux de naître et grandir de notre démembrement.

Ces menaces ne doivent pas nous inquiéter. J'ai suivi pendant 18 mois les intrigues du Président du Conseil et de quelques-uns de ses organes pour désorganiser les partis existants. Il a échoué complètement malgré le prestige usurpé dont on le grandissait. Comment réussirait-il aujourd'hui, quand son étoile s'éteint ? Il oublie que si, à certains moments critiques de notre Parti, il a pu fonder quelque espoir sur le mouvement qui s'y dessinait, ce sont ceux-là mêmes qu'il espérait en détacher et appeler sous un nouveau drapeau, qui ont voté la motion contre l'apaisement. Quelles troupes espère-t-il donc rallier quand la confiance qu'on lui accordait a disparu ?

Nous sortirons plus forts de la lutte, mais à condition de lier partie avec le peuple et de prendre nettement position, s'il est nécessaire, au nom de la Démocratie. *(Vifs applaudissements.)* C'est l'esprit qui a inspiré les travaux de la commission et qui été traduit dans le vœu qu'elle m'a chargé de vous présenter.

La concision et l'indétermination voulues de ce texte, destinées à éviter les procès de détail, auraient permis, à un autre moment du Congrès, d'instituer un grand débat de doctrine. Elles nécessitent quelques explications.

Vous savez ce qu'est le contrat collectif du travail.

Le travail et le capital sont armés l'un contre l'autre ; la grève vient d'être déclarée, elle a longtemps duré, ou bien elle menace de commencer avec son cortège de misères et de souffrances. Lasses d'en avoir souffert, ou bien inquiètes de l'avenir, comme deux Nations, les parties en présence passent un Traité de paix. Ce traité de paix, c'est le contrat collectif de travail.

Vous avez entre les mains un rapport où je me suis efforcé d'exposer l'ensemble de la question ; vous le lirez, si vous ne l'avez pas encore lu, et ainsi je pourrai marcher à grands pas.

Trois questions seulement, trois questions essentielles, qui ont institué dans le sein de la commission d'importants et passionnés débats, vont retenir mon attention. Il s'agit de décider par qui le contrat collectif sera conclu ; quelle en sera la portée ; quelles en seront les sanctions.

Le contrat collectif de travail doit-il être signé par un syndicat, c'est-à-dire par un groupement organisé et permanent, ou bien seulement, comme il arrive fréquemment aujourd'hui, par une représentaion temporaire des ouvriers grévistes ? Voilà la première question.

La commission n'a pas hésité : elle a décidé à l'unanimité que le contrat collectif de travail devait être signé par un syndicat, par un groupement ouvrier organisé. C'est tout le problème du syndicalisme qui est abordé avec virilité. Le premier, et peut-être le plus grave grief, que mérite l'informe projet déposé par le ministère du Travail est de n'avoir pas obéi aux mêmes tendances démocratiques. Il admet qu'une représentation temporaire pourra parler au nom des ouvriers, conclure le contrat collectif et disparaître ensuite sans pouvoir en surveiller, en contrôler, en assurer l'exécution. On croirait, en vérité, que cette réforme à rebours n'a d'autre but que d'amener par perfidie ou par inconscience une complète désorganisation de tout le mouvement syndical ouvrier. (*Très bien !*)

Vous déciderez s'il convient d'étrangler les groupements ouvriers, les groupements patronaux, les groupements de commerçants, tous les groupements économiques qui se manifestent dans la Nation ; ou si nous devons, au contraire, après quelques hésitations regrettables, devancer par la rapidité de notre marche tous les autres partis. Vous déciderez si nous devons abandonner les syndicalistes aux unifiés qui les enrôlent depuis longtemps ; aux catholiques sociaux qui les sollicitent sans succès et sans mesure pour les exploiter et les tuer ; (*Applaudissements.*) si, en un mot, nous devons être le parti du peuple, si nous devons être, au contraire, pour reprendre un mot du rapport du Comité républicain du Commerce et de l'Industrie, le parti qui entend conserver envers et contre tous le régime d'*autocratisme patronal* que nous subissons.

Etre ou ne pas être, voilà la question qui se pose. Nous serons avec l'autocratisme patronal agonisant qui nous précipitera dans sa ruine, ou nous nous tournerons, délibérément, vers le mouvement syndical ouvrier.

J'ajoute une considération singulièrement saisissante, qui est un peu spéciale parce que d'ordre juridique. Il ne peut pas y avoir de contrat collectif s'il n'est pas signé par un syndicat. Un contrat signé par les représentants temporaires, par les délégués momentanés des ouvriers, mais, citoyens, ce n'est pas un contrat collectif. C'est 10.000, 100.000 contrats individuels ; c'eût été au moment des grandes grèves qui désolèrent le pays de la Rhur, il y a quelques années, 250.000 contrats individuels passés entre les patrons et les grévistes, ceux-ci parlant par mandataires.

Vous trouverez dans un chapitre de mon rapport quelques indications sur la jurisprudence réactionnaire des cours d'appel et de la Cour de cassation. Elle a refusé de suivre un mouvement généreux commencé par les tribunaux inférieurs, et sanctionne la théorie du mandat qui exclut la nécessité du groupement permanent. Consacrez donc à votre tour cette jurisprudence détestable qui a soulevé l'indignation et les colères justifiées de tous les ouvriers ! Mais alors, prenez garde : de deux choses l'une, ou vous voulez faire une loi utile, une loi applicable, et vous adopterez mes conclusions et celles de la commission ; ou bien vous céderez à faire une loi réactionnaire et elle ne sera pas appliquée, quel que soit le titre dont vous l'ayez décorée. Le seul résultat que vous aurez obtenu sera d'avoir ameuté contre nous, déchaîné contre notre Parti, toutes les forces syndicalistes justement indignées. (*Applaudissements.*)

Il y a une seconde question que je me bornerai à effleurer parce que je ne la considère pas comme répondant à l'orientation que, d'accord avec la commission, je voudrais donner à ce débat. Il s'agit de savoir qui seront les assujettis. Vous trouverez les solutions préconisées par la commission dans le rapport que vous avez entre les mains. Le contrat collectif du travail doit s'étendre à d'autres qu'à ceux dont l'effort a amené directement sa conclusion. Mais surtout, lorsqu'un membre d'un syndicat quelconque aura été soumis à une convention collective, conformément au pacte social, conformément aux statuts, c'est-à-dire en vertu du pouvoir qu'il a lui-même donné aux dirigeants du syndicat lors de son adhésion, il ne doit pas lui être permis de s'enfuir en conservant les bénéfices de l'effort effectué, des misères endurées par ses camarades pour accepter d'autres conditions que celles qui ont été obtenues par la grève. Il n'est pas possible d'inscrire dans la loi qu'il aura le droit de se dégager en quittant le groupement qui vient, par un effort commun, d'améliorer son sort.

Cette espèce de monstruosité se trouve encore dans le projet du ministère du Travail. De sorte que, si par une première disposition on ne réussit pas à empêcher le syndicat de se constituer et de grandir, par une seconde disposition, en jetant

le désordre, en y provoquant la désertion, en y
organisant la trahison, on le tuera définitivement.
Jamais, à aucun moment, même sous les régimes
passés, on n'a fait aux ouvriers, on n'a fait au
peuple, un présent aussi perfide que celui qu'a
inventé le ministère Briand.

Je disais au début que la motion de la commission, et l'orientation démocratique qui en a dirigé
la rédaction, sont les consécrations nécessaires du
vote que vous avez émis hier contre le ministère.
Vous en êtes maintenant convaincus. Dites bien à
vos représentants qu'ils ne se laissent pas tromper, et qu'en exigeant du Pouvoir, conformément
à vos décisions, non plus des mots, mais des actes, ils ne se contentent pas de réalisations comme
celle-là ! Qu'ils ne se contentent pas d'actes qui,
s'ils sont inconscients, sont des sottises et s'ils
sont conscients, sont des crimes ! (*Vifs applaudissements.*) Je passe à la 3e grande question que je
vous ai annoncée. C'est celle qui a soulevé dans
la commission le débat le plus animé ; il s'agit de
déterminer les sanctions du contrat collectif. Au
premier rang, on a coutume de placer la *Responsabilité syndicale*.

La question est assez connue pour que la plupart d'entre vous aient cru pouvoir prendre parti.
La difficulté de ma tâche en est accrue ; car il
ne s'agit plus seulement de vous conseiller une
route ouverte devant vous, mais de vous faire revenir de ce que je crois être une erreur. Je vous
demande donc de vouloir bien me faire crédit de
quelques instants et d'entendre jusqu'au bout mes
arguments sans protester.

Vous avez, je crois, été à votre insu, sollicités
et peut-être entraînés par les arguments qui se
sont étalés dans la presse depuis au moins deux ou
trois années. On a mené dans tous les partis,
même dans les partis réactionnaires les plus caractérisés, une campagne en faveur du contrat
collectif, tels le *Journal des Economistes*, de M. de
Molinari, l'*Economiste Français*, de M. Leroy-
Beaulieu. Ces noms vous suffisent ; ce sont les
collaborateurs habituels d'un organe dont vous
connaissez l'esprit si vous n'en lisez pas journellement le texte, *Le Journal des Débats*. Eh bien !

ils mènent une campagne en faveur du contrat collectif. C'est ainsi qu'un sociologue pouvait dire que par une bonne fortune exceptionnelle, le contrat collectif avait rallié tous les partis.

Prenez garde, il y a une pierre de touche : les partis avancés, comme les partis réactionnaires, sont favorables au contrat collectif ; mais les partis réactionnaires entendent que la sanction du contrat collectif soit la responsabilité civile des syndicats. Je sais jusqu'à quel point la logique de cette théorie séduit les sympathies des esprits les moins suspects de réaction. L'individu, le citoyen, sont responsables de leurs fautes ; le commerçant est responsable de la rupture des traités commerciaux qu'il a passés, des engagements qu'il a pris ; nous transposons dans la législation sur le groupement, sur la collectivité, la législation qui régit actuellement l'individu, nous l'habillons avec des vêtements de la même taille et nous décidons ainsi que, de même que l'individu, le groupement, la collectivité sont responsables de la rupture de leurs engagements.

Citoyens, les autorités qui soutiennent cette doctrine, je vous les ai fait connaître. Journellement, on trouve dans les périodiques que j'ai nommés des articles pour prolonger encore durant quelques courtes années le régime d'autocratisme patronal, pour parler comme le Comité Mascuraud. Eh bien ! ces actes de foi de la féodalité capitaliste nous les voyons reniés sans un regret, précisément par ces pontifes qui sacrifient ainsi sans une hésitation ce dogme religieux, ce dogme sacré de l'autorité patronale au contrat collectif de travail avec lequel il est incompatible.

Il est bien permis de se demander quelles sont leurs véritables intentions ; et si en s'alliant au mouvement qui porte l'industrie vers le contrat collectif, ils ne se proposent pas d'y introduire un ferment de dissolution : si en demandant, même au nom de l'honneur des groupements ouvriers qui ne sont point accoutumés à tant de sollicitude, la responsabilité comme sanction, ils n'espèrent pas ensevelir le syndicalisme ouvrier sous les ruines du contrat collectif de travail qu'ils auront fait pour le tuer. *(Applaudissements.)*

Nous voyons, d'autre part, que les partis avancés, que les intéressés, ne veulent à aucun prix de la responsabilité. Il n'existe pas dans le monde, vous entendez, dans le monde, un pays où la législation impose la responsabilité aux groupements syndicaux. En Angleterre les unions ont réussi à se constituer un patrimoine considérable ; leurs revenus atteignaient en 1901, 62.500.000 fr.. Alors, une décision fameuse décida que certains procédés de débauchage, le *piketing*, toujours employés jusque-là, engageaient la responsabilité pécuniaire des groupements. La Fédération des employés de chemins de fer du Sud du pays de Galles fut condamnée à 500.000 fr. de dommages intérêts. C'était une décision de cette juridiction spéciale à l'Angleterre, la juridiction de la Chambre des Lords. L'arrêt des lords statuant au contentieux, avait force de loi. Alors on vit se multiplier contre les Trades Unions les poursuites et les condamnations. Ici des grévistes s'étaient promenés drapeau déployé, en chantant dans les rues d'une ville : c'était une manifestation pacifique ; aucune violence n'avait pu être relevée : mais on estime que c'était une intimidation exercée sur les ouvriers qui voulaient travailler, et l'Union qui l'avait organisée fut condamnée à 600.000 fr. de dommages-intérêts. Une crise sans précédent du trade-unionisme fut déchaînée. En 1905, après que pendant cinq ans les unions anglaises s'étaient vu poser la question de vie ou de mort, après qu'on les eût jetées dans la politique, après qu'on eût galvanisé le Parti du Travail, les amis des ouvriers, victorieux devant les électeurs, vinrent en majorité au Parlement. Ils firent voter alors la loi de 1907 qui supprimait la responsabilité syndicale. Eh bien, voulez-vous en France commettre les mêmes erreurs ? Voulez-vous que nos syndicats qui n'ont que de faibles revenus se voient condamnés à leur tour à d'énormes dommages-intérêts ? Reconnaissez que ce n'est pas en prenant dans leurs caisses les quelques économies qu'ils réussissent à y amasser, que ce n'est pas par ce procédé de spoliation, que l'on parviendra à les enrichir et à leur donner cette haute dignité morale à laquelle les Unions anglaises et américaines sont parvenues.

Ne croyez pas, en effet, que ce fût la crainte des responsabilités qui déchaîna la crise unioniste en Angleterre : c'était la crainte des juridictions hostiles. A maintes reprises les Unions anglaises ont réparé bénévolement, spontanément, en prenant dans leurs caisses, les dommages causés par les fautes de leurs membres. Ce n'est pas le principe de la responsabilité qui les a inquiétées, mais les condamnations excessives qu'on avait prononcées contre elles et la perspective de condamnations nouvelles.

Je rends hommage à la magistrature française à chaque fois que je le puis ; il n'y a peut-être pas de pays — sauf l'Angleterre — où l'intégrité soit aussi rigoureuse que chez nous. Jamais je n'ai connu un cas de tractation. Inclinons-nous devant l'honnêteté, le désintéressement, la conscience professionnelle de nos magistrats. J'en ai vû qui, dans des procès civils, pas même des procès criminels, avaient réparé par l'étude des dossiers, les insuffisances d'une plaidoirie d'avocat. Mais, après cet hommage, je dois reconnaître que lorsqu'il s'agit de mouvements ouvriers, il règne parmi eux un état d'esprit spécial. J'ai cité des faits à la commission qui ont soulevé une certaine émotion. Je me garderai de les reproduire ici. Croyez-moi, interrogez des hommes de lois sur des procès récents et retentissants où la responsabilité personnelle a été substituée à la responsabilité collective, ils vous diront que certaines décisions rendues par les tribunaux correctionnels, par la Cour de cassation même, sont des monstruosités juridiques. C'est en connaissant cette mentalité-là, mentalité bourgeoise, mentalité patronale, mentalité de lutte et de combat, que vous vous étonnez de voir les ouvriers redouter qu'on ne transforme cet avoir modeste qu'un socialiste unifié appelait la mitraille de grève en une prime d'assurance contre la grève ? Allons donc ! Les syndicalistes savent d'avance ce qui les attend.

Aussi, je ne crains point de vous dire, instruit à la fois par l'étude des autres pays et du nôtre : Ou vous ferez une loi applicable et alors vous excluerez la responsabilité, ou vous lierez la question de responsabilité à la question du contrat collectif du travail, vous les rendrez inséparables, et les formalités élémentaires que la loi doit nécessairement imposer au contrat collectif pour qu'il puisse porter ses effets juridiques, ne seront pas remplies.

Cela s'est produit en Belgique : en 1900 une loi sur le contrat collectif est intervenue, mais il y avait comme sanction la responsabilité ; elle est demeurée lettre morte. En Angleterre on a offert aux Unions l'existence civile, le droit de posséder sans recourir à ce procédé particulier à la législation anglaise qui s'appelle le système des trustes ou fidei-commissaires, c'est-à-dire qu'on leur a offert le droit d'ester en justice, de défendre leurs intérêts corporatifs, d'administrer leurs biens sans l'intermédiaire des fidéi-commissaires. On faisait de la responsabilité une condition nécessaire... Il n'y a aucune Union déclarée en Angleterre. Plusieurs Etats de l'Union américaine ont connu les mêmes tentatives, et, pour les mêmes causes, les mêmes échecs

Ainsi, les groupements ouvriers dans le monde entier ont immolé de leurs propres mains les avantages de la personnalité civile, le droit d'ester en justice, le droit d'administrer leurs biens, pour ne pas voir le principe de la responsabilité devenir une arme formidable entre les mains des magistrats partout inféodés aux classes possédantes. Alors, croyez-vous donc qu'il est raisonnable de faire une loi dont le sort sera de causer la joie de tous les adversaires que vous combattez et qui vous rendent les coups, et de soulever les colères et les haines de tous ceux à qui vous tendez la main ? Loi qui, au surplus, demeurerait lettre morte ! Croyez-vous, en vérité, que c'est pour cet inutile et désastreux résultat qu'il va falloir légiférer ?

Au contraire, en vous ralliant à l'opinion de la commission vous demanderez une réforme qui ne sera peut-être pas parfaite, mais qui sera appliquée, qui grandira, qui sera susceptible d'améliorations. On procédera par étapes, les textes juridiques connaîtront le contrat collectif, on en aura fait la technique législative : il s'appliquera de plus en plus, et, de plus en plus, prendra tous ses caractères constitutifs. Ainsi vous aurez droit à la reconnaissance du peuple ; ainsi le peuple comprendra que vous voulez faire de la Démocratie.

Une voix. — A l'ordre du jour.

M. GASTON GROS. — Je termine. Vous m'avez interrompu au moment ou je disais : « Je termine », ce qui prouve que les interruptions quel que soit le côté d'où qu'elles viennent ne sont pas toujours opportunes.

Puisque j'en ai terminé avec le contrat collectif, voulez-vous me permettre, pendant de très courts instants, de vous indiquer par quel esprit la commission et son rapporteur voudraient voir inspirer la proposition de loi que nous invitons nos élus à déposer sur le bureau du Parlement ? Si le Congrès estime qu'il est trop tard, et que ces quelques instants ne doivent pas m'être accordés, je me tairai. Mais je crois qu'il est indispensable de poser une fois pour toutes la question de doctrine et qu'on dise si nous devons être un parti de démocratie, d'avenir, ou un parti de conservation sociale. Il faut que nous sachions si nous devons être les lévites préposés à la garde d'un tabernacle dans lequel sont enfermées des formules sacro-saintes ou bien si nous sommes un parti de discussion, et si, d'un geste sacrilège, nous devons ouvrir le tabernacle pour montrer qu'il ne renferme que de l'hypocrisie.

Quand on traite des questions sociales il faut employer les mots dans leur sens exact. On abuse du mot « démocratique » ; les lois qu'on appelle démocratiques ne sont pas toujours démocratiques.

Le terme « démocratie » implique étymologiquement une idée de gouvernement : *Kratos*, autorité, *demos*, peuple, autorité du peuple. Une loi démocratique, pour répondre à son épithète, doit donner au peuple plus d'autorité, c'est-à-dire, plus de droits. Il n'en est pas toujours ainsi dans les lois qu'on nomme démocratiques. L'Impôt sur le revenu n'est pas une réforme démocratique, mais de justice sociale qui répare d'iniques inégalités fiscales : il n'en résulte pas pour le peuple un droit de plus. De même, la loi sur les retraites ouvrières : elle est une loi de solidarité sociale, mais non démocratique parce qu'elle préparait la formation du peuple. Par contre, la loi de 1884 sur les syndicats ouvriers était une loi démocratique, la loi sur l'enseignement primaire obligatoire était une loi démocratique parce qu'elles préparait la formation intellectuelle et morale nécessaire à l'exercice des droits ; la loi de 1901 sur les associations était une loi démocratique.

Nous acceptons bien de faire des sacrifices pécuniaires (*cris : concluez*) pour des lois de justice et de solidarité, mais prenez garde : ceux même qui s'y résignent le plus volontiers, trop souvent ne veulent pas abdiquer quoi que ce soit de leurs privilèges patronaux. Ils ne font pas de démocratie, ils ne veulent pas que le peuple possède quelque droit nouveau.

La société d'avant 1789 a disparu parce qu'elle avait élevé des barrières qu'elle croyait insurmontables pour se conserver, et pourtant elle a cédé devant la civilisation individualiste. Il faudrait être aveugle aujourd'hui pour ne pas voir que la civilisation individualiste cède le pas à une civilisation nouvelle.

Que sera-t-elle ? je ne sais pas ; mais j'ai montré dans mon rapport les fermentations sociales. De tous côtés des groupements se constituent, l'individu spontanément, je ne dirai pas s'asservit, mais abdique un peu de sa liberté intégrale au profit d'un groupement. Il y vient, il s'y inscrit, il en accepte les décisions, et, quoi qu'on fasse, on ne pourra pas empêcher dans la civilisation qui se prépare que le groupement ne s'interpose entre l'individu et la Société.

Il faut choisir : ou s'attacher à la civilisation qui meurt ou aller vers la civilisation de l'avenir. Le groupement s'impose ; vous essayez de l'empêcher, vous espérez arrêter le mouvement syndical, et vous-mêmes vous instituez des syndicats. (*Bruit, interruptions ; cris : conclusions.*)

J'ai terminé, citoyens (*cris : parlez, parlez*) les demandes de conclusion qui viennent de différentes parties de la salle me montrent que le Congrès a saisi ma pensée, et, je l'espère, me prouvent qu'il l'a faite sienne. J'aurais donc mauvaise grâce à insister davantage. Je crois que la preuve est faite et que véritablement vous voulez que nous marchions vers l'avenir ; que s'il est vrai qu'une société nouvelle se prépare, vous voulez que nous en prenions la direction en sacrifiant délibérément toutes les vieilles formules, tous les textes sacrés, toutes les religions sociales qui ont succédé aux religions déistes, puisqu'aussi bien si nous essayons d'entraver la marche de la société de demain, nous serions précipités dans la ruine de celle à laquelle nous aurions lié notre fortune. (*Vifs applaudissements*).

M. FALOT, *président de la commission des réformes sociales*. — La commission a adopté à l'unanimité le vœu rapp' té par notre ami Gros auquel je me permets d'adresser au nom de nous tous les compliments que mérite le travail très important qu'il nous a soumis. (*Applaudissements*.) Mais la commission a considéré ce rapport comme un travail documentaire permettant d'établir une base de discussion ; la commission a aucun moment n'a entendu faire siennes toutes les idées qui y sont exprimées. Ce sera à nous de les discuter dans nos comités et d'apporter des propositions fermes au prochain congrès.

M. HUBBARD. — On ne peut pas discuter tout à la fois ; il faudrait apporter un peu de méthode dans nos travaux.

Nous sommes en face d'une question énorme, extrêmement intéressante. Je viens de parcourir avec intérêt le rapport de notre collègue ; jamais je n'ai si bien compris la nécessité que les rapports soient distribués avant le Congrès.

La question que nous envisageons ne doit pas être traitée au pied levé, tranchée en cinq minutes ; elle mérite tout un congrès. Je demande qu'on n'adopte pas le vœu qui est présenté et qui est en contradiction avec ce que vient de dire le président de la commission. Je prie le citoyen Gros de permettre d'ajourner à l'année prochaine la discussion de ce vœu. Remarquez que personne n'est plus syndicaliste que moi ; seulement je supplie le Parti radical de ne pas chausser les bottes du collectivisme marxite allemand et de bien considérer quelle est la véritable tendance du syndicalisme. Les syndicalistes demandent simplement qu'on n'intervienne pas pour régler les conditions du contrat de travail ; ils demandent qu'on les laisse seuls face à face avec le capital, avec leurs forces de propagande et d'organisation, et que vous ne fassiez pas intervenir vos magistrats, vos gendarmes, votre autorité, pour régler les différends qui se produisent.

Vous ne pouvez pas trancher un pareil problème avant le déjeuner, entre la déclaration verbale et pompeuse du Parti et la clôture du Congrès, Citoyens, vous vous feriez tourner en ridicule par les masses ouvrières.

Le travail du citoyen Gros est remarquable ; c'est un volume qui fait honneur au Parti, mais soyons scientifiques, soyons sérieux ; renvoyez ce débat à l'année prochaine. (*Vifs applaudissements.*)

M. GASTON GROS. — On demande au Congrès de ne pas voter le vœu que la commission m'a chargé de vous proposer. Il faut que le rapporteur justifie les décisions de la commision surtout quand, manifestement, qu'il me permette de le lui dire, une confusion s'est introduite dans l'esprit de Hubbard et qui menace d'égarer le Congrès ; oui, une confusion s'est introduite dans votre esprit de même que vos paroles ont dépassé votre pensée. Je n'en veux pour preuve que la qualification un peu sévère que vous avez donnée à la déclaration du Parti, vous ne vouliez pas dire tout à fait ce que vous avez dit, vous vous êtes mépris sur les intentions de la commission et du rapporteur et sur le langage du président de la commission. Permettez-moi de rectifier d'un mot.

Eh bien, citoyens, voulez-vous lire le vœu très court, très simple, très concis qui vous est soumis ? Est-ce qu'il s'agit d'imposer aux parlementaires l'obligation de voter une proposition de loi ? En aucune façon. Un projet de loi a été déposé par le ministre du Travail à la Chambre. Ce n'est pas en un an que l'on va solutionner cette question.

Il s'agit de déposer un contre-projet qui fera peut-être l'objet d'une discussion à la Chambre, ce n'est pas certain ; en tout cas, l'année prochaine, lorsque cette question reviendra au Congrès au moins on n'objectera pas qu'une étude insuffisante nous empêche de nous prononcer. J'ajoute que le rejet du vœu dont il s'agit serait de la plus grave conséquence (*bruit*). Le Congrès veut-il que je parle.

LE PRÉSIDENT. — Nous avons encore 3 orateurs à entendre et la déclaration du Parti. Je conseillerai à notre ami Gros d'être le plus bref possible.

M. GASTON GROS. — J'aurais terminé si on ne m'interrompait pas. Je dis donc que le rejet de la proposition qui vous est faite constituerait le plus grave danger parce qu'on y verrait l'indice que le Parti radical ne peut pas discuter les réformes sociales...

Plusieurs délégués : C'est exact.

M. GASTON GROS. — ... qu'il les traite par le mépris. Il est assez regrettable qu'on les ait mises à la fin du Congrès. Le rapport a été distribué depuis cinq jours, les congressistes pouvaient s'imposer le travail de le lire, puisque la commission et son rapporteur se sont imposés le travail de le faire.

Si quelques-uns y ont manqué, ce n'est pas une raison pour prétendre que le Congrès ne peut pas se prononcer sur ces réformes et lui demander de les renvoyer aux calendes parlementaires (*cris : aux voix. — La clôture*). (*La clôture est prononcée*).

M. GROS donne lecture du vœu suivant présenté par la commission :

Le Congrès du Parti républicain, radical et radical-socialiste invite les parlementaires, membres du Parti, à déposer un projet de loi sur le Contrat collectif de travail, en s'inspirant à la fois des intérêts économiques et du développement du mouvement syndical.

(*Ce vœu est adopté.*)

LE PRÉSIDENT. — Comme complément, la Commission vous propose les vœux suivants :

Le Congrès émet le vœu que les questions économiques et sociales soumises à la commission des études économiques et à la commission des réformes sociales, notamment la question du Contrat de travail, soient discutées à l'une des premières séances du Congrès de 1911, avant les questions de politique pure.

Le Congrès émet le vœu que le rapport de M. Gaston Gros soit imprimé et envoyé pour étude aux comités affiliés au Parti. Ceux-ci devront le retourner avec leurs observations au Comité Exécutif pour le courant d'avril au plus tard.

Le Congrès émet le vœu que le gouvernement de la République Française prenne l'initiative de la réunion d'une conférence internationale du travail réunissant des patrons, des ouvriers et des plénipotentiaires des divers pays, pour examiner et résoudre en commun les questions économiques et les conflits du travail susceptibles d'avoir une répercussion sur les relations internationales.

(Ces vœux sont adoptés.)

LE PRÉSIDENT. — Nous sommes saisis d'une motion présentée par les comités radicaux de la 2e circonscription du 13e arrondissement de Paris, signée de MM. Ferdinand Buisson, Henry Rousselle, Lavignon, Bereaux-Potonnié, Beaufils et Pinot, et dont voici le texte :

Le Congrès du Parti radical et radical-socialiste réuni à Rouen, considérant qu'avant de proposer ou de compléter des mesures légales propres à garantir aux travailleurs de tous ordres et des deux sexes, la liberté et le produit de leur travail, notre Parti a le devoir de faire appliquer les lois sociales votées par le Parlement grâce aux laborieux et constants efforts du Bloc républicain.

Donne mandat à tous les élus radicaux et radicaux-socialistes de voter dès le budget de cette année les ressources permanentes nécessaires à l'application et au fonctionnement de la loi des retraites ouvrières à partir du 1er avril 1911.

(Cette motion est adoptée.)

Le Congrès renvoie au Comité Exécutif, pour étude, un vœu relatif au régime transitoire de la régie intéressée pour les services publics que les municipalités pourraient être appelées à exploiter.

M. LE PRÉSIDENT. — J'ai reçu un certain nombre de vœux non soumis aux commissions du Congrès; conformément au règlement, nous les renvoyons au Comité Exécutif. *(Assentiment.)*

La parole est à M. Steeg pour la lecture de la déclaration du Parti.

k

DECLARATION
DU PARTI RADICAL ET RADICAL-SOCIALISTE

présentée par M. STEEG, député,
et adoptée par acclamation par le Congrès

Messieurs,

Dans le congrès qui s'achève, les organisations républicaines radicales et radicales-socialistes ont manifesté avec autant d'énergie que de franchise leur vitalité frémissante. Elles ont affirmé un noble souci de leur dignité, exprimé leurs inquiétudes, proclamé leurs aspirations.

Il est de mode, dans certains milieux qui se croient distingués, de dédaigner ces groupements où un attachement profond à un commun idéal réunit les travailleurs de toute condition. Revendiquons hardiment l'œuvre que ces comités ont accomplie pour la République et pour le peuple. N'est-ce pas eux qui se sont dressés aux heures difficiles contre les engouements irréfléchis d'une opinion aveuglée, de toute la clairvoyance de leur conviction démocratique, de toute la vigilance de leur foi républicaine ? Lors du boulangisme, lors du nationalisme, pour ne rappeler que des événements dont vous gardez le souvenir, ce sont les organisations républicaines qui ont brisé par leur discipline et leur désintéressement l'assaut mené par des coalitions, où les intérêts les plus contradictoires et les plus égoïstes se paraient des formules les plus séductrices.

A un libéralisme de mots, à un nationalisme de parade, vous avez opposé victorieusement votre claire intelligence des conditions d'une liberté réelle et des intérêts fondamentaux de la patrie républicaine.

Vous avez institué sur toute la surface du pays des foyers ardents d'éducation civique. Vous avez voulu faire descendre de plus en plus la République dans les faits et les mœurs en incitant tous les citoyens à suivre d'un regard de plus en plus attentif la direction de la chose de tous. Ceux-là seuls pourraient estimer qu'il y a là indiscrétion et abus qui voudraient laisser aux seules volontés d'une oligarchie la gestion du patrimoine national. Vos comités ont été des centres de discussion, jamais vous n'avez songé à imposer l'orthodoxie tyrannique d'une formule figée, mais, au contraire, vous avez invité vos militants à chercher par la réflexion sincère, par la discussion ample, par l'examen désintéressé des doctrines et des faits, la solution des problèmes que posent l'évolution économique et le mouvement des idées.

C'est à cette préoccupation de la sauvegarde et du développement de la pleine liberté intellectuelle du citoyen de la République que vous avez obéi en vous attachant de tout votre cœur et de toute votre raison à la défense et au progrès de l'école laïque dans votre pays. Vous ne l'avez jamais considérée comme une arme de bataille contre des convictions qui ne sont pas les nôtres. Vous avez voulu enseigner à l'enfant les solides vertus, plus nécessaires dans une démocratie que dans tout autre régime, le sentiment de sa dignité, le respect de la vérité, l'attachement indéfectible à la justice.

Vous ne vous êtes pas contentés d'affirmer par des déclarations plus ou moins tapageuses, l'intérêt que vous portez à l'école, vous l'avez manifesté d'une façon éclatante par vos efforts infatigables, en vous attachant à la continuer, à assurer par des initiatives individuelles ou collectives les conditions économiques et sociales de son action. N'est-ce pas vous, militants du Parti radical et radical-socialiste qui, le plus souvent, avez créé les caisses des écoles, les patronages laïques, les associations d'anciens élèves qui rendent plus vif et plus bienfaisant le rayonnement de l'œuvre scolaire ? Non, quoi qu'on en ait dit, vous ne vous êtes pas jetés gémissants et pleurants aux pieds du gouvernement en le suppliant d'accomplir de force ce qui dépend de l'action libre, de la propagande désintéressée. Mais, aujourd'hui, vous vous tournez vers vos élus et poussez à leurs oreilles un cri d'alarme en leur rappelant que partout l'école est devenue le point de contact et de conflit de l'Eglise et de l'Etat par ailleurs séparés ; vous leur dénoncez les procédés sournois et brutaux par lesquels on essaye d'annihiler les efforts de nos instituteurs en exploitant la faiblesse de l'enfant et, ce qui est plus abominable encore, la détresse matérielle des familles. Qui, mieux que vous, connaît ces manœuvres qui se multiplient au village où, sous la menace de châtiments éternels et sous l'action moins problématique d'un boycottage odieux, les parents se voient contraints de retirer à l'instituteur laïque, qu'ils estiment et qu'ils aiment, les enfants dont ils auraient voulu faire des volontés fortes et de libres esprits ?

Comment la majorité républicaine, comment le gouvernement qui doit en être la fidèle émanation pourraient-ils ne pas vous suivre, ou plutôt ne pas vous précéder dans un effort qui intéresse la vie même de la démocratie républicaine. Tout retard serait défection, toute diversion, trahison.

Prolongée, perfectionnée, assouplie aux besoins changeants de l'activité économique, aux exigences de la vie professionnelle, l'école ne sera cependant pas suffisamment défendue si l'on ne se dresse pas résolument en face de l'investissement dont elle est menacée. Ce n'est pas qu'à nos yeux le gouvernement ait pour mission d'opprimer les uns au bénéfice des autres, de favoriser les passions de la majorité ? Non, son devoir impérieux est de lutter contre toutes les oppressions et de défendre l'individu isolé et faible contre les organisations d'autorité, de fanatisme ou de haine qui s'efforcent de l'annihiler sous leur pesante domination. Comment défendre tous les instituteurs contre une surveillance qui les paralyse, qui les humilie ? Comment défendre toutes les familles contre l'asservissement intellectuel et matériel d'une Eglise de plus en plus fanatique, de plus en plus hostile à la démocratie, de plus en plus étroitement solidaire, nous le voyons surtout dans l'Ouest, de la grande propriété terrienne. Contre de telles forces, la démocratie fait appel à la protection de l'Etat. Elle ne saurait admettre que, sous prétexte de s'opposer à je ne sais quelle tyrannie des majorités, on subordonne la nation aux exigences arrogantes de minorités déjà riches de privilèges. Les républicains n'ont jamais demandé un régime de faveurs capricieuses et déprimantes, mais ils entendent que la confiance affectueuse de l'Etat les aide à préparer la justice par l'équitable protection des faibles contre les abus, tous les abus, de la force.

Cette protection doit s'étendre au delà de l'école. Que l'on ne dise pas que le souci permanent de sauvegarder et d'assurer l'épanouissement de l'œuvre de laïcité nous obsède au point de nous empêcher de voir d'autres problèmes qui se posent de plus en plus pressants, de plus en plus troublants, à mesure que le progrès lui-même fait surgir de nouveaux besoins. Nous savons bien qu'il n'est pas d'affranchissement politique possible dnas la torpeur des esprits ; il ne peut naître d'esprits libres sous la tyrannie de la misère et de la faim.

Œuvre sociale, œuvre laïque se complètent, se continuent, se soutiennent réciproquement. Votre idéal est de favoriser le développement d'individualités fortes et saines dans un milieu social purifié et anobli. Certes, réaliser cet idéal est difficile, s'il est aisé de le formuler. La tâche suppose l'effort continu d'un labeur quotidien, inspiré par la vue précise du but, par la détermination scientifique des moyens. Mais n'est-elle pas de longtemps entreprise, n'avons-nous pas par des actes, par des réalisations positives, montré l'efficacité de notre méthode ? Faut-il vous rappeler l'œuvre de ces dix dernières années, les lois relatives à la protection de l'enfance, à l'hygiène du travail, à la vieillesse des travailleurs ?

C'est à cette méthode pénétrée d'idéalisme, mais soucieuse de réalisme fécond, que nous entendons demeurer fidèles, nous gardant également des négations commodes, des surenchères faciles. Ne promettons que ce que nous savons pouvoir tenir. En évitant les excès d'une rhétorique démagogique nous ne nous exposerons pas à démentir, par notre impuissance dans l'action, l'impatience téméraire de nos prophéties. Libre aux uns de railler notre effort, de dénigrer nos propositions de loi, tandis qu'ils négligent de nous exposer leur programme et se contentent de s'emparer du nôtre. Libre aux autres de répandre l'alarme autour de nos projets, de nous présenter comme les « fourriers de la révolution sociale ». Entre le dogmatisme chimérique des uns et la pusillanimité des autres, il y a place pour l'action généreuse de notre Parti. Elle s'exerce dans tous les domaines. Ce n'est pas ici le moment d'énumérer la série des articles de notre programme. Sous leur diversité complexe circule la même volonté passionnée d'équilibre, de bien-être, de justice et de fraternité.

Les débats du congrès lui-même attestent notre souci constant de ne rien laisser prescrire des améliorations ou des réformes que nos précédentes réunions avaient placées à l'ordre du jour. Sur tous les points votre obstiné désir d'incessants progrès s'est, une fois de plus, affirmé. Vous avez demandé au Sénat de hâter le vote définitif de la réforme fiscale : elle ne s'impose pas seulement par des considérations d'élémentaire justice, elle est dictée par l'impérieuse nécessité où nous sommes d'adapter notre système d'impôts aux exigences de l'équilibre financier, aux besoins de l'activité économique et de la prospérité industrielle ; les vieilles taxes qui portent sur les dépenses, accablent les familles nombreuses, alourdissent terriblement le prix de la vie. Le renchérissement inquiétant des denrées de première nécessité a retenu votre attention soucieuse de réalités positives et vous nous avez invités à étudier les moyens qui s'opposeraient à ce qu'une spéculation sans entrailles vienne aggraver la détresse que provoque dans les ménages d'ouvriers une récolte déficitaire.

Contre les syndicats d'accaparement vous demandez au gouvernement de prendre les mesures tutélaires aussi indispensables au consommateur qu'au producteur lui-même.

Nous ne pensons pas qu'il soit de l'intérêt de la société, ni de notre Parti de préparer la reprise par la collectivité des instruments de production, la répartition administrative de tous les produits ; mais nous affirmons le droit pour l'Etat de contrôler les puissances financières, de limiter leurs empiètements, de prévenir leur tyrannique domination.

L'Etat doit demeurer le maître dans l'Etat ; mais que partout où il exerce son autorité, la responsabilité soit à côté du pouvoir ; que dans tous les services publics l'exemple soit donné d'une gestion probe, attentive, passionnément soucieuse de l'intérêt social. Nous aussi, nous voulons que l'ordre règne mais à tous les degrés de la hiérarchie, en haut et en bas, que chefs et subordonnés se sentent rapprochés dans le même sentiment du devoir, dans le même respect de la loi, dans le même dévouement à la République.

Alors que de différents côtés on nous accuse de nous cramponner désespérément à un système électoral, condition suprême d'une autorité défaillante, vous avez abordé dans un débat remarquable par la largeur des vues qui ont été présentées, par le respect cordial et réciproque des opinions, l'examen de la réforme électorale. Vous vous êtes prononcés pour l'élargissement du scrutin, qui favorise le choc des idées, plutôt que la jalousie des hommes. Mais l'unanimité s'est faite sur le devoir qui s'impose à nous d'organiser, sur un plan de plus en plus strict, l'armature de notre Parti.

Vous entendez que cette organisation soit démocratique pour que les décisions que vous serez appelés à prendre soient l'expression de la volonté commune de tous les citoyens qui se réclament de notre programme. Vous prétendez donner à notre Parti la force et l'autonomie, non pas dans une pensée d'exclusivisme stérile mais dans un désir de féconde émulation. Tous les républicains qui se heurtent aux mêmes adversaires que nous-mêmes peuvent être assurés de notre cordial concours, toutes les fois qu'ils lutteront pour le triomphe de la République et du progrès social.

Non, nous ne sommes pas des hommes de haine, nous sommes des pacifiques ; pacifiques, nous le sommes en dehors autant que la sécurité du pays le comporte ; au dedans, nous nous sommes trop attachés aux traditions républicaines d'unité nationale pour risquer par des déchirements fratricides d'affaiblir notre patrie.

Nous checherons sa grandeur dans la concorde, la tolérance mutuelle, le respect réciproque de la pensée de chacun.

Pacifiques, nous ne sommes pas apaisés. Nous ne sommes pas apaisés parce que nous poursuivons de toute l'ardeur de notre sincérité, de toute la ferveur de notre enthousiasme, le succès de l'œuvre à laquelle nous avons librement donné notre adhésion. Notre action se heurte constamment aux ennemis avoués, aux adversaires sournois. Elle se heurte aux privilèges qui ne veulent pas transiger, aux organisations oppressives qui ne consentent pas à abdiquer.

Ce n'est pas contre des individus que nous sommes et que nous demeurons en bataille. C'est contre des systèmes dont ils sont parfois les jouets inconscients, parfois aussi les bénéficiaires. Et comment professerions-nous à leur égard des sentiments de mépris et de haine, alors que tout notre effort d'inlassable propagande tend à faire pénétrer en eux la pensée émancipatrice qui, débordant nos frontières, fait frissonner les peuples qui s'éveillent à la liberté.

Oui, nous appelons sans cesse à nous des recrues nouvelles, elles viennent de plus en plus nombreuses ; saluons ces militants, enfin victorieux, que la Bretagne, la Vendée, la Lorraine nous envoient pour les représenter, Mais comment pourrions-nous confondre les artisans laborieux de la victoire avec ceux qui n'en sont que les tardifs courtisans ? Comment pourrions-nous oublier sans imprudence qu'il est des hommes qui se réclament aujourd'hui de la République triomphante, qui ne voulurent pas la défendre aux heures de péril ? qui consisterait dans la faculté pour nos adversaires seuls de continuer le combat ?

Toutes les polémiques, les sommations, les railleries, ne changeront rien à la situation de notre Parti. Il ne reniera rien, ni son passé, ni sa personnalité, ni ses espérances, il sait que l'énergie républicaine s'en trouverait amoindrie. Il ne s'enlisera pas dans la stagnation, il ne s'aventurera pas dans la violence. Il poursuivra son œuvre de justice fraternelle qui rendra la France de plus en plus respectée au dehors, de plus en plus chérie au dedans.

(La déclaration est adoptée à l'unanimité).

Le Président. — Messieurs, permettez-moi, au nom d'un grand nombre de nos collègues de vous présenter une dernière proposition. Nous vous demandons d'acclamer président d'Honneur du Comité Exécutif M. le sénateur Vallé, président sortant du Comité Exécutif. (*Longs applaudissements. — Acclamations prolongées*).

Nous voici, mers chers collègues, à la fin de nos travaux ; je tiens à vous remercier du grand honneur que vous m'avez fait en m'invitant à présider cette séance. Je suis profondément touché de cette marque d'affectueuse estime que vous avez bien voulu donner à un vieux républicain.

Je vous demanderai d'exprimer toute notre gratitude à nos amis de la Seine-Inférieure qui n'ont rien négligé pour l'excellente organisation de ce Congrès. Nous remercions vivement le personnel des postes et télégraphes dont le concours nous a été des plus utiles et dont le service a été irréprochable. Nous remercions tous ceux qui de près ou de loin, ont apporté leur collaboration à l'organisation de ce congrès.

Vous avez, mes chers collègues, fait d'excellente besogne. Ce congrès est un de ceux qui ont le plus et le mieux travaillé. Des questions très délicates vous étaient soumises ; vous les avez étudiées et discutées avec une dignité qui fait honneur à notre Parti. Soyez convaincus que vous avez fait œuvre utile pour le grand Parti radical et radical-socialiste.

Mes chers collègues, je déclare clos le dixième Congrès de notre Parti en vous invitant à crier avec moi : « Vive la République démocratique ! » (*Applaudissements répétés et prolongés*).

La séance est levée à 11 h. 3ɔ.

COMITÉ EXÉCUTIF

(Exercice 1910-1911)

BUREAU DU COMITÉ EXÉCUTIF

Président

M. Emile COMBES, sénateur de la Charente-Inférieure, ancien Président du Conseil des Ministres.

Vice-présidents

MM. BEAUVISAGE, sénateur du Rhône.
BOURELY, député de l'Ardèche.
DALIMIER, député de Seine-et-Oise.
DRON, député du Nord.
Maurice FAURE, sénateur de la Drôme.
Henri MICHEL, sénateur des Basses-Alpes.
RANSON, sénateur de la Seine.
RICHARD, sénateur de Saône-et-Loire.
AMOUROUX (Seine).
J.-L. BONNET (Mayenne).
F. CAHEN (Seine).
CHAUTARD (Seine).
Emile DESVAUX, conseiller municipal de Paris.
FABIANI (Corse).
F. LEFRANC (Pas-de-Calais).
H. ROUSSELLE, conseiller municipal de Paris.

Secrétaires

MM. H. COSNIER, député de l'Indre.
DREYT, député des Hautes-Pyrénées.
DUMESNIL, député de Seine-et-Marne.
GASPARIN, député de la Réunion.
HAUDOS, député de la Marne.
PELISSE, député de l'Hérault.
G. POULLE, sénateur de la Vienne.
CHATENET (Seine).
F. CHAZOT (Hérault).
DELPECH (Lot-et-Garonne).
A. DOMINIQUE (Seine).
J. DURAND (Seine).
E. LAURENT (Seine-et-Oise).
M. MILHAUD (Seine).
VEIL (Loire-Inférieure).

MEMBRES DU COMITÉ EXECUTIF

MEMBRES D'HONNEUR

MM. HENRI BRISSON, député, Président de la Chambre des députés, ancien Président du Conseil des Ministres.

LÉON BOURGEOIS, sénateur, ancien Président de la Chambre des députés, ancien Président du Conseil des Ministres.

CAMILLE PELLETAN, député, ancien Ministre de la Marine.

EMILE COMBES, sénateur, ancien Président du Conseil des Ministres.

GÉNÉRAL ANDRE, ancien Ministre de la Guerre.

VALLE, sénateur, ancien Ministre de la Justice.

DELPECH, sénateur de l'Ariège.

BLANCHON, conseiller général de la Seine.

LAFFERRE, député de l'Hérault.

DÉLÉGUÉS DÉPARTEMENTAUX

Ain

MM. A. BERARD, sénateur.

D' EDOUARD, conseiller général, à Châtillon-sur-Chalaronne.

JULLIARD, maire de Brénod.

MICHAILLARD, conseiller d'arrondissement à Izernore.

RAVIGNIER, à Bourg.

Aisne

MM. CECCALDI, député.

COUESNON, député.

HAUET, député.

MAGNIAUDE, député.

BUGNICOURT, publiciste, à Chauny.

DESBRUYERES, à Soissons.

DUSSOLON, publiciste, à Vervins.

GROZO, à Saint-Quentin.

LEDUC, à Saint-Quentin.

POUILLART, président de la Fédération départementale.

Allier

MM. GACON, sénateur.

VILLE, sénateur.

ALEXANDRE, à Paris.

G. BESSIÈRE, à Paris.
A. BRISSON, à Nogent-sur-Marne (Seine).
J. LEFEBVRE, à Paris.
MANENTAZ, à Nogent-sur-Marne (Seine).
Marcel REGNIER, ancien député.

Basses-Alpes

MM. Henri MICHEL, sénateur.
PÉLISSIER, sénateur.
PERCHOT, député.
G. HUBRARD, conseiller général.
TIRRIBILLOT, à Paris.

Hautes-Alpes

MM. L. CLUZEL, à Paris.
FERRARY, à Versailles (Seine-et-Oise).

Alpes-Maritimes

MM. DONADEI, député.
ARLUC, à Cannes.
DUFRÈNE, publiciste, à Nice.
Jules SIOLY, à Nice.
STRAUSS, publiciste, à Paris.

Ardèche

MM. BOISSY D'ANGLAS, sénateur.
ASTIER, sénateur.
BOURELY, député.
CUMINAL, à Paris.
HUITRIC, à Privas.
MURAT, à Paris.
Isaac PONTON, conseiller municipal, à la Voulte-
sur-Rhône.

Ardennes

MM. FAGOT, sénateur.
Albert GÉRARD, sénateur.
GOBRON, sénateur.
Frédéric BACOT, à Sedan.
CORNEAU, publiciste, à Charleville.
FENAUX, conseiller général, à Givet.
OLLIVET, conseiller général, à Mouzon.

Ariège

MM. DELPECH, sénateur.
Général PÉDOYA, député.

CHARLES, conseiller général, à la Bastide-de-Sé-
rou.
GACHES, à Paris.
LAFAGETTE, avocat, à Foix.
PENENT, maire de Lézat.

Aube

MM. CASTILLARD, sénateur.
BACHIMONT, député.
Paul MEUNIER, député.
Paul CAILLOT, avocat, à Paris.
DENIZOT, conseiller général, à Saint-Parres-aux-
Tertres.
ISRAËL, publiciste, à Paris.
PASQUAL, à Troyes.

Aude

MM. BARBAZA, sénateur.
GAUTHIER, sénateur.
DUJARDIN-BEAUMETZ, député.
J. DURAND, député.
MALAVIALLE, député.
Albert SARRAUT, député.
SAUZÈDE, député.
Raoul PRADEL, à Paris.

Aveyron

MM. BALITRAND, député.
Louis BOS, conseiller général, maire de Decaze-
ville.
A.-H. CANU, publiciste à Paris.
PREVOT, à Paris.
SIMAN, conseiller municipal à Rodez.

Bouches-du-Rhône

MM. VELTEN, sénateur.
Henri BRISSON, député.
Camille PELLETAN, député.
BARYELLON, publiciste à Arles.
Benjamin CHAPPE, à Allauch.
ESTIER, avocat à Marseille.
GAVAUDAN, à Salon.
Docteur GERBER, à Marseille.
GIRARD, conseiller général à Salon.
ISSARTIER, à Marseille.
Pascal LUCIEN, à Marseille.
MONDOLFI, à Marseille.
PASQUET, conseiller général à Tarascon.

Calvados

MM. CHERON, député.
BERGER, à Vire.
ELSIGNE, à Lisieux.
FOUQUET à Caen.
LEVAVASSEUR, à Ussy.
Docteur NOURY, à Caen.
SCELLES, à Tournebu.

Cantal

MM. LINTILHAC, sénateur.
F. BADUEL, député.
Fernand BRUN, député.

Charente

MM. A.-L. BUROT, à Nogent-sur-Marne (Seine).
Louis FEVRIER, avocat, à Paris.
FOMBELLE, à Genac.
FOUCAUD-VILLATTE, publiciste, à Angoulême.

Charente-Inférieure

MM. Emile COMBES, sénateur.
Paul ROUVIER, sénateur.
A. HESSE, député.
NICOLLE, député.
REVEILLAUD, député.
BIGNON, à Beauvais-sur-Matha.
CHEVALIER, à Surgères.
MARTIN, conseiller municipal, à Surgères.
MORISSET, à Cressé.
RIGNOUX, maire de Surgères.
TOURNAT, à Surgères.

Cher

MM. J.-B. MORIN, député.
BOURDEAU, à Bourges.
COLLIN, conseiller général, à Saulzais-le-Potier.
Gerard DUCREUX, à Paris.
VESLIN, à Argent.

Corrèze

MM. DELMAS, député.
LACHAUD, député.
MONS, député.
TAVE, député.
CHABRAT, conseiller général, à Ussel.

ESTORGES, conseiller d'arrondissement à Tulle.
PATRAUD, à Tulle.

Corse

MM. GABRIELLI, sénateur.
PERALDI, sénateur.
ADRIANI, député.
BALESI, député.
AJACCIO, avocat, à Bastia.
CECCALDI, publiciste, à Paris.
FABIANI, avocat, à Paris.
GIACOMETTI, conseiller général de la Corse.

Côte-d'Or

MM. CHARLES, député.
LE ROY, à Dijon.
LEVÈQUE, à Paris.
F. MICHAUT, à Châtillon-sur-Seine.
RADOUAN, à Dijon.

Côtes-du-Nord

MM. TURMEL, député.
BLANCHETON, à Vincennes (Seine).
G. BODEREAU, à Paris.
CHERON, à Saint-Maur (Seine).
V. DEYFUS, à Paris.
FICHET, à Paris.
GARIBAL, à Montrouge (Seine).
GUELPA, à Paris.
F. MORIN, à Colombes (Seine).

Creuse

MM. DEFUMADE, sénateur.
SIMONET, député.
BRIGHAUX, à Paris
EMILE COULON à Guéret.
DUPERIX-LAVETIZON, conseiller général à Saint-
    Merd-la-Breuille.
RIFFATERRE. conseiller général, à Bourganeuf.

Dordogne

MM. CLEMENT CLAMENT, député.
SIREYJOL, député.

Doubs

MM. BORNE, sénateur.
BEAUQUIER, député.

METIN, député.
MARC REVILLE, député.
ANDRADE, professeur à Besançon.
MAURICE BERNARD, conseiller général.
FELIX JULIEN, industriel à Besançon.
TRAMU, conseiller général à Boussières.

Drôme

MM. LOUIS BLANC, sénateur.
CH. CHABERT, sénateur.
MAURICE FAURE, sénateur.
LUCIEN BERTRAND, député.
CHARLES CHABERT, député
MABILON, à Paris.
NIVON, à Paris.
PEYRE, à Paris.
SAUTAREL, à Paris.

Eure

MM. ABEL LEFEVRE, député.
EMILE ANTIGES, à Beaumesnil.
CYRUS LEFEVRE, à Beaumont-le-Roger.
LEGRAND, à Landepereuse.
PELVILAIN, à Saint-Aubin-des-Hayes.

Eure-et-Loir

MM. LOUIS BAUDET, député.
CHEVILLON, à Paris.
JOUANNEAU, avocat, à Paris.
OULIF, à Dreux.
Dr POUPON, conseiller d'arrondissement.

Finistère

MM. DUBUISSON, député.
LE LOUEDEC, député.
ANTONINI, à Brest.
BERREHAR, à Brest.
LEFAUX, à Brest.
MOCAER, à Lambézellec.
NATALINI, à Brest.
PENE, à Paris.
POCHARD, à Brest.
LOUIS TISSIER, à Paris.

Gard

MM. BONNEFOY-SIBOUR, sénateur.
CREMIEUX, sénateur.
DOUMERGUE, sénateur.

GACHON, professeur, à Montpellier.
Docteur GASCUEL, adjoint au maire, à Alais.
Docteur MOURIER, conseiller général à Vézenobres.
Josias PAUT, conseiller général, à Nîmes.
Marcel ROGER, à Paris.
Sully THOMAS, conseiller général, à Nîmes.

Haute-Garonne

MM. H. LEYGUE, sénateur.
Raymond LEYGUE, sénateur.
BOUGUES, député.
CRUPPI, député.
GHEUSI, député.
RUAU, député.
AMEDEE, à Toulouse.
BILLOT, maire de Castanet.
Félicien COURT, à Toulouse.
DOMERGUE, à Toulouse.
Paul FEUGA, adjoint au Maire à Toulouse.
MARROT, conseiller général à Toulouse.

Gers

MM. DESTIEUX-JUNCA, sénateur.
SANCET, sénateur.

Gironde

MM. BAUDRY, à Bordeaux.
BOURGOING, à Bordeaux.
Docteur BOYMIER, à St-Vivien.
CAUDERON, à Bordeaux.
DUTERT, à Bordeaux.
DUVERGE, à Bordeaux.
FEDEL, à Bordeaux.
NOUZAREDE, à Bordeaux.
ROUSSIE, conseiller d'arrondissement à Bordeaux.
Docteur TURON, à Saint-Médard-en-Jalles.

Hérault

MM. LAFFERRE, député.
PELISSE, député.
CADENAT, conseiller général à Marviel-les-Béziers.
CAFFORT, conseiller général, à Olouzac.
CHAZOT, conseiller général de la Seine, à Paris.
GARIEL, publiciste à Montpellier.
GUILHAUMON, à St-Cloud (Seine-et-Oise).
LARDAT, conseiller général, à Gignac.

Ille-et-Vilaine

MM. HENRY BERENGER, publiciste à Paris.
BOKANOWSKI, avocat à Paris.
DOTTIN, professeur, à Rennes.
GASNIER-DUPARC, avocat à Saint-Malo.
Docteur KERAMBRUN, à Hédé.
LEROUX, publiciste à Rennes.
MALAPERT, avocat, à Rennes.
QUEROY, à Paris.

Indre

MM. LEGLOS, sénateur.
H. COSNIER, député.
EMILE BOURIN, à Châtillon-sur-Indre.
Louis BOUSSAC, à Châteauroux.
H. DAUTHY, ancien député, à Paris.
PAUL TISSIER, à Paris.

Indre-et-Loire

MM. RIC PARIS, sénateur.
RENÉ BESNARD, député.
FOUCHER, député.
ARRAULT, publiciste, à Tours.
CAMILLE CHAUTEMPS, avocat, à Tours.
CASNIER, à Langeais.
RABAULT, à Sepmes.

Isère

MM. JOUFFRAY, sénateur.
G. RIVET, sénateur.
CHANOZ, député.
LÉON PERRIER, député.
BELMONT, avoué, à Bourgoin.
Docteur BOUILLET, à Paris.
CHENAVAZ, ancien député à Saint-Etienne-de-
   Saint-Geoirs.
DUMOLARD, conseiller général, à Grenoble.
RAJON, ancien député, à Paris.
SAUTREAUX, conseiller général, à La Côte-Saint-
   André.

Jura

MM. STEPHEN PICHON, sénateur.
TROUILLOT, sénateur.
CHAPUIS, député.
CHARLES DUMONT, député.
PONSOT, député.
ERNEST AUBLANC, publiciste, à Paris.

Landes

MM. MILLIES-LACROIX, sénateur.
BOUYSSOU, député.
LOUSTALOT, député.
BEZOS, conseiller général, à Brocas-les-Forges.
CASTAIGNÈDE, à Sorre.
LABROQUETTE, à Mont-de-Marsan.
SARRADE, à Aire-sur-l'Adour.

Loire

MM. DRIVET, député.
DURAFOUR, député.
ALEX, à Roanne.
AUDUC, à Saint-Etienne.
DOUNY, à Firminy.
JAILLARDON, à Saint-Etienne.
MONOD, conseiller général, à Saint-Martin-d'Es-
treaux.
Pierre ROBERT, avocat, à Montbrison.
REY, à Saint-Etienne.

Haute-Loire

MM. FAYOLLE, conseiller général, à Paulhaguet.
JOUBERT-PEYROT, conseiller général, à Tence.
MARGUIER, publiciste, au Puy.
PAGES-RIBÈYRE, conseiller général, au Puy.

Loire-Inférieure

MM. DELAROCHE-VERNET, député.
GUIST'HAU, député.
CHATELLIER, à Héric.
DAVID, à Nantes.
FOUCAULT, à Nantes.
LEBRUN, à Nantes.
LELORD, conseiller général, à Sainte-Etienne-de-
Montluc.
PETIT, à Nantes.
VIEL, adjoint au maire de Nantes.

Loiret

MM. Fernand RABIER, député.
VAZEILLE, député.
BRUANT, à Orléans.
GOUCHAULT, à Orléans.
HOLZINGER, à Montargis.
René WEILL, avocat à Paris.

Lot

MM. LOUBET, sénateur.
BECAYS, député.
MALVY, député.
Dr DARQUIER, maire de Cahors.
Dr FONTANILLE, conseiller général à Gourdon.
MURAT, à Paris.
TALOU, conseiller général, à Toulouse.

Lot-et-Garonne

MM. CELS, député.
BEAUSSEIN, publiciste, à Agen.
G. DELPECH, conseiller général, à Agen.
A. DURAND, avocat, à Agen.
LAGASSE, ancien député, à Paris.

Lozère

MM. MONESTIER, député.
AUSSET, conseiller général, à St-André-de-Lancize.
Louis DREYFUS, ancien député.

Maine-et-Loire

MM. GIOUX, député.
Abel BOUTIN, avocat, à Paris.
DESETRES, conseiller général, à Angers.
MILON, conseiller général, à Brissac.
PERSUY, conseiller municipal, à Saumur.
Docteur PETON, maire de Saumur.
ROLAND, publiciste, à Saumur.

Manche

MM. CHEVALIER, avocat, à Paris.
DELAGARDE, avocat, à Cherbourg.
HESLOUIN, maire de Hamelin.
JEHENNE, conseiller général, à Saint-Malo-de-la-
    Lande.
LEBRUN, à Paris.
RINGARD, à Cherbourg.

Marne

MM. Léon BOURGEOIS, sénateur.
MONTFEUILLART, sénateur.
VALLE, sénateur.
HAUDOS, député.
MARGAINE, député.
Docteur PECHADRE, député.
BARCHAT, maire de Vitry-le-François.
BERNARD, maire de Châlons-sur-Marne.

DAILLY, publiciste, à Reims.
FERIN, conseiller général, à Sermaize-les-Bains.
MIGNOT, à Reims.
GAILLEMAIN, conseiller général, à Epena.
GERAUDEL, conseiller général, à Sainte-Menehould.

Haute-Marne

MM. DARBOT, sénateur.
DESSOYE, député.
LEVY-ALPHANDERY, conseiller général, à Chaumont.
LISSE, maire de Chaumont.
RENARD-ROUVERT, à Langres.
Emile WILHELEM, maire de Langres.

Mayenne

MM. J.-L. BONNET, publiciste, à Paris.
Pierre BORDEAU, à Mayenne.
Docteur DUPRE, à Laval.

Meurthe-et-Moselle

MM. G. CHAPUIS, député.
MEQUILLET, député.
Docteur Henri AIME, à Nancy.
BERNARDIN, à Pont-à-Mousson.
Général GODART, président de la Fédération de Meurthe-et-Moselle.
LARCHER, avocat, à Nancy.
LABATUT, publiciste, à Nancy.
TARTARY, à Longuyon.

Meuse

MM. LEFEBURE, député.
Joseph CHARLES, à Paris.
MARTINOT, à Paris.
OSTREICHER, à Paris.
POTERLOT, conseiller d'arrondissement, à Stenay.

Morbihan

MM. BRARD, député.
LE ROUZIC, député.
Louis NAIL, député.
BOULIGAND, conseiller général, à Lorient.
BOUTHELIER, à Lorient.
HAMONOU, à Paris.
LOUEL, à Lorient.
MACREZ, à Lorient.
LE PEN, à Paris.

Nièvre

MM. D'AUNAY, sénateur.
MASSE, député.
RENARD, député.
C. GOUJAT, ancien député, à Paris.
MAGNIEN, conseiller général, maire de Metz-le-
Comte.
ŒSINGER, avocat, à Nevers.
VIROT, publiciste, à Nevers.

Nord

MM. POTIE, sénateur.
DEFONTAINE, député.
DRON, député.
GUISLAIN, député.
PASQUAL, député.
Georges POTIE, député.
BERTIAUX, à Valenciennes.
BOUREE, à Lille.
L. CAHEN, à Lille.
CLIQNENNOIS, à Lille.
Docteur DEBIERRE, président de la Fédération du
Nord.
DELECROIX, maire d'Hem.
D'HOOGHE, avocat, à Douai.
J. DUFLOT, à Somain.
HAYEM, à Lille.
Jean HENDRIKS, à Lille.
Docteur LABBE, à Roubaix.
G. LEVY, négociant, à Lille.
MARIAGE, à Lille.
MOURMANT, à Lille.
G. PETIT, à Lille.
PIOLAINE, à Lille.
SELLIEZ, à Roubaix.
SPRIET, avocat, à Lille.
TETE, à Hondschoote.
VILLARD, adjoint au maire, à Armentières.
VOLLAEYS, avocat, à Dunkerque.

Oise

MM. E. DUPONT, sénateur.
BOUFFANDEAU, député.
Docteur CHOPINET, député.
BUTIN, ancien député, à Margny-les-Compiègne.
DE BATZ, publiciste, à Paris.
JARRY, à Marissel.
Martin MAMY, publiciste, à Beauvais.
Docteur PAUTHIER, à Senlis.
C. RENARD, à Ferrières.

Orne

MM. FABIUS-DE CHAMPVILLE, publiciste, à Paris.
GILLOT, à Condé-sur-Huisne.
Docteur JAY, à Condé-sur-Huisme.
WATTREMER, industriel, à Cébon.

Pas-de-Calais

MM. LOTH, député.
Docteur BERQUET, à Calais.
BUTEL, à Boulogne-sur-Mer.
DUBOURCQ, à Montreuil-sur-Mer.
DUPONT, conseiller d'arrondissement d'Auchel.
LEMAITRE, conseiller général, à Boulogne-s.-Mer.
F. LEFRANC, à Paris.
LEVY-ULLMANN, professeur, à Lille.
MARANGE, à Béthune.
PERON, à Boulogne-sur-Mer.
PRUVOT-BARTIER, conseiller d'arrondissement, à
    Henin-Liétard.
GEORGES ROBERT, publiciste, à Lille.
PAUL ROUSSEL, publiciste, à Lens.

Puy-de-Dôme

MM. CHAMERLAT, député.
CLEMENTEL, député.
A. FABRE, député.
MARROU, député.
ALBANEL, avocat, à Paris.
DUMOTHIER, à Clermont-Ferrand.
Docteur GACHON, à La Bourboule.
GUILLEMAIN-BETANT, à Thiers.
PINET, à Clermont-Ferrand.
SERRE, avoué à Riom.

Basses-Pyrénées

MM. D'IRIART D'ETCHEPARE, député.
GARAT, député.
G. FERRON, avocat, à Oloron.
Docteur INCHAUSPE, conseiller d'arrondissement,
    à Ascarat.
LE FOYER, avocat, à Paris.
Docteur ELIE PECAUT, à Ségalas.
REVILLET, à Paris.
RITOU, adjoint au maire de Bayonne.

Hautes-Pyrénées

MM. PEDEBIDOU, sénateur.
DREYT, député.

PITTE, député.
NOGUÈS, député.

Pyrénées-Orientales

MM. PAMS, sénateur.
VILAR, sénateur.
DALBIEZ, député.
MANAUT, député.
PUJADE, député.
DUMAYNE, à Perpignan.
ESTEVE, conseiller général à Paris.
PIGNET, à Paris.
JOACHIM VIOLET, à Paris.

Haut-Rhin

MM. CH. SCHNEIDER, député.
LAURENT THIERY, conseiller général à Belfort.

Rhône

MM. BEAUVISAGE, sénateur.
CAZENEUVE, sénateur.
ED. MILLAUD, sénateur.
PONTEILLE, sénateur.
VERMOREL, sénateur.
BERLIE, député.
JUSTIN GODART, député.
CHAMBAUD DE LA BRUYERE, conseiller général, à Lentilly.
DOUZET, publiciste à Paris.
HERRIOT, maire de Lyon
C. MICHAUT, ingénieur à Villefranche.
PADEY, publiciste à Lyon.
PETIT, à Lyon.
RENARD, conseiller municipal à Lyon.
RIVORY, à Paris.
VICTOR, à Lyon.
VIGNET, à Lyon.

Haute-Saône

MM. COUYBA, sénateur.
JEANNENEY, sénateur.
RAGALLY, député.
RENÉ RENOULT, député.
BOUILLARD, à Neuilly-sur-Seine (Seine).
CLERISSE, à Neuilly-sur-Seine (Seine).
PEROZ, conseiller général à Plancher-Bas.
ROUYER, à Paris.

Saône-et-Loire

MM. GUILLEMAUT, sénateur.
MAGNIEN, sénateur.
RICHARD, sénateur.
SARRIEN, sénateur.
CHAUSSIER, député.
CHAVET, député.
SIMYAN, député.
BUSSIERE, président du conseil d'arrondissement d'Autun.
DESGRANGES, conseiller général, maire de Romenay.
DUBIEF, ancien député, ancien ministre.
GAILLARD, premier adjoint au maire de Châlon.
GERBE, avoué, à Charolles.
MYARD, conseiller général, maire de Buxy.
PETITJEAN, conseiller général de Saône-et-Loire, à Paris.
POIRSON, publiciste à Autun.

Sarthe

MM. LEBERT, sénateur.
BOUTTIE, député.
BOUDET, Le Mans.
DESCHAMPS, professeur au Mans.
LIGNEUL.
PELLIER, au Mans.
POSTEL, publiciste, à Enghien.
SAVIGNARD, Le Mans.

Savoie

MM. Félix CHAUTEMPS, député.
DELEGLISE, député.
Th. REINACH, député.
GEX, avoué à Chambéry.

Haute-Savoie

MM. Fernand DAVID, député.
JACQUIER, député.
BOSSONNEY, maire de Chamonix.
CHARRIERE, juge à Bonneville.
DANGON, à Paris.
HUNSTEDT, à Annecy.

Seine

MM. BASSINET, sénateur.
GERVAIS, sénateur.
A. LEFÉVRE, sénateur.

MASCURAUD, sénateur.
MAUJAN, sénateur.
RANSON, sénateur.
PAUL STRAUSS, sénateur.
BRUNET, député.
F. BUISSON, député.
CHÉNAL, député.
CH. DELONCLE, député.
HECTOR DEPASSE, député.
DESPLAS, député.
CH. LEBOUCQ, député.
MESSIMY, député.
PUECH, député.
STEEG, député.
AMOUROUX, à Asnières.
BALANS, à Saint-Maur.
BELLANGER, à Paris.
ALFRED BONET, à Paris.
BOUILLARD, à Neuilly-sur-Seine.
BRULPORT, à Paris.
F. CAHEN, à Paris.
J. CAHEN, à Paris.
CARMIGNAC, conseiller général, à Montrouge.
CHABANNE, à Paris.
ARMAND CHARPENTIER, homme de lettres, à Paris.
HENRI CHATENET, à Paris.
CHAUTARD, à Paris.
CHERADAM, à Paris.
AD. CHERIOUX, conseiller municipal de Paris.
CH. COINTE, avocat, à Paris.
DOMINIQUE, avocat, à Paris.
JULES DURAND, avocat, à Paris.
FORESTIER, à Paris.
FORGEOIS, à La Garenne-Colombes.
GACON, à La Croix de Berny-Antony.
ALBERT GARNIER, industriel, à Paris.
GIGON, à Paris.
GOULHOT, à Bagnolet.
G. GROS, à Paris.
Docteur LAMY, à Paris.
LEFÈVRE, à Paris.
MATHIEU, à Paris.
MILHAUD, avoué, à Paris.
OUDARD, à Paris.
OUDIN, conseiller municipal de Paris.
JEAN-BERNARD PASSERIEU, publiciste, à Paris.
PATENNE, conseiller municipal de Paris.
PREVOST, à Paris.
RENEUX, à Paris.
ROTIVAL, à Paris.
HENRI ROUSSELLE, conseiller municipal de Paris.
HENRI SALLES, à Montrouge.

SALMON, conseiller municipal de Paris.
VIROT, conseiller municipal de Paris.

Seine-Inférieure

MM. ALLARD, au Bourg-Dun.
BEAURAIN, à Rouen.
Emile DESVAUX, conseiller municipal de Paris.
ELIOT, à Rouen.
Denis GUILLOT, au Havre.
Docteur MAGNIER, à Saint-Étienne-de-Rouvray.
L. MULLER, président la Fédération départementale, à Rouen.
NIBELLE, conseiller général, à Rouen.
PEYRES, à Rouen.
ROBINEAU, à Rouen.

Seine-et-Marne

MM. FARNY, sénateur.
G. MENIER, sénateur.
RÉGISMANSET, sénateur.
DERVELOY, député.
DUMESNIL, député.
LORIMY, député.
BLANCHART, conseiller d'arrondissement, à Meaux.
DELAROUE, maire de Melun.
FRERE, maire de Nanteuil-lès-Meaux.
KASTOR, à Combs-la-Ville.

Seine-et-Oise

MM. AIMOND, sénateur.
AMIARD, député.
BERTEAUX, député.
DALIMIER, député.
FRANKLIN-BOUILLON, député.
THALAMAS, député.
VIAN, député.
GAILLARD, à Lens (Pas-de-Calais).
GOUJAT, à Houilles.
GUILLEMETTE, à Saint-Leu.
HEMMERSCHMIDT, maire de Villeneuve-Saint-Georges.
Emile LAURENT, avocat, à Paris.
G. LEFEVRE, avocat, à Paris.
LEMOINE-RIVIERE, maire d'Argenteuil.
REPARAT, à Paris.

Deux-Sèvres

MM. GOIRAND, sénateur.
DEMELLIER, député.
ROUGIER, député.
A. BORD, à Niort.
R. BRUON, avocat, à Niort.
Gaston HULIN, publiciste, à Poitiers.
MENARD, conseiller général, maire de Thouars.

Somme

MM. FIQUET, sénateur.
DUSEVEL, député.
JOUANCOUX, député.
KLOTZ, député.
MAGNIEZ, député.
TERNOIS, député.
CARPENTIER, à Amiens.
Docteur COUTANT, à Paris.
U. DUBOIS, à Amiens.
LUCQUET, conseiller d'arrondissement, à Buire-
    sur-Ancre.
SAILLY, à Rue.
THUILLIER-BURIDARD, à Vignacourt.

Tarn

MM. GOUZY, sénateur.
VIEU, sénateur.
ANDRIEU, député.
GUIRAUD, député.
SIMON, député.
F. COMBES, à Paris.
LAFON, à Cuq-Toulza.
BOISSEL, président de la Fédération de Gaillac.

Tarn-et-Garonne

MM. Irène BONNAFOUS, publiciste, à Montauban.
Docteur LACAZE, conseiller général, à Montauban.

Var

MM. Louis MARTIN, sénateur.
BAYLON, à Toulon.
GIMELLI, à Toulon.
Docteur HAGEN, à Toulon.
NANO, à Toulon.

Vaucluse

MM. DE BURGUES, avocat, à Paris.
C. GAMET, publiciste, à Avignon.

Docteur IMBERT, à Orange.
J. STERN, publiciste, à Paris.

Vendée

MM. CHAILLEY, député.
BATIOT, conseiller général, maire de Talmont.
Lucien-Victor MEUNIER, publiciste, à Bordeaux.
MOLINA, à Libourne (Gironde).
MOURRAT, conseiller d'arrondissement, Les Sables-d'Olonne.
POUZET, maire de Nieul-sur-l'Antise.

Vienne

MM. G. POULLE, sénateur.
SURREAUX, sénateur.
CHOISY, à Targé.
André LACROIX, maire de Béruges.
MARCIREAU, conseiller d'arrondissement, à Neuville.
VALLET-DECHERAT, conseiller d'arrondissement à Poitiers.

Vosges

MM. CUNY, député.
Abel FERRY, député.
FLEURENT, député.
MATHIS, député.
C. PICARD, député.
SCHMIDT, député.
VERLOT, député.
DUCEUX, industriel, à Saint-Dié.
LARDIER, avocat, à Saint-Dié.
REMOVILLE, à Charmes.
Gilbert RENAUD, conseiller général, président de la Fédération départementale.
SIMONET, conseiller général, à Bulgnéville.
VENARD, professeur, à Remiremont.

Yonne

MM. BIENVENU-MARTIN, sénateur.
GALLOT, député.
Jean JAVAL, député.
H. LOUP, député.
MILLIAUX, député.
RIBIERE, député.
FIJALKOWSKI, à Auxerre.
FOUGEU, à Sens.
MERISIER, à Sens.
SILVY, conseiller général, à Paris.

ALGERIE

Alger

MM. BROUSSAIS, député.
A. BERTHELOT, à Paris.
LEFEBVRE, avocat, à Alger.
NIVET, conseiller général, à Alger.
H. VEROLA, avoué, à Alger.

Constantine

MM. AUBRY, sénateur.
Dr COUILLAUD, maire de Biskra.
CUTTOLI, député.
FILLIERES, à Bougie.
FOUBERT, à Sétif.
Docteur GUIGON, à Constantine.
MERCIER, conseiller général, à Constantine.

Oran

MM. TROUIN, député.
BILLET, publiciste à Asnières.
BORDE, à Paris.
FALOT, à Rueil (Seine-et-Oise).
FROMENT, à Paris.

COLONIES

Cochinchine

MM. PARIS, député.
LAVIGNE SAINTE-SUZANNE, à Asnières.
MOLINIE, à La Garenne.

La Guyane

MM. BOUZANQUET DE BALESTRIER, publiciste, à Paris.
URSLEUR, avocat, à Paris.

Inde française

MM. BONOMALI PAL, à Chandernagor.
HENRI MAGER, publiciste, à Paris.

La Réunion

MM. GASPARIN, député,
G. BOUSSENOT, publiciste, à Paris.
ENRIQUEZ, avocat, à Paris.
MOSSE, avocat, à Paris.
SEVEAU, à Saint-Maur (Seine).

Sénégal

MM. CARPOT, député.
BAUZIN, avocat, à Paris.
SCELLIER, à Paris.

Table des Matières

Imprimerie Française, J. DANGON
123, rue Montmartre, Paris.

Imprimerie Française, J. DANGON
123, Rue Montmartre, PARIS